O DESENCADEAMENTO DO MUNDO

a nova lógica da violência

O desencadeamento do mundo: a nova lógica da violência

Le Déchaînement du monde: Logique nouvelle de la violence

François Cusset

ISBN 978-65-6119-047-3

Embora adote a maioria dos usos editoriais do âmbito brasileiro, a n-1 edições não segue necessariamente as convenções das instituições normativas, pois considera a edição um trabalho de criação que deve interagir com a pluralidade de linguagens e a especificidade de cada obra publicada.

COORDENAÇÃO EDITORIAL Peter Pál Pelbart e Ricardo Muniz Fernandes
DIREÇÃO DE ARTE Ricardo Muniz Fernandes
GESTÃO EDITORIAL Gabriel de Godoy
ASSISTÊNCIA EDITORIAL Inês Mendonça
TRADUÇÃO© Pedro Taam
PREPARAÇÃO Flavio Taam
REVISÃO Fernanda Mello
EDIÇÃO EM LaTeX Paulo Henrique Pompermaier
CAPA Isabel Lee

AMBASSADE
DE FRANCE
AU BRÉSIL
Liberté
Égalité
Fraternité

Cet ouvrage, publié dans le cadre du Programme d'Aide à la Publication année 2025 Carlos Drummond de Andrade de l'Ambassade de France au Brésil, bénéficie du soutien du Ministère de l'Europe et des Affaires étrangères. | Este livro, publicado no âmbito do Programa de Apoio à Publicação ano 2025 Carlos Drummond de Andrade da Embaixada da França no Brasil, contou com o apoio do Ministério francês da Europa e das Relações Exteriores.

1ª edição | Agosto, 2025

n-1edicoes.org

O DESENCADEAMENTO DO MUNDO

a nova lógica da violência

François Cusset

Tradução: Pedro Taam

n-1 edições

Prefácio à edição brasileira

Sair do buraco[1]

FRANÇOIS CUSSET

A violência é mais uma questão de lógica que de pulsão. De racionalidade que de espontaneidade. Mais de interesses bem definidos que de moral. Em todo caso, ela é muito mais funesta, e de toda uma outra amplitude, quando é obra dos primeiros, e não dos segundos. Para cada crime cometido sem refletir, num momento de impulsividade, dramatizado em seguida pela imprensa e pelos juízes, quantos crimes são normalizados sem nenhum alarde? Para cada injúria proferida repentinamente, por descontrole, quantos discursos oficiais justificam extensivamente a opressão dos mais frágeis por sua suposta inferioridade? E para cada manifestação que sai dos trilhos, ou para cada parcela às margens da sociedade que ousa resistir à ordem em vigor, quantas pilhagens esta mesma ordem não perpetra diariamente, em todo lugar, cada vez mais? De um lado está a violência residual, acidental, subjetiva, mais frequentemente reativa e, em geral, rapidamente reprimida; de outro, a violência sistêmica, estrutural, racionalizada, mais mortífera e irrefreável, uma vez que (se apresenta como) legítima. Assim, o que se vê são duas lógicas distintas da violência e sua relação desequilibrada nas favelas do século XXI: de um lado, a pequena criminalidade que envenena a vida cotidiana e, de outro, a "limpeza" policial cega e sanguinária dessas comunidades para satisfazer ao Comitê Olímpico Internacional, a FIFA e potenciais eleitores. Ou melhor, são lógicas diferentes que governam os pequenos roubos e os confrontos

1. Escrito em 2019.

de bairro, de um lado, e, de outro, o assassinato encomendado de Marielle Franco, em março de 2018. Se ficarmos nessas duas séries, a das violências pontuais e a das violências estruturais, a da pulsão e a dos interesses, poderemos dizer que a mais velha estratégia dos governantes para obter o consentimento dos governados é a de designar os primeiros para justificar os segundos, que os enquadram, os alimentam e, ao fazê-lo, dissimulam em boa parte sua própria violência (ao normalizá-la, legitimá-la, sopesá-la contra um risco supostamente maior) por trás do medo que deveríamos todos ter uns dos outros.

É assim, por exemplo, que, entre os séculos XVI e XVIII, o Ocidente inventa o Estado moderno, justificando seu monopólio da violência legítima pela necessidade moral e legal de punir as brutalidades entre as pessoas e as infrações ao direito da propriedade – o que inicialmente seriam punições aos crimes e aos roubos acabou por se tornar as cadeias nas quais o poder colocou os homens, para dizer como Rousseau. Apontar para o exaltado, o perigoso ou o incontrolável a fim de justificar a violência necessária das forças da ordem, da segurança e do controle é a receita mais velha da dominação. É o que mais frequentemente acontece. Mas há também momentos de exceção na história política mundial, quando essa estratégia calejada, feita para reforçar os poderes em momentos ordinários, dá lugar a uma outra relação entre essas duas séries. Trata-se, dessa vez, de pintar essa diferença como parâmetro diabólico, como bode expiatório absoluto. A partir desse referencial, dá-se então partida, mecanicamente, ao desencadeamento da violência do Mesmo – a violência da Identidade e do Soberano – e autoriza-se sua irrupção para além das amarras de qualquer medida ou justificativa, acarretando efeitos induzidos de torpor popular e de alívio catártico diante do espetáculo da punição. Por sua vez, esses efeitos são destinados a reforçar e recarregar o poder em questão e sua capacidade de encadear o conjunto do sistema social. Desencadeia-se, então, a violência instituída à luz do dia, em vez de disfarçá-la como força de pacificação; desencadeia-se essa violência para promover o alívio catártico dos dominados e tornar incontestável a ordem dos dominadores. O bode expiatório, ao longo do tempo, vai mudando de rosto. Pode ser o judeu na Europa dos anos 1930; o negro segregado nos Estados Unidos na virada do século XX; o pequeno consumidor de drogas nas Filipinas de Rodrigo Duterte; ou – um clássico – o militante sindical e o ativista socialista no Chile do general Pinochet. Nesses diferentes casos, em que uma violência fantasma permite justificar uma violência normalizada, e que se estabelece entre as duas um equilíbrio imaginário que é o da ordem social (das democracias liberal-securitárias), trata-se de um ciclo coercitivo-repressivo histérico que se instaura, levando à acumulação das violências, a sua essencialização, à constituição de uma ordem social inteiramente fundada sobre uma tal energia transversal – que não é mais marginal, mas central; e que não é mais proibida, mas obrigatória. Na escala crescente da violência dos regimes políticos – democracia direta, democracia liberal, democracia securitária de mercado, populismo eleito, regime autoritário, ditadura, fascismo –, podemos debater o papel dessas experiências trágicas, felizmente não muito frequentes: a única certeza é que elas vêm de cima. Não é de espantar que seja tão doloroso e tão arriscado praticar a educação livre e o pensamento crítico: a violência acumulada que sustenta esses regimes, exercida e pavoneada ao mesmo tempo, paralisa as mentes na mesma medida em que submete os corpos.

A história humana fornece uma terrível variedade desses casos, do nazismo de quase cem anos atrás às tentações populistas mais "apresentáveis" de hoje, tendo sempre como denominadores comuns a opressão das multidões, às vezes por elas mesmas, e um ódio assumido à democracia. Nesses casos, os mecanismos compensatórios, inibidores e autorrepressivos que possibilitam a vida coletiva, e que já foram teorizados a seu tempo por Sigmund Freud, Norbert Elias ou Georges Bataille, são simplesmente abolidos, suspensos ou espezinhados – isso quando não são abertamente ridicularizados, considerados restrições castradoras ou mera impotência. É em um tal momento de exceção que acaba de entrar o Brasil com a eleição de Jair Bolsonaro, um desses momentos em que o ciclo autorregulador da violência dá lugar ao ciclo que faz culminar a brutalidade, em que a autorrepressão civil se esvai diante da agressividade boçal. Como seus congêneres Donald Trump, Rodrigo Duterte, Recep Tayyip Erdoğan, Vladimir Putin, Narendra Modi, Viktor Orbán ou ainda Matteo Salvini – todos juntos dariam uma bela foto para ilustrar nosso momento "pós-democrático" mundial –, Bolsonaro está bem à vontade com seus impulsos e nos convida a liberar os nossos também. Para ele, suas provocações injuriosas são provas de sinceridade emocional; no esforço que se pode fazer para represar seus impulsos vingativos, ele só vê fraqueza; no debate democrático, só vê impotência retórica; nas reivindicações dos pobres e das minorias, vê apenas caos e balbúrdia. Por outro lado, ele vê apenas virtudes no culto da autoridade por ela mesma, vê apenas benefícios na punição e vê, como único princípio de direito, a defesa ativa da propriedade e do porte de armas. Tudo o que possibilita a vida coletiva – seja o "processo de civilização" descrito por Norbert Elias, essas normas de *savoir-vivre* impostas para que parássemos de nos matar; a inibição social da pulsão de morte, evocada pelo Freud dos últimos escritos, como único fundamento possível da vida em sociedade; ou, ainda, o investimento necessário do excedente de embriaguez nos cultos religiosos ou nas artes, tal como destacou Georges Bataille no passado – pois bem, aos olhos desses valentões à moda antiga, desses chefes de Estado de peito estufado e possivelmente com os dias contados, todas essas coisas não passam de desculpas e "frescuras", elucubrações de uns frouxos decadentes, corrompidos pelo excesso de educação. Quanto aos criminosos, não se deve procurar o fermento que faz com que se multipliquem: bandido bom é bandido morto. Quanto aos loucos, não se deve tratá-los nem falar com eles: deve-se trancá-los nos hospícios. Aos pobres, não se promete mais nenhum bem-estar: devem ser vigiados e contidos. Os homossexuais ou os artistas não devem mais ser permitidos: devem ser perseguidos. Aos negros e pardos, não basta alardear a mentira histórica da emancipação: devem ser mantidos à força na base de toda a escala social, com o rosto esmagado no chão pela bota do policial enquanto seus bolsos são revirados. A violência dominante, dessa vez, parou de se esconder. E o circuito completo de sua circulação se desvela em plena luz do dia, para nossa grande tristeza. Ela nos encerra, nos ata, nos enfeitiça, reduz nossos horizontes até nos colocar no buraco, esse buraco negro da violência em cadeia, no fundo do qual não vemos mais a luz do dia nem o amanhã.

O que faz um homem político – e, por trás dele, os marqueteiros que o vendem, os conselheiros que o instruem, os interesses que o escolheram e os milhões de eleitores que viram nele o "Messias" – quando celebra, em seu país, a herança lamentável da escravidão e da ditadura, do racismo e da tortura? Que faz um homem que chama de "propaganda" a demonstração científica implacável do desastre ecológico em andamento, e qualifica de "depravações" as vanguardas urbanas e as militâncias sexuais? Que faz um homem que repete que um policial que não mata não é um policial de verdade, que um cidadão desarmado é como um corpo sem músculos e que uma sociedade barulhenta, fervilhante de novos direitos e reivindicações minoritárias, deveria ser tratada como se tratam presidiários em rebelião num pátio de cadeia? O que esse homem está fazendo? O que exatamente ele está dizendo? Quando grita que a ovelha desgarrada precisa do pastor e dos cães, que o inadequado precisa de cassetete e de cadeia, ele repete as mais velhas ladainhas do despotismo e, de fato, não diz absolutamente nada de original – isso tudo se passa quatro séculos depois do *Leviatã* de Thomas Hobbes; 150 anos depois da era dos impérios e dos nacionalismos; e menos de um século depois dos fascismos europeus. O que ele faz consiste em dizer em alto e bom som o que os dominadores polidos e bem-educados não confessam senão em voz baixa, em dizer o que as classes que dirigem o mundo e a atual ordem planetária querem que ele diga, o que elas querem ouvir novamente, o que querem ver difundido e instaurado em todos os lugares – a fim de que a ordem triunfe definitivamente sobre o caos e que se afaste o risco, mortal para eles, de uma resistência popular, de um levante democrático, de um desejo coletivo em ato de justiça social, ou, simplesmente, o risco de que vejam diminuídos, ou mesmo apenas atenuados, suas posses e seus poderes.

Porque, para que o candidato demagogo tenha se tornado presidente de fato, foi necessário, antes do voto, a espantosa cumplicidade das elites econômicas, políticas e midiáticas, que lhes concederam, de forma discricionária, seus silêncios, suas neutralidades, seus apoios declarados ou velados. Bolsonaro – essa marionete autopromovida de uma ordem mundial a que serve com zelo – demonstra por si mesmo, pela triste história de sua ascensão, a lógica fundamentalmente *energética* que preside a circulação contemporânea da violência, no emprego completo ou, por outro lado, no represamento da violência em nossas sociedades: de um lado, o círculo virtuoso da autonomia popular e da catarse imaginária, esse ciclo que é hoje unanimemente proibido e ameaçado de destruição nos raros enclaves em que alguns ainda o experimentam (os sem-terra, os zapatistas, ativistas rurais ou das favelas, jovens autônomos na Europa ou na América do Norte que se instalam numa zona "a defender"...); de outro, o círculo vicioso, ubiquamente encorajado, da predação capitalista contagiosa, do orgulho identitário obrigatório, do bastão que faz as cabeças baixarem e da prisão que condena à reincidência todos os encarcerados. Ciclo astucioso da derivação ou ciclo louco do reforço infinito. Círculo virtuoso do comum, que deriva e recanaliza para a autonomia coletiva a parte social das frustrações individuais contra o círculo vicioso da separação, da dispersão individualista, do patriotismo excludente e da rivalidade neoliberal de todos contra todos. A violência não circula da mesma maneira nos dois círculos, não tem a mesma lógica em cada um deles: ela é compensada em um e promovida no outro; é restringida em um e sacralizada no outro; em um, é sublimada ao ser exteriorizada, e, no outro, é reforçada ao ser incorporada. Que uma elite de oportunistas no Brasil pretenda reatar com os elementos mais brutais da história do país não significa que esses elementos não possam ser atravessados, nem que sejam destinados a voltar indefinidamente para assombrar a nação (e, mais amplamente, todo o continente sul-americano), mas simplesmente que os verdadeiros mestres da ordem do mundo, esses que frequentam o FMI, a Casa Branca, Bruxelas ou a Bolsa de Xangai, preferem confiar as rédeas a essa gente do que arriscar a deriva democrática ou a socialização das riquezas – da mesma maneira que os grandes industriais alemães de 1933 preferiram Hitler a Rosa Luxemburgo e que, em 1973, o economista ultraliberal Friedrich von Hayek estimava, depois do golpe de Estado de Pinochet contra o Chile democrático de Salvador Allende, que a ditadura "pode ser um sistema necessário durante um período de transição" e que, caso ocorresse, o "totalitarismo" não era o dos militares ou o da raça, mas o de uma democracia que havia se tornado incontrolável no fim dos anos 1960. Se estivesse vivo, Hayek teria vindo correndo parabenizar Bolsonaro.

Este livro passa em revista o estado atual do mundo para captar aí as novas lógicas da violência, seu circuito imaginário inédito, sua justificativa renovada e também o quadro econômico único que aí se aninha e que os promove. Isso porque a violência não é mais o acidente do sistema econômico, a exceção de um capitalismo devotado a "pacificar os modos", mas, mais do que nunca, seu motor, seu motivo, desde sua origem predatória até seu horizonte de concorrência: "liberem suas energias!" – é o que nos recomendam os empreendedores de sucesso e os investidores do mercado financeiro, os políticos de extrema direita e os gurus do desenvolvimento pessoal, os *youtubers*, os *influencers*, os *hooligans* e todos os chefes de cartéis. Sem dúvida não é por acaso que esse é o slogan do momento. Este livro, publicado originalmente na França em março de 2018, poucos meses antes da eleição presidencial no Brasil, dialoga de alguma maneira, mesmo a contragosto, com o que se passa hoje no país. A dura sequência política que o Brasil experimenta hoje é, de uma só vez, o exemplo, a consequência lógica e a forma atual mais dramática de todos os fenômenos complexos, amplamente novos e sempre entrelaçados que este livro explora. Mas essa sequência pode comportar igualmente, num futuro próximo ou mais distante, a exceção: o reatamento feliz, a reversão inesperada – isso se ao menos o país fizer de seu povo múltiplo um entrave à ordem intrinsecamente oligárquica que acaba de chegar ao poder. Porque, na sequência de tais catástrofes políticas, a nova ordem sempre acaba gerando – frontal, subterrânea ou lateralmente – a resistência e a recusa. E, mais ainda, acaba gerando a reinvenção, no seio da sobrevivência comum, mesmo amordaçada e vigiada, de um desejo coletivo de outra coisa, um desejo autônomo e partilhado. Uma rodada de azar, sabemos, não condena ao desespero: o fio que essa história e essa teoria da violência seguem é, hoje, antes de tudo, um fio dialético, o fio de um entrechoque, de uma circulação de um extremo ao outro, da ação à reação, da opressão à recusa de se submeter – circulamos, como dizia Frantz Fanon em *Os condenados da terra* a respeito da violência descolonial, "do canhão ao facão".

De fato, enquanto alguns se tornam célebres por responder à violência residual com a violência sistemática, ao mal com o mal, e sustentam seu poder sobre essa lógica cumulativa, outros, ao contrário, e estes sempre mais numerosos do que os primeiros, inventam respostas ativas, e não somente retóricas, a essa conjuntura infernal: à violência constante e sistêmica, respondem com a ofensiva pontual e determinada contra um poder iníquo; à brutalidade tornada absoluta, replicam com uma violência estratégica, instrumental, efêmera, sempre articulada com diversas outras formas de ação e de oposição à ordem policial e capitalista. É assim que retomam em suas próprias mãos seu destino coletivo, é assim que extirpam de seu destino a fatalidade, a impotência da dominação sistêmica, da ordem dominante como a única alternativa, odiosa e identitária, alardeada em todo lugar. Eles *saem do buraco*, em suma, na medida em que conseguem recanalizar virtuosamente, em direção à insubmissão tenaz e à capacidade comum e ofensiva de agir, o circuito de energia social hipertrofiado que é o das vidas assujeitadas, tanto dos brasileiros como o de todas as outras vidas contemporâneas, nas nossas sociedades de controle narcísicas e hiperconsumistas. E reemergem, pouco a pouco, para a luz do dia, na medida em que fazem derivar, em direção a um inimigo comum, o circuito relacional petrificado e as relações sociais viciadas que represam hoje, em todo lugar, a violência retornada do ressentimento e a ira autodestrutiva do subalterno. Em uma palavra: eles se retiram, como sempre nos retiramos.

A história, que inclui a história dos vencedores, nunca deixa a estes a última palavra: ela está repleta dessas lutas frágeis, desses sobressaltos de dignidade e dessas revoltas desesperadas que mostram que sempre tentamos, mesmo em vão, mesmo do fundo do poço e da derrota, nos retirar do insuportável. E é nos retirando que fazemos com que a humanidade avance. Como em todos os grandes sobressaltos progressistas através da história humana, dos poetas humanistas do Renascimento aos trabalhadores da revolução industrial, das sufragistas do século XIX aos militantes dos direitos civis, dos que lutaram pela independência das colônias às multidões indignadas das "primaveras árabes", podemos às vezes esconjurar a onda maléfica da violência sistêmica pela magia de uma centelha, pelo efeito de uma ação coletiva decidida e sustentada por um desejo justo: ao feitiço da violência estrutural, sempre respondemos, de uma maneira ou de outra, com uma operação de desenfeitiçamento ativo, ofensivo – a revolta ébria de quem não tem mais nada a perder, e que prefere morrer de pé do que sobreviver de joelhos. Essa revolta popular que a ordem do mundo chama habitualmente de "violência", para melhor desqualificá-la – como são chamados "violentos" os primeiros grevistas das minas de carvão, os militantes anticoloniais, os que resistiram à ocupação nazista, os agitadores antissegregação, os *sans-culottes* de 1789 ou as multidões de Soweto ao fim do regime do apartheid. Que o destino da violência sistêmica, na terrível forma que tomou no Brasil de 2019, possa se reverter em impulso popular de justiça e emancipação – e que a lei de circulação da energia social "violenta" possa enfim mudar de sentido, e se juntar ao círculo virtuoso da autonomia e da resistência ativa. Ainda não chegamos lá. Mas é frequentemente quando menos esperamos que acontecem, subterraneamente, as grandes reviravoltas.

Preâmbulo

Arrancar a máscara da violência

> O conflito é o pai de todas as coisas, rei de todas as coisas.
>
> HERÁCLITO

Uma manifestação do partido nacionalista degringola rapidamente, passantes são linchados, há facadas e pânico no fim da passeata – violência. De manhã, no metrô, um assalariado recebe uma mensagem do RH comunicando sua temida demissão – violência. Uma imigrante clandestina, relegada ao trabalho de limpeza, nada pode fazer contra a chantagem sexual infligida diariamente por seu empregador, em vista de sua situação legal – violência. Na série policial da sessão de TV em família, numa noite como outra qualquer, uma cena de tortura invade a tela: esguichos de sangue, ossos quebrados, gritos e grunhidos – violência. São situações ordinárias no mundo dos anos 2010, quer se passem numa tela ou na vida cotidiana. Situações frente às quais surge esta palavra: "violência", ela também ordinária. Em cada uma delas, o que ocorre é uma invasão: um atentado à vida, parcial ou definitivo, excepcional ou recorrente, físico ou psíquico. Um atentado imprevisto, mas durável, que vai muito além do golpe sofrido ou da má notícia. Bala de fuzil que invade a carne; penúria súbita que invade vidas regradas; imagens brutais que invadem os imaginários, sempre inesperadas. É nesse sentido, o da invasão que sempre força um limite, quebra uma integridade, que se impõe ao corpo, *no* próprio corpo, que se pode tomar o estupro, invasão capital, como o paradigma de todas as violências – conforme propunha a antropóloga Françoise Héritier.[1] Violência: invasão.

Mas, ao focar toda a atenção no instante de sua explosão, a palavra "violência" nos induz ao erro: só existe a irrupção da invasão, terrível e fascinante, e, diante da tela que nos hipnotiza, a tela da imagem ou do trauma, não se vê mais aquilo que veio antes nem o que virá depois; não se veem mais seus mecanismos nem seus efeitos. A invasão mascara e nos dissimula a verdade da violência, que é menos o golpe que sua longa deflagração, e que não é tanto uma irrupção brusca, mas uma circulação complexa. Eis o essencial: a violência circula. Circula da propaganda de ódio até o gesto mortífero, das restrições econômicas à angústia gerada. Do choque sobre o corpo a suas repercussões psíquicas. Da violência dos outros, porque é sempre dos outros, à minha própria. Sua insistência sobre cada um de nós, às vezes tentadora, é sempre denegada.[2] É evidente que a violência circula, do ataque ao contra-ataque, da brutalidade dominante à defesa ativa que esta pode suscitar. Algo circula entre a ss e a resistência, entre os encapuzados da Ku Klux Klan e os militantes do Black Lives Matter, mas, ao qualificar situações tão variadas, a palavra "violência", elástica e enganadora, nos despista. Ao abarcar tanto, corre o risco de não reter nada, a não ser a própria admissão de que a violência é um fenômeno circulatório: o trajeto de um suspiro, o contágio de uma força, a propagação de uma emoção. Todo um circuito que liga os vivos e os mortos, mas também os bairros residenciais de

1. Françoise Héritier. Introduction. In: Françoise Héritier (org.). *De la violence, v. 1*. Paris: Odile Jacob, 1995.

2. Num gesto até hoje controverso, o pensador alemão Günther Anders escreveu em 1963 uma carta aberta intitulada "Nós, os filhos de Eichmann". Endereçada a Klaus Eichmann, filho de Adolf Eichmann, criminoso de guerra nazista que havia sido recentemente executado, a carta de Anders argumentava que nenhum de nós está isento de responsabilidade (Günther Anders. *Nous, fils d'Eichmann. Lettre ouverte à Klaus Eichmann*. Trad. fr. S. Cornille e P. Ivernel. Paris: Rivages Poche, 2003).

países "pacificados" e as regiões em guerras. Certas circunstâncias vão exacerbar ou estimular essa violência; outras vão mitigá-la ou contê-la. Ou talvez canalizá-la, colocá-la para dormir.

É impossível superar a violência se não remetemos o instante em que ela nos invade a um conjunto mais vasto em que a circulação tem lugar, onde traça seus sulcos. A violência frequentemente está onde não suspeitávamos que estivesse, e não onde é deflagrada. Tomemos, por exemplo, as epidemias de agressões no ambiente escolar ou de carros incendiados. Nossas moralidades contemporâneas fazem do tapa o protótipo da violência, o ponto em que começa e que deve terminar, sua amostra primeira – o tapa do professor e do valentão do recreio, ambos proibidos e extensivamente punidos. Mas encurralar a violência nesse gesto é um final (quase) feliz, é fazer escapar ao círculo da violência tudo o que pode resultar no tapa: a injustiça social, a precariedade da condição do professor, a autoridade arbitrária da instituição, rivalidades e assédios recíprocos de adolescentes nas redes sociais. Por outro lado, incendiar carros é encarado como a epítome da violência e do niilismo. Se isso acontece, é porque não podemos mais pensar como tais (quer dizer, como violentos e niilistas) a velocidade do veículo, a potência de sua mecânica e seus efeitos sobre o meio ambiente, o engarrafamento matinal e os impactos de tudo isso no estado psíquico do motorista. Tampouco podemos pensar como violenta a rejeição social que incita a queimar esse símbolo por excelência da riqueza e da desigualdade.

O problema que a violência nos coloca é sobretudo um problema de discernimento: ela não está sempre onde acreditamos que esteja, e menos ainda onde dizemos que está. Na argumentação oficial, a das mídias, do discurso político, do senso comum, raramente se chama de violência o que é infligido à minoria, à pessoa vulnerável que teve o azar de estar no lugar errado na hora errada. Pelo contrário, a palavra evoca o perigo do qual essa minoria, essa pessoa vulnerável, seria portadora, e desaparece do tratamento que lhe é dispensado, porque é para o bem da maioria.[3] Alguém atravessa clandestinamente uma fronteira? A polícia zelosa o impedirá ou rechaçará, porque é coibindo o perigo dos ilegais que os imigrantes poderão ser integrados à sociedade. Um míssil israelense atinge um bairro densamente habitado na Palestina? O relatório do comandante militar, repetido pela mídia, anuncia que os objetivos estratégicos foram alcançados. Um vendedor ambulante estaciona seu carrinho no meio de um centro comercial ou de uma rua residencial? A guarda municipal o enxota em nome do livre comércio e das regras do urbanismo. Uma mulher ou um gay são agredidos verbalmente no transporte público? Ambos relutarão em registrar ocorrência, sabendo que a denúncia se perderá entre suspeitas de provocação ou falta de provas. A jovem punk ou o rastafári são retirados com brutalidade de baixo de uma marquise? Pelo bem da juventude, políticos e editoriais estigmatizam o vandalismo e as atitudes antissociais. Em cada um desses casos, onde está a violência? É essa violência que se diz querer "prevenir"? E a regra que rege essa "prevenção" não é, ela mesma, um tipo de violência?

A inversão retórica da violência infligida em violência evitada é uma operação de poder que não surgiu ontem. Ela tinha outra amplitude quando, no Mississippi, um negro era condenado sem provas por um júri branco, um júri que séculos de dominação racial e alguns truísmos pseudocientíficos (sobre sua suposta inferioridade neuronal ou a maldição social) incitavam a condenar um inocente, ao menos pela manutenção da ordem pública. Ou quando, na primeira metade dos anos 1940, os judeus foram deportados para um destino desconhecido, conforme as ordens burocráticas e os latidos dos ideólogos nazistas, que defendiam a necessidade de se purificar a raça. Cada uma delas, violências ins-

3. Os exemplos que se seguem são livremente adaptados de exemplos dados há alguns anos, em uma floresta dos Chiapas, pelo subcomandante Marcos, porta-voz dos zapatistas do México (Sous-commandants insurgés Marcos & Moisés. *Eux & Nous*. Paris: Éditions de l'Escargot. pp. 55-57).

tituídas. Violências sem rastros, porque de saída não são reconhecidas como tais, e que rapidamente resultam numa segunda violência, a do silêncio, a da suspeita, a da culpabilização da vítima.

Dessa forma, é crucial pensar de forma mais abrangente e investigar a circulação mais intensa que acontece por trás do instante do choque. A violência está de volta. Mais uma vez, não necessariamente lá onde se diz que está, e principalmente lá onde não a reconhecemos – daí a necessidade, hoje, de arrancarmos as máscaras e chamarmos as coisas pelo nome que têm. Sentimos, embora de forma confusa, que a violência está de volta, ao menos na ocorrência nova do termo, usado para dar conta dos fenômenos novos, da síndrome de *burnout* ao linchamento virtual, sem deixar de fora a sensação geral de eletricidade no ar. A palavra "violência" de fato assombra nosso momento presente. Prolifera nas manchetes dos jornais e qualifica as vidas que esperamos jamais viver. Designa os tratamentos brutais ou as condições de sobrevivência em outro continente, outro bairro, e reaviva memórias de épocas passadas. A violência vem à tona num trem de periferia, quando dois passageiros começam a se xingar repentinamente, botando para fora coisas que precisam ser urgentemente externadas. A violência emoldura nossos arredores, quase inconscientemente, se espreitando nos momentos cotidianos. Ela explode em todas as telas e anúncios do mundo, e essa palavra ressoa como uma promessa de espetáculos irresistíveis dos quais podemos sempre nos alegrar de não fazermos parte, ou pelo menos não tão diretamente. E essa palavra, sinal dos tempos, tem sua melhor encarnação em alguns déspotas viris à moda antiga, autoritários e xenófobos, que saem muito bem na foto como os príncipes do momento: Bolsonaro, a cacofonia injuriosa; Putin, o peitoral bombado; Trump, a metralhadora descontrolada; Erdoğan, o repressor bigodudo; Narendra Modi, o islamófobo hindu; ou ainda o improvável Rodrigo Duterte – aquele que exigiu de seus compatriotas filipinos, desde sua eleição em 2016, que abatessem mais de oitenta mil usuários e pequenos revendedores de drogas, e que não hesita, se o papa protesta, em chamá-lo de "filho da puta".[4] Da cúpula dos Estados aos pormenores do cotidiano – violência.

Mesmo assim, ainda que os pensadores críticos e as ciências sociais tenham dificuldade de reconhecer seu lugar, de levá-la a sério, a violência se tornou em poucas décadas o maior impensado, o grande ponto cego de nossos tempos. Diríamos que dois tipos de representação enviesada reivindicam o monopólio da violência, e disputam-na até torná-la impensável ou inevitável – logo, indiscutível. De um lado, há a fascinação mágica por sua imagem, que a cristaliza e a estetiza, que a arranca de qualquer contexto, desde a cobertura ininterrupta do terrorismo até a avalanche de distrações sob a forma de jogos e ficções. De outro, o saber estatístico produzido a seu respeito, a serviço do poder, para armar de dados eficazes o arsenal de sua repressão e prevenção – são incontáveis os relatórios sobre a violência que servem para enriquecer oficinas e *think tanks*. Mas, entre esses dois extremos, parece não haver grande coisa. Nada que ajude a compreender a violência ambiente e suas formas novas, ou a responder à questão histórica de saber se o mundo de hoje é mais ou menos violento que o de ontem.

É inegável que a vida não é a mesma quando se pode sair de casa sem temer um sequestro, estupro ou assassinato, ou quando pode-se dedicar às artes ou às ciências sem que as instituições que as promovem sejam regularmente reduzidas a cinzas. Esta é a grande esperança dos modernos, periodicamente frustrada: que a vida hoje seja menos dura do que foi ontem, se não der para ser mais justa. Que a sensação histórica seja ao menos a de declínio da violência, ou que aconteça a passagem gradual, mesmo aos trancos, da aspereza dos tempos antigos à fluidez cordial das vidas contemporâneas. Uma esperança que alguns convertem rápido demais em atitude histórica, com discursos tranquilizadores sobre a "pacificação" das sociedades e nosso cotidiano hoje supostamente menos "rude" do que o de antes. Mas nosso cotidiano é realmente

4. *Paris-Match*, 12 jan. 2017.

assim? Será mesmo tão evidente que a violência está em declínio? A primeira resposta, ambivalente, é dada por nossas faculdades sensoriais, que estão ao mesmo tempo mais atrofiadas e mais delicadas do que nunca, apáticas e altamente impressionáveis.

Para quem tem a sorte de não morar em Caracas ou Lagos, em Gaza ou Bagdá, o que domina atualmente é, de um lado, a hipersensibilidade à violência, a queda de seu limite aceitável, que transforma em experiências traumáticas um roubo de telefone ou uma briga de rua; e, de outro, indissociavelmente, a aceitação indiferente da violência de massa – a avalanche, em nossas vidas, de informações e ficções, ou a presença, tornada familiar sob as nossas janelas, de refugiados e pessoas em situação de rua que não notamos mais. A não ser quando o odor de sua decadência penetra as narinas dos transeuntes apressados: entre impotência e negação, a violência que ali está dormente lhes toca cada vez menos. "As ações da experiência estão em baixa",[5] já anunciava o filósofo alemão Walter Benjamin em 1933. Nos dois casos – a brutalidade física à qual nossos corpos estão desabituados e a brutalidade global à qual nossas mentes assistem sem mais se comover – a história moderna se passa num sentido de *perda da experiência*. A experiência foi como que dissolvida, sua prova foi atenuada, sua lição tornada inaudível – isso à medida que são impostas a irrealidade invasora de imagens e máquinas, a mobilização constante de afetos pelo universo do consumo e a dessensibilização dos corpos e das memórias, cada vez mais distanciados das emoções que os atravessam, cada vez mais confinados subjetivamente e protegidos dos rigores do presente e dos fantasmas do passado.

Fones nos ouvidos, aplicativos na ponta dos dedos, olhos que não desgrudam das mensagens em tempo real: o cidadão da Web 3.0 evolui numa redoma, num escafandro perceptivo. Sua bolha sensorial faz com que seus interlocutores distantes estejam mais perto de si do que os corpos que encontra nas ruas e nos corredo-

5. Walter Benjamin. Experiência e pobreza. In: *Obras escolhidas. Vol. 1. Magia e técnica, arte e política. Ensaios sobre literatura e história da cultura*. Trad. Sérgio Paulo Rouanet. São Paulo: Brasiliense, 1987. pp. 114-115.

tes. A negação da violência começa aqui, quando a sensibilidade suscetível de experimentá-la ou de partilhá-la simplesmente não está disponível, está ausente. Essa negação da violência é mais poderosa nas sociedades "democráticas", onde os costumes, os debates e os divertimentos, que nos ocupam enormemente, são mais diretamente perceptíveis que a brutalidade da dominação que eclipsam sob a despreocupação de um mundo de calmaria, aparentemente horizontal. Isso é o que sugere a grande helenista Nicole Loraux ao notar que, desde a democracia ateniense, o *demos* horizontal do povo sempre mascarou o *kratos* vertical da dominação.[6] Sentimos menos a violência, ou ao menos na mesma medida em que sentimos menos todo o resto.

Ora, o mais grave na invasão não é a ferida; tampouco, na perda, a dor do desaparecimento: ambas seguem seu rumo na vida e passam por um processo de luto. O mais grave seria *não senti-las*, ou, mais ainda, não sentir que a dor, assim como a perda, existem. Simultaneamente frágil e insensível, o *sujeito* da violência – tanto o que a inflige quanto o que a recebe – se encontra suspenso ao lado do mundo, no limbo de uma vida sem valor, de uma experiência impossível. Ele sabe da violência, algumas vezes a inflige e muitas vezes a recebe, mas sente-a cada vez menos. É o caso do pobre piloto americano de um drone militar, alguém formado em informática que, com seu joystick, dispara mísseis Hellfire a dez mil quilômetros de distância do ponto de impacto, sobre uma massa humana imprecisa que vê em sua tela: as angústias que vêm daí e seu tratamento pelos psicólogos militares não são uma piada de mau gosto, mas uma etapa-chave nos processos de dessensibilização da guerra.

Quanto se trata da experiência que temos da violência na história, há também aí uma perda de sua intensidade. Ao Norte e ao Sul, aos descendentes dos colonizadores ou dos colonizados, nos é repetido que teríamos mais sorte que nossos antepassados, submetidos à violência das insurreições de outrora e das guerras de

6. Éloge de l'anachronisme en histoire. *Le Genre humain*, n. 27, 1993.

independência, e, portanto, teríamos mais sorte que nossos avós, que se viram enredados na tormenta da Segunda Guerra Mundial. Nós, filhos do fim do século XX, fomos educados na certeza de que não havia e nem poderia haver nada pior que a barbárie do século XX, sobretudo de sua primeira metade. Trinta anos de suicídio planetário, essencialmente europeu (do genocídio armênio de 1915 à liberação dos campos de concentração em 1945), cujos parênteses infernais foram fechados. Formados sob o imperativo universal do "isso nunca mais!" e movidos, à espera, pelas exigências da vigilância e da segurança, seríamos bem ou mal destinados a viver em paz, ao sabor das marés das crises econômicas e, para os menos afortunados, dos conflitos locais. Ficaram no passado tanto as promessas de progresso e prosperidade, com o fim dos (mal batizados) Trinta Anos Gloriosos,[7] quanto o equilíbrio geopolítico de um mundo bipolar, com o fim da Guerra Fria. Mas estamos realmente melhor agora do que no coração do "violento" século XX? Que "paz" é essa de que falamos? Vejamos duas evidências históricas a serem repensadas e desocidentalizadas: a ideia de que o conjunto que constitui violência foi represada com sucesso desde a época dos cavaleiros ou da primeira revolução industrial e a ideia de que vivemos, desde o cataclisma das duas grandes guerras, com anos melhores e anos piores, num mundo menos duro. É difícil subscrever ao psicólogo canadense Steven Pinker, que tenta demonstrar um "declínio histórico da violência": segundo o cognitivista, as pessoas nunca foram tão pouco violentas como hoje, e, se analisarmos o número de mortes em relação à população total, o século XX não é em nenhum caso o mais mortífero da história.[8] Trata-se de uma estatística insuficiente, que deixa de lado todas as formas não fatais de violência. "A força que mata é uma forma sumária, grosseira de força", escreveu a

7. Chama-se *Trinta Gloriosos* ou *Trinta Anos Gloriosos* o período de trinta anos (1945-1975) que sucedeu a Segunda Guerra. [N. T.]

8. Steven Pinker. *The Better Angels of Our Nature: Why Violence Has Declined*. Nova York: Viking Books, 2011. [Ed. bras. *Os anjos bons da nossa natureza: Por que a violência diminuiu*. Trad. Bernardo Joffily e Laura Teixeira Motta. São Paulo: Companhia das Letras, 2013.]

filósofa Simone Weil ao fim de 1939, sofrendo de dores de cabeça insuportáveis, enquanto relia Homero à luz da aniquilação em curso na Europa. "O quão mais diversa em seus procedimentos e mais surpreendente em seus efeitos é essa outra força que não mata, quer dizer, que não mata ainda."[9]

Em vez de escrutinar o horizonte em busca de uma progressão ou regressão da violência-mundo (no sentido da violência que encontramos por toda parte no mundo, que nele se propaga e que nele desenha a própria ordem do mundo), seria melhor, em todas as épocas, se examinássemos suas novas modalidades. De fato, a violência é hoje onipresente, mas não tem mais os aspectos familiares pelos quais a conhecemos desde a aurora da modernidade. Ao sul do mundo, a escravidão é menos sistemática que à época das *plantations* e do trabalho forçado; as minas e os canteiros de obras matam, no entanto, mais do que antigamente, do Golfo Pérsico à China e à América Latina. Nos países mais favorecidos, quase não se morre mais no trabalho, o corpo sacrificado pela fábrica; mas pode-se morrer precocemente de esgotamento nervoso, ou pode-se cometer suicídio no trabalho. As minorias destinadas à aniquilação não são mais exterminadas ou deportadas, mas enxotadas, reprimidas e demonizadas; a pletora mundial de imigrantes é abandonada à própria morte nas calçadas. A pele macia do estudante não é mais submetida à lei do mais forte, ele não apanha mais em um canto da escola: ele agora é humilhado até o limite nas redes sociais. A frustração econômica ou a vergonha social não são mais descarregadas em brigas de bar ou violências domésticas: são exorcizadas sobre as telas hipnóticas ou convertidas em assédios morais de toda sorte. Não se pilha mais tão ostensivamente os recursos dos países mais pobres ou os cofres do Estado: institucionaliza-se a predação promulgando novas leis a serviço da multiplicação hiperbólica da extorsão. Não é muito comum que se veja um animal sendo

9. Simone Weil. *L'Iliade, ou le poème de la force*. In: *Œuvres*. Paris: Gallimard, 1999. p. 530. [No Brasil, o poema foi traduzido e publicado em: Simone Weil; Ecléa Bosi (org.). *A condição operária e outros estudos sobre a opressão*. Rio de Janeiro: Paz e Terra, 1979.]

agredido em público, nem é mais tão popular a caça ilegal; mas 140 milhões de animais são abatidos industrialmente para a alimentação humana. Em outros termos, de Hiroshima a Aleppo e da nuvem cinzenta dos anos 1930 à onda de populismo dos anos 2010, é menos importante comparar e quantificar do que compreender as novas lógicas da *invasão*: a violência não recuou, mas mudou de forma. A violência não foi impedida, mas, como veremos, *proibida*, de um lado, e *sistematizada*, de outro, com as mesmas estruturas sociais e disposições afetivas.

É urgente hoje redirecionar nosso olhar, não mais fixá-lo sobre o choque, o acontecimento, ou sobre a velha questão insolúvel das pulsões (que tornariam o homem bom ou mau, segundo as diferentes escolas). É urgente abordar a violência por suas formas, modalidades e novas regras de sua circulação. Mais do que julgá-la ou essencializá-la, é necessário abordá-la rigorosamente como fato social, ponto de convergência de forças precisas e mecanismos sutis, lugar de uma lógica e uma energética específicas. O termo corrente de violência *cega* nos faz esquecer toda a parte de acuidade visual e clarividência intelectual que sempre calçou as piores violências: "O mais perigoso, na violência, é sua racionalidade",[10] lembrou Foucault em 1979. Foi uma racionalidade específica que produziu Auschwitz e Hiroshima, mas há outras em curso mais recentemente, no genocídio de Ruanda, no desastre sírio ou na atual deflagração terrorista. E, do sofrimento no ambiente de trabalho e aos mais graves sexismos, a violência produz ainda sua própria racionalidade. É a evolução da *racionalidade* da violência que deve ser considerada, suas lógicas contemporâneas inéditas; e não sua gênese mítica, tão obscura hoje quanto antes, nem a questão mal colocada de sua pura quantidade estatística, clínica.

O trajeto percorrido por este livro será, portanto, lógico, progressivo, e mais indutivo do que dedutivo, porque um certo dever de empirismo se associa à questão. Será muito rápido, mas, sal-

10. Michel Foucault. "Foucault estuda a razão de Estado." In: Manoel Barros da Motta (org.). *Ditos e escritos*, v. 4. Trad. Vera Lucia Avellar Ribeiro. 2. ed. Rio de Janeiro: Forense Universitária, 2003. p. 319.

tando de cena a tema, de descrição a reflexão, e partindo cada vez de uma história atual, poderemos compor um quadro geral, capturar em pleno voo alguns mecanismos decisivos da violência atual. E seguir, em suas circulações intrincadas, seus percursos contemporâneos: da guerra às repressões em massa, do trabalho à nova pobreza, da sociabilidade cotidiana aos rancores e aos ódios ordinários, que florescem sob a proteção do mercado total que o mundo se tornou. Iremos recuperar em primeiro lugar as violências seculares, da guerra, do terrorismo, da predação e das hierarquias coloniais, da opressão de gênero e da destruição ecológica, mas perseguindo suas formas novas, suas justificações inéditas, seus efeitos de contágio e de potencialização umas sobre as outras. Em seguida, focaremos na lógica que sobredetermina essas circulações e no lugar em que têm frequentemente sua origem: o mercado, a nova violência que ele exerce sobre as condições de trabalho, as instituições intermediárias, as práticas políticas e as relações interpessoais. O desencadeamento está sobretudo aqui, como incita o slogan do governo sem precedentes nomeado na França em junho de 2017: "Liberar as energias".

Daremos então um passo ao lado para interrogar a história da modernidade ocidental como "processo de civilização", essa incorporação de normas e do *savoir-vivre* que incitaria a reprimir seus instintos e represar sua própria violência. Que esse processo esteja hoje em crise, se não mesmo em vias de inversão, verificaremos entrando nos mecanismos psíquicos, nervosos e pulsionais da violência contemporânea, entre gula consumista e frustração narcísica, catarse esportiva e cultural – tudo isso no meio de uma avalanche de imagens que inscreve uma nova violência *escópica* no coração da vida cotidiana. No fim das contas, dos cadáveres do narcotráfico às vítimas de novas patologias, é a morte que se torna um negócio e a própria violência, um produto de apelo do supermercado neoliberal – como propõe a filósofa e ativista mexicana Sayak Valencia, que vê nisso um "capitalismo *gore*".[11] Uma vez identificados os pontos de congestão mortífera desse circuito de energia, individual *e* coletiva, não podemos fazer outra coisa senão nos perguntar que tipos de ações efetivas são colocadas em prática hoje para interromper esse circuito infernal e sair da impotência – milhares de resistências, globais ou infrapolíticas, que despertam há anos em todas as partes do mundo. Mesmo precárias e minoritárias, elas dão testemunho de uma resolução nova de tomar as coisas nas mãos, em vez de continuar a suportar como fatalidades a violência sistêmica e, como única alternativa, a ressurgência das violências identitárias.

Ao longo desse percurso, veremos a violência sair das sombras e das miragens que nos escamoteiam, abandonar seu estatuto de exceção ou sua natureza de acontecimento em favor de modos de existência mais permanentes, mais ordinários, às vezes mais dissimulados, que impregnam as psiques e saturam os ambientes sociais. Em certo sentido, é a própria confrontação que, em nome da concorrência econômica, do fatalismo geopolítico e da ética do menor mal, infiltrou-se em algumas décadas da margem para o centro do sistema. Ela evoluiu de um repertório reduzido para formas incalculáveis (não necessariamente letais, cada vez mais normalizadas), e do regime do acidente para o da incorporação duradoura nas estruturas e nos hábitos. Ao cabo dessa mesma evolução de algumas décadas, que subtraiu a violência dos discursos ambientes enquanto norma em vigor de toda relação social até o ponto de torná-la impensável, a confrontação direta ressurgiu mais recentemente entre aquelas e aqueles que se insurgem contra a ordem do mundo e sua violência normalizada: eles afrontam agora os poderes instituídos em gestos e em palavras, e são numerosos aqueles que não se querem mais se contentar com palavras e slogans.

Retorno do recalcado? Em todo caso, sua lucidez é bem-vinda na hora de celebrar, em velhas expressões e fotos nostálgicas, os aniversários das revoluções de outrora, abortadas, desfeitas ou recuperadas. O centenário de outubro de 1917, quando a lógica

11. Sayak Valencia. *Gore Capitalism*. Cambridge: MIT Press, 2017.

da violência popular permitiu confiar o poder aos sovietes de trabalhadores e camponeses por alguns meses, antes que fosse completamente retirado pelo Estado bolchevique. O aniversário de cinquenta anos de maio de 1968, esse impulso de desejo coletivo que nenhuma mentira retrospectiva nos retirará, mas que consistiu justamente em tomar as palavras em vez de as armas. Ou as memórias menos celebradas dos combates dos operários de Lawrence Mills, nos Estados Unidos, ou das minas de Yorkshire, no Reino Unido. Porque, mais frequentemente vencida do que vencedora, a mobilização popular, quando se encontra disposta ao enfrentamento direto, sempre foi o único motor do progresso social, da emancipação jurídica e econômica – nada menos que isso. Essas emancipações decorrem muito mais frequentemente, ao longo da história mundial, de uma onda de violência social do que de uma tranquila discussão de especialistas ou parlamentares. Ressurge aqui uma questão mal colocada, que deve ser despida do ranço dos hormônios e do estado civil: por que os mais jovens sempre foram mais suscetíveis em recorrer, não mais à violência gratuita, mas a essa violência revolucionária ou emancipadora, aí incluídas suas derivações? Não é só uma questão biológica ou demográfica: há o romantismo dos começos, as mentes influenciáveis, a alegria da ação, a obstinação de quem não tem nada a perder. Mas também o seguinte: a juventude, devidamente sacrificável (como outrora), devidamente enquadrada (como hoje, ou inversamente), continua sendo esse elemento social amplamente indomável, inassimilável, sem o qual a mudança não seria possível. Que chamemos ou não de "violência" a oposição ativa mais determinada à ordem instituída, ela participa sempre, tanto ontem quanto hoje, da *juventude do mundo*.

Capítulo 1

As metamorfoses da violência-mundo

> O tempo do monstruoso talvez não tenha sido um interlúdio.
>
> GÜNTHER ANDERS

Quem passa em revista as grandes violências mundiais do momento poderia duvidar de sua novidade. Guerras, migrações forçadas, atentados terroristas e devastação ecológica nos chegam desde os séculos XIX e XX – são seus funestos prolongamentos, intensificados aqui e atenuados acolá. Quanto à predação das riquezas (motivo inicial da conquista colonial), à opressão de sexo e de gênero (infelizmente ancestral) e à delinquência pequena ou grande (também tão antiga quanto as sociedades humanas), são modalidades clássicas da violência-mundo. Se esta reflexão deve começar por elas é porque, por trás desse truísmo de uma fatalidade imemorial, elas se encontram renovadas. Elas se valem agora de formas inéditas e de legitimações reformuladas – a uma escala mais vasta, além de tudo, que em qualquer outro momento da história humana. E, sobretudo nessa escala, interagem mais do que antes, se cruzam e se imbricam, mudam com uma intensidade nova, que as torna indissociáveis. A globalização – seja do comércio ou dos modos de existência, de infraestruturas ou de trajetos de vida – está agora acrescida de diferentes lógicas da violência, na combinação sem precedentes de suas correias de transmissão. Se alguns falam hoje de uma *guerra civil* em escala global, ela é uma guerra de desgaste, uma desmultiplicação[1]

1. Termo (*démultiplication*) usado no sentido mecânico: diminuição da velocidade e aumento da força, como a redução da marcha de um automóvel. [N. T.]

planetária dos "estados de violência"[2] e de todas as suas ligações recíprocas, que contribui, por todo lugar, para a eternização dos conflitos. Tudo está conectado, para o bem ou para o mal.

A sanha conquistadora e a ganância sem escrúpulos, que por toda parte desencadeiam a predação dos recursos naturais, recaem sobre as rivalidades sociais e identitárias, agravando-as: a hegemonia de grandes potências e suas multinacionais sobre o petróleo, as terras ou as forças de trabalho de baixo custo não é apenas uma causa das guerras e dos êxodos, ela lhes transmite também seu próprio frenesi e sua própria ferocidade. Do mesmo modo, a falta de pudor dos grandes patrões e a insolência dos cartéis mafiosos contaminam frequentemente os quadros intermediários, como os pequenos delinquentes que, face à obscenidade desavergonhada da acumulação de riquezas, não veem qualquer razão pela qual deveriam se refrear. A violência terrorista não pode ser concebida sem relação com a implacável hierarquia Norte-Sul do mundo contemporâneo, que justifica hoje em dia, ainda mais do que antigamente, o sacrifício da condição negra, a investida secular contra o islã ou o esmagamento das minorias autóctones. Essas três formas de violência são herdadas da história colonial, mas tomaram, após a descolonização, formas inéditas, nem sempre reconhecíveis. Além disso, se não recuam hoje nem a subjugação feminina, entre assédio ordinário e reclusão doméstica, nem as violências homofóbicas, o sentimento de onipotência que as origina não é estranho – longe disso – à devastação ecológica, que ressurge de um impulso de captura e assujeitamento que a nova "consciência" ambiental tão cedo não será capaz de conter. Entre essa destruição tranquila do meio ambiente e a indiferença sem precedentes dos países mais ricos para com os desabrigados ou os refugiados que se aglutinam nas

2. Para retomar a expressão do filósofo Frédéric Gros (*Estados de violência: ensaio sobre o fim da guerra*. Trad. José Augusto da Silva. Aparecida: Ideias & Letras, 2009).

calçadas há ainda um espírito comum, uma convergência de atitudes – que nos lembra que a violência é tanto uma questão de disposições psíquicas quanto de golpes desferidos.

Em suma, a violência globalizada é o fruto de uma promiscuidade aumentada, tanto entre os estados psíquicos quanto entre os braços institucionais da brutalidade. Para dizer de outra maneira, é obra tanto dos comportamentos normalizados de cobiça e avidez, tal como se vê por toda parte sem pudor algum, quanto da aliança revigorada há pouco entre o Estado, o mercado e as forças militares ou de segurança – que muito frequentemente agem em conjunto. Para entender uma tal promiscuidade, é indispensável fazer uma recapitulação precisa da violência-mundo, em toda a diversidade de suas formas.

Guerra-mundo e novos êxodos

Comecemos com algumas imagens. Pelas ruas de Paris, Shabana veio de Bangladesh para escapar da tortura: depois de meses em fuga, sem seus filhos (que, segundo disseram os atravessadores, não sobreviveriam à viagem), no porão de um navio entre ratos e excrementos, com fissuras nos pés causadas por parasitas. A seu lado, pessoas morrendo. Assombrada pela ruptura dos vínculos maternais, ela tem desde então um pesadelo recorrente: uma mulher esfarrapada chama-a de prostituta. Landry, que anda ininterruptamente para escapar dos policiais. Queniano, ele foi acusado de ser gay em seu país, onde a homossexualidade é ilegal. Em suas orelhas ainda ecoam as pauladas e os gritos, que ouve nos ossos: o linchamento. À noite, encolhido num estacionamento perto da sede administrativa de Bobigny, pesam sobre Landry o fato de que seus filhos foram banidos do vilarejo onde viviam, a culpa que sente por sua diferença, descoberta tão tarde, a tentação do suicídio, a insônia e a fome.

E também Karan, que não quer contato com os outros tâmeis do Sri Lanka – onde ficaram seu pai e seu irmão, de quem não tem mais notícias –, mas ainda acompanha as redes independentistas dos Tigres tâmeis no exílio. Isso até ser perseguido um dia, pelas ruas do décimo *arrondissement* de Paris, por um inimigo político de revólver em mãos – os acertos de conta não são raros, mas a polícia parisiense não se mete: é um assunto da comunidade. Raj, seu compatriota, é obcecado com a lembrança dos pedaços de carne dilacerada sobre sua pele – carne dos jovens mortos em um ataque a granada do qual é sobrevivente. E Rashid, afegão, que perdeu tudo o que tinha quando o Talibã retomou o controle sobre seu vilarejo e iniciou uma perseguição aos opositores – confiscaram seus bens e ainda fizeram com que sua mãe cozinhasse para eles. E Ibra, da República da Guiné, entre noitadas etílicas e seu choro matinal de órfão, convencido de que viu seu torturador, um general de Conacri, nas ruas de Saint-Denis. E Safia, corroída pela vergonha, vinda do Mali, com ajuda da mãe, para fugir da mutilação genital. E mais tantos outros vindos da Eritreia, do Iraque, da Síria e de outros lugares.[3]

Nenhum deles queria partir, mas a fuga lhes foi imposta pela violência política em seus países. Na França, sua sobrevivência é mais uma provação a ser vencida, como em todos os países não escolhidos para onde escoam os fluxos de refugiados. Há, entre eles, a culpa do sobrevivente e o medo do encarceramento, um sentimento de "dupla ausência": são indesejáveis em seus países e muito pouco bem-vindos nos países de destino ou de trânsito. Somam-se a isso a morosidade e os labirintos burocráticos para a concessão da autorização provisória de permanência ou para o pedido de asilo; o problema insolúvel da habitação – ou essas pessoas vivem amontoadas com outros exilados ou são remanejadas para acampamentos bastante precários; a barreira linguística; a falta de dinheiro até para comer; solidão e alucinações. Como compreender que esses exilados – devorados pelo medo e que levam consigo a morte que testemunharam, os desaparecidos que

3. Esses são os trajetos de alguns dos pacientes da psicanalista (e antropóloga) Marie-Caroline Saglio-Yatzimirsky, que clinica no Hospital Avicenne, em Bobigny. Trata-se de um trabalho único na França, especializado no trauma do exílio, e retraçado em seu livro *La voix de ceus qui crient: Rencontre avec des demandeurs d'asile* (Paris: Albin Michel, 2018).

perderam – possam suscitar medo ou rejeição nos franceses, que tão superficialmente os conhecem, sem nada saber de seu calvário? Justamente pela contaminação insidiosa da violência, por um curioso efeito de transfusão e ressonância entre a violência que lhes fez partir (e que qualifica suas condições de sobrevivência) e essa, mais fria, que lhes acolhe com hesitação.

"Que ironia ver esses homens apavorados se sentirem eles mesmos assustadores",[4] conclui a psicanalista, que fala dez idiomas e escuta as histórias dos refugiados por horas a fio – ou, ao menos, tenta fazer com que contem. Esse trauma velado, insuspeitável sob os rostos com que cruzamos apressadamente, provém de um transplante da guerra diretamente para a paz, de uma contiguidade psíquica difícil de conceber, mas, no entanto, decisiva, entre o cotidiano agitado de cidades mais ou menos pacificadas e as carnificinas perpetradas nas regiões mais distantes. Tudo o que viveram continua a gangrenar as consciências dos desterrados: inscrito na memória, invasivo, fantasmático e vivido novamente a cada noite, o trauma é redobrado pelos problemas no acolhimento, pela logística mal-adaptada, pelas insuficiências da legislação, pelas apropriações políticas – e permanece invisível aos outros. Na Europa, portanto, as evacuações truculentas dos acampamentos de refugiados são situações muito mais complexas do que admitem, cada um com sua perspectiva, o cidadão "responsável", que as defende como um mal menor, ou o militante generoso, que as vitupera como abjetas. É preciso deixar de fora as certezas morais para que se coloquem em perspectiva as cenas dramáticas, os conflitos intercomunitários que por vezes destroçam os acampamentos, os riscos reais de insalubridade, os teatros políticos de alguns e as recusas deliberadas em prestar assistência às pessoas em perigo de outros. Isso quando a polícia não chega ao ponto de confiscar os calçados ou a água dos últimos errantes do acampamento de Calais – a chamada "selva" de Calais. Em suma, há que se colocar em perspectiva a violência

4. *Ibid.*

das brigas, a das condições sanitárias, a da falta de hospitalidade oficial e a da expulsão propriamente dita: quatro formas de violência milimetricamente emaranhadas – tentar dizer qual a mais grave ou a mais importante entre elas seria uma tarefa perigosa.

Em 2016, o status de refugiado "humanitário" foi concedido, na França, a cerca de trinta mil pessoas que pediam asilo: um número pequeno, se comparado aos setenta milhões de refugiados políticos ou climáticos (25 a cada minuto) que existiam no mundo naquele ano. Os países fronteiriços aos conflitos abrigam a maior parte dos refugiados, que representam 4% da população da Turquia, 20% do Líbano e 28% da Jordânia – ao mesmo tempo que somente 9% desse total têm direito à hospitalidade dos seis países mais ricos do mundo, entre os quais a Alemanha, que acolhe quinze vezes mais pessoas do que a França.[5] Segundo o Alto Comissariado das Nações Unidas para Refugiados (ACNUR), o maior número de refugiados vem em primeiro lugar da Síria, seguida pelo Afeganistão, a Somália e o Sudão do Sul. Levando em conta a migração devida a mudanças climáticas, o ACNUR prevê que o número de refugiados triplique até 2050. Um século depois do suplício dos êxodos, que deixou dezenas de milhões de pessoas vagando por trinta anos, o mundo atravessa novamente uma crise migratória de excepcional gravidade.

Aqui, novamente, não se trata de fazer comparações. Entre 1914 e 1946, as migrações forçadas tiverem como motivo diversas tragédias políticas: deportações, genocídios, êxodos causados por invasões ou mudanças de governo (como os republicanos espanhóis que fugiram do franquismo triunfante) – para não falar das migrações forçadas em grande escala na União Soviética do período stalinista ou das carnificinas da Guerra Sino-Japonesa. De previsão impossível e com uma amplitude ainda desconhecida, os fenômenos que governam o caos migratório de agora são variados, mas indissociáveis: conflitos sociorreligiosos, guerras de

5. Segundo o jornal *Les Échos* de 17 abr. 2017, "Em 2016, a Alemanha concordou em acolher 445.000 migrantes".

fronteiras, recursos escassos, desastres econômicos e catástrofes ecológicas. Seria de mau gosto, além de impossível, julgar qual destas ondas de migração desesperada merece a mais alta condecoração do horror: seria a Líbia pós-Gaddafi – onde está presa a maior parte dos migrantes africanos, saqueados pelos passantes e reduzidos à escravidão – ou as zonas-tampão nos caminhos da deportação na Europa central e no Cáucaso? O campo de concentração espanhol de Argelès-sur-Mer ou os campos de refugiados rohingya em Bangladesh? O ponto de encontro em que se converteu o campo de deportação de Drancy ou a então "selva" de Calais?

Uma coisa é certa: a indiferença generalizada e o sentimento de impotência não mudaram em nada. Eles são talvez mais comuns hoje, já que não há uma "guerra mundial" ou um "totalitarismo" oficial para incitar ao engajamento, seja por preocupação moral ou por consciência política. Bashar al-Assad é um Hitler de segunda e, dessa vez, o presidente francês não fez nenhum apelo de 18 de junho.[6] De fato, o êxodo contemporâneo se distingue de seu predecessor da primeira metade do século XX na medida em que suas causas se agravam por sua normalização e sua tranquila perpetuação. Se evocaremos mais adiante os motivos climáticos do êxodo atual, que ainda restam por vir, é necessário nos interrogarmos desde já a respeito de seus catalisadores políticos. Eles são o sinal mais facilmente reconhecível de uma nova instabilidade em escala mundial – a consequência migratória de um naufrágio planetário mais profundo. Há algo que não funciona mais no reino da democracia liberal supostamente globalizada. Como se ditaduras e dilacerações comunitárias tivessem finalmente triunfado sobre as alegres promessas de liberdade universal, feitas às pressas entre as primeiras rachaduras do muro de Berlim, em 1989. Será a estabilidade política, que já dissemos ser uma noção muito relativa, tão historicamente transitória quanto o fax ou o *pager*, e destinada à obsolescência acelerada? Será que

6. Apelo de 18 de junho é como ficou conhecido o discurso proferido pelo general Charles de Gaulle em 18 de junho de 1940. Nesse discurso, de Gaulle incitava a população francesa à resistência contra a invasão alemã, iniciada cerca de um mês antes. [N. T.]

o mundo está mais dilacerado pela guerra – e por quais formas de guerra? – do que esteve nos tempos longínquos da Guerra do Vietnã ou da Guerra Civil Nigeriana?

Para responder a essas questões, é preciso primeiro se desfazer da ilusão tenaz, e tão europeia, de que teria havido um grande rompimento pós-1945: nessa narrativa, a Guerra Fria aparece como uma sequência peculiar, radicalmente separada do que a precedeu e do que a sucede, e o *boom* econômico registrado no pós-guerra seria uma feliz coincidência. Daí se sucederia que, durante quarenta anos, a violência em escala global teria diminuído, se tornado uma violência (quase) sob controle. E, então, teria subitamente ressurgido depois de 1989 – como atestaria cruelmente a decomposição sangrenta da ex-Iugoslávia ao longo dos anos 1990. É necessário religar os pontos. As violências não reapareceram depois de 1989, como um gênio do mal engarrafado que é finalmente liberado. Pelo contrário, elas foram despertadas, manipuladas e, às vezes, ciosamente reinventadas. E a Guerra Fria talvez tenha "represado" a ameaça comunista, mas não a violência das guerras de descolonização (haja vista o meio milhão de mortos só na Argélia), tampouco as catástrofes na China popular ou no Camboja. Sobretudo, é preciso notar que o que foi inventado durante essa sequência sempre foi algo corrente em nosso tempo. Uma guerra local tem origem na predação econômica ou é apenas uma distração para permitir que o saque e a pilhagem possam prosseguir tranquilamente, dissimulados pelos fumos da batalha? Tais conflitos foram abundantes na Guerra Fria, sempre pontuada pelos conflitos esquecidos da América Central que fizeram lucrar as gigantes estadunidenses do ramo alimentício e da exploração mineral, ou pelas hostilidades já frequentes no Golfo Pérsico – isso antes da OPEP transformar o petróleo em uma arma política dos países do Sul.

Essa lógica não tem nenhuma razão para desaparecer. Pelo contrário: ela se confirma, por trás dos motivos oficiais, como uma causa principal da perpetuação das guerras. Dezesseis anos após a queda das Torres Gêmeas, a retirada das tropas americanas do Afeganistão – prometida mas adiada por Barack Obama, e postergada novamente por Donald Trump – não deve acontecer tão cedo em vista do tesouro que ali se encontra: as maiores reservas mundiais de elementos raros (neodímio, cério, lantânio, lítio...), das quais as novas tecnologias são grandes consumidoras, perfazendo um valor estimado por Washington em cerca de 1 trilhão de dólares.[7] Quanto à guerra – mortífera, mas de outra maneira – que castiga a República Democrática do Congo desde o fim do século XX (contando com quase seis milhões de mortos, contra 2.500 no Afeganistão), ela não foi iniciada, mas se encontra deliberadamente mantida, e discretamente financiada, pelo coltan, mineral essencial para a fabricação de *smartphones* e tablets – e que abunda na província de Kivu, onde sua exploração é disputada por duas facções rivais.[8]

Quanto às intermináveis guerras civis, dentre as quais a Síria é o pavoroso arquétipo, elas também não são um advento ou novidade do pós-Guerra Fria, como atestam os golpes de estado que são uma constante na África subsaariana desde os anos 1960 ou o dramático exemplo da Colômbia, em que se desencadeia desde os anos 1950, com uma breve trégua recente em 2015, a ultraviolência de uma guerra civil sem fim. É a respeito da Colômbia que o jovem cientista político Jacobo Grajales propõe a noção de "governo na violência",[9] a violência dos paramilitares e de grupos mafiosos que não é mais uma causa de falência do Estado, mas se torna, ao contrário, o segredo de sua consolidação – diversos países hoje se encontram suscetíveis de exemplificarem essa noção, cujo brilhantismo se confirmará no futuro.

Mas onde a continuidade é mais flagrante e mais destrutiva é na questão dos armamentos. A louca "corrida" armamentista da Guerra Fria, arrefecida pelas Conversações sobre Limites para

7. Um memorando interno do Pentágono chega a considerar o Afeganistão como "a Arábia Saudita do lítio". Cf. *https://bit.ly/3wawihR*.

8. Disponível em: *https://bit.ly/3K3DVvW*.

9. Jacobo Grajales. *Gouverner dans la violence: Le paramilitarisme en Colombie*. Paris: Karthala, 2016.

Armas Estratégicas (*Strategic Arms Limitation Talks* ou SALT) dos anos 1970, foi sucedida pela proliferação descontrolada, iniciada há trinta anos, e que se divide entre o mercado negro, que floresce abastecido pelos estoques da ex-União Soviética, e o grande mercado oficial, mais rentável do que nunca (movimentando mais de quatrocentos bilhões de euros anualmente). O complexo militar-industrial é hoje mais consistente do que foi à época de Eisenhower, o inventor do termo, e dobrou seus lucros com o recente *boom* do setor industrial-securitário, ainda em plena expansão. Não são vendidos apenas foguetes e caças: *tasers* e armas não letais, como a pistola *flash ball*, são também grandes fontes de lucro. Se a rápida colonização da África – assim como dois terços dos mortos na Primeira Guerra Mundial – se deve à metralhadora, inventada pelo engenheiro Richard Gatling em 1861, ainda não sabemos quais serão as consequências em longo prazo dos mísseis de cruzeiro russos Ch-101 e dos microdrones americanos. Não foi Friedrich Engels quem disse que a mudança no diagrama de forças entre os mundos cristão e muçulmano, nos séculos XIV e XV, se deveu à aquisição da pólvora de canhão pelos ocidentais? E a saída da Idade Média, ao mesmo tempo, à passagem, graças à indústria, de uma infantaria de mercenários depravados para uma batalha de atiradores em colunas equipados por um "corpo de engenheiros"? "As balas dos arcabuzes burgueses atravessaram as armaduras dos cavaleiros",[10] nota Engels, enquanto a nobreza passava à burguesia o bastão da dominação social. Quem financia os armamentos conduz o mundo.

Compreendemos, desde então, que o bombardeamento aéreo de civis, experimentado pela primeira vez em 1911 na guerra ítalo-turca, não tem nenhuma razão para ser interrompido, nem mesmo amenizado – desde os bombardeios de Dresden ou Tóquio até a destruição de Aleppo, passando pelo teste bem-sucedido de Guernica (1937) e o napalm despejado sobre os vilarejos do

10. Friedrich Engels. *Le Rôle de la violence dans l'histoire*. Trad. fr. Émile Bottigelli. Paris: Éditions Sociales, 1971. p. 18.

Mekong. "Paz impossível, guerra improvável", escrevia Raymond Aron em 1948 – uma fórmula que convém igualmente à nossa atual zona cinzenta entre guerra e paz. Contra a ilusão de um interlúdio de resfriamento (relativo) da violência mundial durante a Guerra Fria, a continuidade que é necessário restabelecer – ao menos desde os anos 1930, década dos investimentos militares do New Deal contra a recessão e do rearmamento unilateral da Alemanha, até nossas guerras atuais – é a de uma militarização ininterrupta da economia que se estende por quase um século. E, para restabelecer essa continuidade, é preciso também restabelecer a de uma convergência inédita entre estratégia de Estado, instituições financeiras e mídias "livres". A Guerra Fria é, aqui, justamente a fase mais inventiva: é quando se forjam ou aprimoram os arsenais clássicos e nucleares, as parcerias público-privadas, a teoria cibernética da guerra em rede e a mobilização midiática e ideológica de opiniões públicas a serviço da guerra "justa". Esta não foi, decididamente, uma inovação de George W. Bush: sob esse qualificador, as guerras em vários fronts que ele iniciou "contra o terror" ao redor do mundo, na sequência dos atentados de 11 de Setembro, não devem nada, enquanto apologias à violência, às "guerras santas" das primeiras cruzadas ou às guerras de contenção dos anos 1960 – e certamente nada devem às guerras de seus inimigos islamistas.

Cada guerra, no entanto, tem sua gênese em causas encavaladas, e nenhum cenário monocausal pode ser tomado como última palavra, hoje mais do que nunca. O melhor exemplo, que merece por si só um lugar central num escrito sobre a violência, é a tragédia do Oriente Próximo, o arqueoconflito que parece sempre ter existido – desde tempos ancestrais, quando profetas de seitas concorrentes, todos semitas (judeus, árabes e os primeiros cristãos), juraram lançar uns contra os outros os raios divinos e as chamas infernais. É uma panela de pressão perene, se é que há algo perene. E, se adicionamos a isso os fracassos, ao longo das últimas décadas, das negociações, das dinâmicas nacionais e da secularização das sociedades, compreendemos que ainda têm lugar, no Oriente Próximo e Médio, os piores conflitos do globo – Síria, Líbano, Irã, Iraque, Iêmen, a questão curda e o inextinguível antagonismo entre Israel e Palestina. Há certas espirais de violência que não arrefecem, mas cujo fogo ensandecido parece ser reavivado a cada volta da roda da fortuna da História. A continuidade da violência nessa região – de Pôncio Pilatos a Benjamin Netanyahu, ou de Harry Truman a Donald Trump – não é nada tranquilizadora para aqueles que são perturbados pela perpetuação moderna da violência da guerra.

É de se duvidar que haja nisso algum consolo, mas podemos notar, mesmo assim, contra a tentação de uma noção estática ou circular da História, alguns elementos novos nos últimos anos. De certo modo, essas novidades enviam os diplomatas da Guerra Fria e dos últimos conflitos do século XX diretamente ao antiquário – para lá se juntarem às guerras napoleônicas e sua teorização estratégica por Carl von Clausewitz. Se há novidades na guerra-mundo, não há qualquer razão para se alegrar com elas. Os conflitos, principalmente, se perpetuam, já que são compatíveis com o comércio, aceitos pelos vizinhos, apoiados pelas novas tecnologias (seja pelo hackeamento de um inimigo ou pelas execuções transmitidas em *live*), e não impedem as grandes potências de permanecerem adormecidas: são vinte anos de conflito no Congo, dezessete no Afeganistão, dezesseis no Iraque e já contamos sete na Síria – além das querelas que permanecem sem solução há várias décadas na Caxemira, no Iêmen ou no Chifre da África. É verdade que isso também se deve parcialmente às tensões identitárias locais, algumas inclusive religiosas e já milenares (como a guerra fratricida entre xiitas e sunitas) e que não têm mais o anteparo da Guerra Fria, que subordinava tudo ao conflito estrutural entre as duas grandes potências. Enquanto alguns atiçam as brasas do conflito, outros podem enfim fechar seus países e colocar em prática planos de extermínio. Foi assim que, em abril de 1994, cinquenta anos depois do Shoah, vimos se iniciar um genocídio organizado em um país africano – o massacre planejado dos Tútsi de Ruanda pela maioria Hutu. Uma vez no olho do furacão, a violência não é mais quantificável, mas o século XX terminou na África, sem dúvidas, com a infelicidade de um recorde macabro – oitocentas mil pessoas exterminadas em três meses, ou seja, a uma taxa "maior" do que os seis milhões em quatro anos do Holocausto.

Ao destacar esses elementos de novidade, é necessário adicionar uma configuração global de poderes que também é inédita. De um lado, há a multiplicação das instâncias de decisão não governamentais (ONU, OMC, FMI, as grandes ONGs, lobbies, multinacionais), cada uma com seus próprios interesses. De outro, a profusão, no coração das guerras, de novos beligerantes não estatais, do tipo que não resolve as coisas tão diplomaticamente – milícias, escritórios do crime, cartéis mafiosos, minorias étnicas organizadas e organizações terroristas. Mesmo assim, ainda estamos longe de ter circunscrito o pandemônio mundial deste começo de milênio. A única certeza é que os "pacificadores" são também os que fazem a guerra. Porque as "democracias" autoproclamadas – ao apresentarem o desencadeamento de guerras longínquas como advindo do "irracional", essa maldição eterna que assola as zonas supostamente menos civilizadas – dizem se opor a essas guerras com uma contraviolência comedida, justa – "cirúrgica", segundo o léxico em voga –, mas sobretudo ajustada a seus interesses e apurada pelas novas máquinas. No conjunto, parece que o esforço desses países em preservar sua própria "paz", sempre relativa, tem hoje por condição um desencadeamento da violência – e sua contenção é apenas uma entre várias opções possíveis.

Por trás do véu do terrorismo

Vejamos mais algumas imagens. Crianças mortas na saída do show de Ariana Grande, em Manchester. Famílias atropeladas por caminhões na saída de uma feira de Natal, em Berlim, ou na parada militar do Dia da Bastilha, em Nice. Frequentadores da boate gay *Pulse* abatidos na pista de dança, em Orlando. Turistas atropelados por uma van em La Rambla, na Catalunha. Amigos confraternizando em terraços ao ar livre ou num show de rock, em Paris, abatidos a tiros. Ou, em Toulouse, alunos assassinados diante de uma escola judaica. Crianças, famílias em viagem, fãs de música e amigos reunidos para dançar, beber e conversar: é ceifando essas agradáveis figuras da vida em paz que a hiperviolência terrorista, sabiamente dirigida, nos transformou, no intervalo de poucos anos, em um poço de ansiedade. Um poço sombrio em cujo interior se tornam invisíveis, a cada acontecimento macabro, os contextos e as estratégias de uma forma de violência que há várias décadas faz o mundo sangrar. Não se vê mais nada além de um demônio sedento por sangue, semeando a morte no seio da inocência. "Eu amo a morte como vocês amam a vida", diz Mohammed Merah, autor dos ataques em Toulouse, na peça teatral de Mohammed Kacimi.[11] Mesmo que se esforcem para reprimir neles mesmos o medo e o ódio para que o inimigo invisível não ganhe terreno, os cidadãos inquietos guardam para si uma imagem perturbadora: essa que retrata terroristas que desejam a orgia da morte e o regozijo do sangue, ébrios de uma tanatolatria inédita. Talvez. Isso é corroborado pelo tom virulento com o qual o porta-voz do Estado Islâmico, em 2014, conclamava aqueles que o assistiam a matar os infiéis europeus ou norte-americanos: "de qualquer jeito: (...) com uma pedra, uma faca, atropelado, jogado de um prédio, estrangulado ou envenenado".[12] Quer a chamemos de demência sanguinária ou de massacre por doutrinação, a violência terrorista faz com que nos interroguemos, por contraste: seríamos capazes de dar as nossas vidas por algo? E a resposta: por nada nesse mundo. Vida e morte, amor e ódio, paz e guerra, desilusão e fé: acompanhadas por análises e slogans solenes, as grandes polaridades míticas voltaram à ativa, numa atmosfera estranha e que rapidamente se tornou a norma, entre patrulhas uniformizadas e táticas oficiais de "desradicalização", e que chega até às mulheres a serviço do Estado Islâmico.

11. Mohammed Kacimi. *Moi, la mort, je l'aime, comme vous aimez la vie*. Paris: L'Avant-Scène, 2017.
12. Le mouvement Daesh appelle à tuer les "méchants et sales Français". *20 minutes*, 22 set. 2014.

Mas, ao lado dessa norma, fica a sensação, menos comumente compartilhada, quase inconfessável, de que se encaram a cada carnificina dois apocalipses que se espelham, dois crepúsculos da História: o dos novos loucos de Deus, que preferem destruir e perder a vida do que tomar parte na vida dos infiéis; e o da forma de existência sobre a qual se desencadeia o frenesi dos primeiros, uma forma de existência aparentemente inofensiva, feita de lazer, de carreira, de concorrência, de construção familiar, de amor-próprio e de consciência pesada – mas que é uma forma de vida obrigatória, e também tem seus guardas e seu fanatismo. E que sustenta, mesmo a contragosto, a dominação do mundo, a devastação da natureza e o sacrifício dos pobres.[13]

Seria, então, assim o combate terrorista na atualidade? Um embate sem relação entre a violência subjetiva mais determinada ou mais explosiva e a violência estrutural de um único modelo de vida? Entre um sistema excludente, que eliminou em seu entorno todas as outras alternativas possíveis, e outro inclusivo, já que qualquer um pode se converter à religião e juntar-se a ele, mas que é a pior das reações identitárias que esse sistema pode suscitar? São imagens simétricas, especulares, e que perfazem um casal infernal. Porque não há aqui, talvez, nenhum confronto ou qualquer rivalidade apocalíptica, mas uma só e mesma coisa: a alquimia tempestuosa de uma grande metamorfose – a do sonho em pesadelo, do êxtase consumista (que desejamos e com o qual nos regozijamos) em paixão pela destruição. Nos anos 1970, Jean Baudrillard já evocava a "conversão subversiva da abundância em violência", a pior violência, aquela que "se enraíza nos processos de crescimento e de satisfação multiplicada".[14] O terrorismo seria, então, uma forma de levar ao pé da letra a potência de aniquilação do sistema-mundo, como o fazem os jovens de cabeça raspada e

13. É a tese um pouco retórica, mas desconcertante, defendida por um comentador sem nome, dez dias depois dos atentados de 13 de novembro de 2015 em Paris e arredores. Disponível em: *https://lundi.am/La-guerre-veritable*.

14. Jean Baudrillard. *La Societé de consommation*. Paris: Gallimard, 1993 [1970]. p. 285. [Ed. bras. *A sociedade de consumo*. Trad. Artur Morão. Rio de Janeiro: Elfos Ed.; Lisboa: Edições 70, 1995.]

suásticas tatuadas, esse mundo no qual uns e outros foram jogados ao nascer: "Do Ocidente às terras do califado *e de volta* ao Ocidente, os neonazistas de todas as denominações encarnam a subjetivação suicida do 'modo de destruição' capitalista",[15] como afirmam nessa passagem dois filósofos que veem a guerra trabalhar hoje no interior de *todas* as formas de vida. É necessário retornar a esse termo que eles emprestam de Deleuze, sem explicitá-lo, embora tudo se dê justamente aqui: "subjetivação" – como o sujeito torna-se quem é, incorporando plenamente a violência de seu tempo.

Enquanto esperamos, a fim de sair do poço da violência terrorista – e desviar de sua imagem cíclica, de seu absolutismo contagioso –, podemos também recolocar as coisas em seus lugares. É necessário lembrar que, mesmo com a funesta cifra de seiscentos mortos em quinze anos, desde os primeiros atentados da Al-Qaeda como represália à guerra do Iraque (os atentados de Madri em 2004 e Londres em 2005), o continente europeu foi relativamente poupado pelo terrorismo islâmico. Esse mesmo terrorismo devasta os países em guerra (Iraque, Síria), a vizinha Turquia (o país mais afetado), o Iêmen e o Paquistão – ou ainda a Nigéria e os Camarões (com os massacres do Boko Haram) – de uma maneira bem diferente e com uma contagem de mortos de outra grandeza. Em outros lugares, no entanto, o monopólio da violência cega não pertence a *esse* terrorismo. No pacífico norte da Europa, em 22 de julho de 2011, Anders Behring Brevik matou 77 pessoas em nome do ultranacionalismo branco e da luta contra a "Eurábia". No entanto, de acordo com a reprimenda feita a todos os sociólogos pelo primeiro-ministro francês no fim de 2015, o mero lembrete de que, entre as causas de morte acidental, a probabilidade de um cidadão francês ou europeu morrer em um atentado terrorista é bem inferior à de morrer por envenenamento, incêndio, afogamento, picada de abelha ou, mais apropriadamente, acidente de automóvel é uma forma de recusar-se a encarar o problema e "procurar desculpas" para os camicases.

15. Éric Alliez e Maurizio Lazzarato. *Guerres et capital*. Paris: Éditions Amsterdam, 2016. p. 30.

Dizendo agora de forma bem séria: é urgente desabsolutizar o terrorismo. É urgente inscrever sua violência angustiante numa mecânica mais vasta de violências, e, num mundo em guerra, em que ele é um subproduto mais da política que da religião, inscrevê-lo na história das últimas décadas. A começar pela própria história do terrorismo, arma de último recurso, tão característica dos conflitos modernos. O terrorismo é uma prática antiga. Alguns historiadores traçam suas origens como remontando à revolta dos zelotes na Palestina (século I) ou às matanças dos assassinos (os *hashashin*) na Síria do século XI, mas sua forma moderna data do século XIX, ao longo do qual essa forma nova foi teorizada e praticada por anarquistas e conspiracionistas, de Buonarotti a Bakunin. Nessa mesma época, os grupos revolucionários de trabalhadores já manejavam, de Chicago a São Petersburgo, bombas e metralhadoras – sem esquecer as minorias irlandesas ou armênias. Em 1892, contam-se quinhentos atentados com explosivos nos Estados Unidos e mais de mil na Europa. O assassinato de chefes de Estado se torna uma especialidade terrorista: o presidente francês Sadi Carnot, o americano McKinley, o rei Umberto da Itália ou o arquiduque herdeiro do Império Austro-Húngaro, no fim de junho de 1914, precipitando o mundo em sua primeira guerra total. O século XX não ficou devendo nada a seus antecessores. Nele, o terrorismo se revelou por diversas vezes como o único meio da resistência para intimidar os ocupantes nazistas; o último recurso dos grupos armados sionistas em 1946 para fazer capitular a ocupação britânica (com a bomba colocada pelo grupo Irgun no hotel King David de Jerusalém, que causou 137 vítimas); desde o fim dos anos 1960, como o argumento-choque dos palestinos frente ao estado hebreu; como uma opção tentadora, durante alguns anos, para a extrema esquerda italiana e alemã; e, chegando ao fim desse século, como o instrumento de pressão preferido dos iranianos (nos atentados dos anos 1980) e dos islamistas algerianos (nos atentados dos anos 1990). As motivações de cada um desses grupos são no mínimo diversas, ou pelo menos o eram até o golpe fulminante de 11 de Setembro de 2001, que impulsionou uma generalização do terrorismo *em todo lugar*, dando assim início à "guerra ao terror" dos anos 2000.

Não é nem metáfora abusiva nem provocação chamar precisamente de *terrorismo de Estado* práticas tão diversas quanto as execuções sumárias realizadas pela polícia política de Stalin, a pulverização dos opositores pelos militares argentinos, o extermínio de civis com gás sarin e mostarda por Saddam Hussein ou a prática de tortura preventiva por Hafez el-Assad na Síria – e também, nos Estados Unidos da virada do milênio, as abduções e prisões fora de qualquer Estado de direito (de Abu Ghraib a Guantánamo) ou a instalação de ditadores como chefe de Estado em países instáveis (do Chile ao Panamá).[16] A contribuição dos Estados Unidos para a formação das hordas do terrorismo atual não foi pequena. Basta pensarmos nas últimas estratégias da Guerra Fria (como o financiamento de islamistas contra a URSS e o Afeganistão dos anos 1980) ou nos fracassos mais recentes no Oriente Próximo – dez anos de ocupação do Iraque, que jogaram muita lenha numa fogueira que já ardia intensamente. Mais além, é razoável considerarmos o terrorismo contemporâneo como o filho monstruoso da proscrição de minorias inteiras pelas potências dominantes e de uma aventureira empreitada imperialista que multiplicou trapalhadas e improvisações. Portanto, não se trata mais de um filho *desejado*, ao contrário do que pretendem estultamente os teóricos da conspiração. Em suma, o terrorismo atual não é órfão: é filho das "águias" da Casa Branca tanto quanto dos imãs radicais.

No entanto, para circunscrever a violência-mundo, seus efeitos nos interessam mais que sua genealogia histórica. Há a designação do islã como ameaça oficial, chegando mesmo à islamofobia de Estado dos neoconservadores americanos pós-11 de Setembro; assim como sua versão menos explícita, com as leis sobre o uso do *hijab* na França. Há o inquietante contágio do gesto

16. Ver o notório artigo de Noam Chomsky, "Os Estados Unidos são um Estado terrorista de primeira grandeza" (2014). Disponível em: *http://www.informationclearinghouse.info/article40026.htm*.

extremo, que faz da via de escape niilista uma tentação nada menos que religiosa. E há, sobretudo, o declínio das liberdades civis, do *Patriot Act* ao estado de emergência na França, reconduzido e finalmente integrado ao direito comum. O filho monstruoso deixa suas marcas em seus genitores, e lhes força a espezinhar seus princípios fundamentais.

Os vilões não são mais os mesmos

Pegue um subalterno que não fez o que lhe pediram, pendure-o pelos pés num galho de árvore, com as mãos amarradas, e enfie-lhe na boca uma bola de jornal em chamas. Traidores? Empale-os ou corte-lhes a cabeça. E as mulheres que encontrar, estupre-as antes de matar. Essas são algumas das práticas atualmente em voga na guerra dos cartéis de drogas que assolam o México e a América Central – os barões do narcotráfico são imbatíveis no quesito atrocidade. O mais poderoso entre eles, Joaquín Guzmán, "El Chapo", comandante do cartel de Sinaloa e oficialmente preso nos Estados Unidos (apesar de os mexicanos estarem convencidos de que se trata de um sósia), anuncia por meio de seu advogado que vai processar os produtores da série americana que retrata sua ascensão, porque tal série o descreveria como um "criminoso sem coração" e incorreria em "violações do seu direito à presunção de sua inocência".[17] Hoje, os novos supervilões querem, ao mesmo tempo, alcançar níveis estratosféricos de ferocidade e cuidar da própria imagem, reinar pelo terror e serem retratados favoravelmente em reportagens e obras de ficção. Suas atividades são certamente incomparáveis, mas há uma dissociação tão grande, entre o narcisismo midiático e as atrocidades que cometem a seu redor (contra seus concorrentes ou simplesmente em nossas vidas), que isso guarda certa semelhança com o dilema dos mais ilustres poderosos chefões: não querem que sua

17. Le baron de la drogue 'El Chapo' veut attaquer Netflix. *Le Parisien*, 23 jun. 2017.

vida de grandes conquistas termine por ser conspurcada – como a de John Rockefeller, cujas estratégias perversas e mortíferas de expansão foram reveladas pela jornalista Ida Tarbell.[18]

Alguns saíram engrandecidos desse dilema, quase angelicais: o inglês Richard Bronson (fundador do grupo Virgin), com suas aparições cinematográficas ou quando cruzou o canal da Mancha sobre uma prancha de *kitesurf*; o francês François Pinault (Kering), com sua coleção de arte contemporânea inigualável; ou o russo Viktor Vekselberg (Renova), que comprou a *villa* de Mussolini, mas estabeleceu, a oeste de Moscou, o vale do Silício russo. Jeff Bezos conhece esse problema: o fundador da Amazon, líder mundial do e-commerce, fez bem em adquirir o célebre *Washington Post*, em 2013, e em pedir a seus seguidores no Twitter, em 2017, que enviassem ideias para que ele empregasse sua fortuna (de mais de 150 bilhões de dólares) "de forma útil". Mesmo assim, ainda há quem o critique por seu desprezo às relações de trabalho, por aterrorizar seus empregados, assassinar o setor editorial ou por se envolver em projetos ridiculamente megalomaníacos, como naves espaciais e entregas por drones.

Como os mais ambiciosos militares do século XIX ou os mais ricos gângsters do século XX, os todo-poderosos chefões desse começo de século XXI não veem por que se contentar com o poder financeiro sem conquistar também o verdadeiro poder – o poder político, para o qual as eleições são facultativas. E, para alguns, mesmo um poder transcendente sobre o futuro da espécie humana: a juventude eterna graça às células-tronco ou ter a própria mente virtualmente preservada, sobrevivendo ao corpo. Eles querem tudo. É o lobby agressivo de Mark Zuckerberg (Facebook), são os foguetes privados de Elon Musk (PayPal) ou o casamento "élfico" de dez milhões de dólares de Sean Parker (Napster) e mil outros gestos, de preferência com o intuito de diminuir a fiscalização e (tentar) entrar para a História. Conta-se

18. Ida M. Tarbell. *The History of the Standard Oil Company*, 2 vols. Nova York: Peter Smith, 1963 [1904].

que, vinte anos atrás, Bill Gates não conseguiu suportar quinze minutos de espera para se encontrar com Bill Clinton, que estava ligeiramente atrasado, e que imediatamente retornou para seu jatinho particular e foi embora. O vilão não é só definido pela maldade, ou por tomar parte em atividades ilícitas, mas também por esse misto de onipotência e liberdade suprema que afastam a ideia absurda de que haveria uma instância de poder acima dele.

Diríamos que esses paladinos do mercado financeiro são antes bárbaros dotados de uma grande horda do que bandidos solitários. E que o vilão, em geral, é sobretudo o *pequeno* vilão, a "ralé" de hoje e de antigamente, que é punida pela justiça penal – o "vagabundo" delinquente dos anos 1960, o trambiqueiro de belas palavras dos anos recentes (à maneira de Christophe Rocancourt, que arrancou tudo o que pôde da cineasta Catherine Breillat, seriamente enferma) ou o aviãozinho da favela desertada pelo poder público. Sempre um "delinquente", que à primeira infração é convertido em malfeitor profissional, com a ajuda da prisão. Ao menos na Europa, boa parte dessa delinquência – e da violência que a acompanha – está em baixa contínua há várias décadas. Todos os estudos estatísticos atestam um recuo da violência interpessoal, da violência dos homicídios e das brigas de rua. A taxa de homicídios na França, que não se distancia da média europeia, atingiu a baixa histórica de 1 por 100.000 habitantes, e o número de pessoas mortas a tiros em 2012 foi a metade do mesmo número em 1995. Badernas, quebra-quebras e pancadarias generalizadas ainda existem, mas são nitidamente mais raros que as ações concatenadas ou os enfrentamentos com a polícia.

No entanto, no que diz respeito a essa questão, os números são triplamente ambíguos. Em primeiro lugar, porque volta a aumentar, depois de vinte anos, o número de atentados não letais à integridade física; mas também, em formas desmultiplicadas, pequenos roubos e extorsões – os últimos necessitam de algum recurso para serem perpetrados, é verdade, mas os primeiros não são um fenômeno estranho ao empobrecimento generalizado, o que fez com que Karl Marx dissesse que roubos, furtos e pequenos delitos são as formas de uma "guerra social de todos contra todos" perpetrada pela máquina econômica. Em segundo lugar, porque a virada securitária dos últimos anos (retornaremos a isso mais adiante) locupletou as prisões e fez explodir a população carcerária,[19] estabelecendo uma curva ascendente que é o inverso da curva descendente da delinquência, e que assinala uma "paixão repressiva"[20] desproporcional na maioria dos países. Finalmente, sobretudo porque as disparidades mundiais na criminalidade impedem qualquer conclusão geral: ela recua na Europa, mas é endêmica nas Américas, tanto ao norte quanto ao sul; é estável a um nível bastante baixo na Ásia, mas não se dispõe de dados disponíveis ou confiáveis para a África. A isso podemos acrescentar as mutações tecnológicas, que também mudam as regras do jogo: o roubo de dinheiro vivo dá lugar ao roubo de cartões de crédito, principalmente online, que podem ser cancelados imediatamente e substituídos em 48 horas. As ocorrências de pequenos roubos e homicídios praticados por impulso estão em baixa, mas o mesmo não pode ser dito dos abusos de poder nem das formas de extorsão mais elaboradas.

Por outro lado, desapareceu a delinquência-ruptura: os roubos a banco dos anos 1970, que tinham por finalidade a redistribuição do dinheiro; crimes como os praticados por John Dillinger, durante a Grande Depressão nos Estados Unidos, e todos os Robin Woods dos séculos anteriores – ou até mesmo Pablo Escobar, grande chefe do tráfico, que, de maneira ainda mais suspeita, distribuía maços de dólares aos cidadãos de Medellín. Conforme disse Michel Foucault na década de 1970, às vezes a delinquência ainda é representada "como uma revolta: a verdadeira guerra social – o roubo oposto a este outro roubo que é a propriedade, o assassinato voltado contra a morte lenta ou rápida dos massacres de guerra, ou na usina de explorações imposta pela sociedade aos

19. Na França, a população carcerária aumentou 130% em quarenta anos, enquanto o aumento na população total foi de apenas 22%.

20. Didier Fassin. *Punir: Une passion contemporaine*. Paris: Seuil, 2017.

indivíduos".[21] Em quatro décadas, essas frases se tornaram obsoletas, perfeitamente incompreensíveis. A delinquência também mudou, e se tornou exclusivamente predatória, exceto que não é mais perpetrada somente por malfeitores de bairro ou pelos grandes cartéis do narcotráfico. Ela se expandiu, a uma escala inédita, com a delinquência do colarinho branco, camaleônica, frequentemente protegida sob o manto de uma estrutura jurídica (empresa, administração, associação), mas que é por definição imensurável até que seja flagrada no ato. Aqui também há bandidos e bandidos, quadrilhas de fundo de quintal e poderosos chefões. Nem todo mundo é Bernard Madoff, que embolsou mais de sessenta bilhões de dólares num esquema de pirâmide, ou Jérôme Kerviel, acusado por um dos maiores bancos europeus de perpetrar uma fraude de quase cinco bilhões de euros – inclusive porque os golpes mais modestos atraem menos atenção. Empregados fantasma, comissões ocultas, fundos desviados, propinas, caixa dois, vazamento de informação privilegiada, escutas ilegais, tráfico de influência, peculato, laudos e licitações fraudados – uma empreiteira que, de brinde, reforma uma casa de campo. Falamos agora de um funcionário vilão, de uma empresa vilã e talvez mais raramente – ou nem tanto assim – de um ministro vilão. E, no entanto, por trás da reprovação oficial, uma delinquência *limpa* – que não suja as mãos de sangue e engorda impunemente a conta bancária – participa também do mito da liberdade e das peripécias do "esperto", que transformam o empreendedor no herói dos novos tempos. Isso inclui o bom empreendedor de si mesmo, que pode ser um vereador ambicioso ou um funcionário público comissionado. Há em tudo isso um orgulho sedutor, inconfessável e guardado para si, que se deixa entrever às vezes por um piscar de olhos – o orgulho de ser vilão. É de bom-tom manter a discrição caso algo venha a público, se é que eventualmente virá. Estado vilão, chefe vilão, político eleito vilão, lobby vilão: a declinação atual do termo não é uma facilidade linguística, mas um

21. Michel Foucault. Prefácio (*in* Jackson). In: *Ditos e escritos*, v. 4, op. cit., p. 149.

sinal de que os vilões não são mais os mesmos – enquanto prendíamos os pequenos, os grandes se esbaldavam do outro lado: do lado do bem, do lado da lei.

Em 2002, em uma de suas últimas conferências, Jacques Derrida se questionava sobre o novo emprego dessa palavra, ao mesmo tempo que a Casa Branca apontava os novos estados-vilões (*rogue states*) do momento: Iraque, Cuba, Iêmen, Coreia do Norte etc. Robert Litwak, antigo consultor de Segurança Nacional, definiu o termo de forma simples: "Um estado-vilão é qualquer estado que os Estados Unidos declarem como tal". Argumentando que "o abuso de poder é constitutivo da soberania", Derrida conclui nessa conferência que deve ser dito "vilão" todo aquele que se arroga o poder de apontar os vilões, e isso porque sua norma de Estado se tornou a lei do mais forte: "Portanto, só há estados-vilões. Em potência ou em ato".[22] É vilão, em suma, quem se decreta apto a dizer quem são os vilões. Nesse sentido – o de um poder que não se submete ao direito, à moral ou, principalmente, ao povo –, não são tanto os próprios Estados a serem designados por esse termo trivial, mas o punhado de empresas multinacionais que fustigam incessantemente os três (a lei, a moral e as pessoas) e que concentram em si, mais do que em qualquer outro momento da história moderna, a soberania pura da força – vilões superpoderosos que semeiam a morte em toda parte.

É assim que, enquanto milhões morriam de AIDS, a Glaxo, juntamente com outras dezenas de empresas farmacêuticas, tentou proibir o governo sul-africano de vender uma versão genérica e de baixo custo dos antirretrovirais necessários ao tratamento do HIV. A patente, propriedade da Glaxo e dessas empresas, poderia ser quebrada por uma lei aprovada pelo Parlamento sul-africano em 1997. E também a Monsanto, líder mundial de herbicidas e sementes, cujos produtos apresentam ameaças à saúde dos trabalhadores agrícolas mal protegidos, às terras sobre as quais são utilizadas e, em última análise, à saúde humana no mundo

22. Jacques Derrida. *Voyous*. Paris: Galilée, 2003.

inteiro.[23] Ou então a Nestlé, que inunda de barras de chocolate e cereais industrializados (dos quais cada porção "individual" ultrapassa a ingestão diária recomendada de açúcar pela OMS) os bolsões miseráveis do Brasil e do Egito, enquanto que, se comparada ao começo do século, a obesidade infantil dobrou nos países do Sul. Ao mesmo tempo, a Vinci, imenso conglomerado de infraestrutura e serviços, abusa do trabalho forçado em países de legislação leniente (especialmente os estados do Golfo Pérsico), e, com milhares de estacionamentos e concessões sobre estradas privatizadas, é líder mundial no setor de monitoramento por câmeras de vídeo. Ou então o Walmart, número um em logística, que, não contente em destruir os pequenos comércios – sem contar as pequenas cidades nos Estados Unidos que foram varridas do mapa –, sabota os sindicatos e impõe a seus milhões de funcionários uma precariedade de estatuto e de condições de trabalho sem igual na contemporaneidade. Esses e tantos outros grupos, especialmente os GAFAM (Google, Apple, Facebook, Amazon e Microsoft) e similares, com suas capitalizações titânicas e seus algoritmos tirânicos. Nenhum deles precisa de El Chapo em seu conselho administrativo para serem, na escala do sistema-mundo, os maiores vilões do momento.

Mercados em guerra e virada securitária

Mais imagens. Atenas, março de 2017. Atrás da avenida Alexandras, no limite do bairro de Exárchia, um antigo quiosque é convertido em grande cabana para abrigo dos sem-teto, humanos e animais. A cabana está mais animada do que de costume, seus habitantes hirsutos contentes com o fim do inverno, depois de três meses de noites frias com os termômetros marcando 7 ou 8ºC. Indo dali até a praça Sintagma,[24] passa-se diante do hospital

23. Quando a Comissão Europeia faz questionamentos sobre os perigos do glifosato, um pesticida, os especialistas o defendem citando um relatório produzido pela própria Monsanto (Cf. Glyphosate: l'expertise européenne truffée des copiés-collés de documents de Monsanto. *Le Monde*, 16 set. 2017.)

24. A praça Sintagma, ou Praça da Constituição, é a principal praça do centro de Atenas. [N. T.]

Ágios Sávvas, centro de tratamento do câncer, onde recentemente o índice de mortalidade cresceu, atingindo níveis que não mais se viam na Europa, em consequência da falta de material e de médicos (dentre os quais três quartos deixaram o país). Pichações recobrem as portas de ferro baixadas do comércio falido. Pequenos grupos de jovens improvisam um rap. Policiais da delegacia de manutenção da ordem pública circulam em uma viatura, inutilmente agitados. Um sopão popular é mexido indolentemente por anarquistas encapuzados. Por toda parte, diversas pessoas conversam, fazem trabalhos manuais, contam as novidades. Pessoas que não são esperadas por ninguém em parte alguma: patrão, administração, transporte ou reunião. À medida que nos embrenhamos no labirinto de ruas e casas mais ou menos abandonadas, proliferam as cenas de bairro: uma mulher ameaça se jogar do terceiro andar (a taxa de suicídios no trabalho, ou no trabalho que ainda resta, triplicou desde 2010); um homem trabalha sozinho em seu negócio, diante do qual distribui panfletos; uma professora primária arruma bancos numa ruazinha para dar comida aos alunos de uma escola vizinha, no horário do almoço – as cantinas solidárias improvisadas substituíram as cantinas escolares ou públicas, frequentemente vazias.

Uma bandeirinha balança ao vento, presa no painel de um canteiro de obras: "A democracia é uma merda", lê-se em grego. Os resultados de referendos nacionais não têm qualquer importância quando não vão na mesma direção do que querem os credores do país. O partido antissistema Syriza ganhou as eleições de 2012 e de 2015, mas Bruxelas não cedeu em nenhuma das medidas prometidas para que os dez milhões de gregos pudessem respirar. A população tem a sensação persistente de que tudo se decide em outro lugar, fora do Parlamento ou do escritório do primeiro-ministro Aléxis Tsípras. "Tudo" é o que fez o salário médio baixar em 30% desde 2010, o desemprego dobrar, os serviços públicos fecharem e mais de um terço da população passar a viver abaixo da linha da pobreza. Segundo uma pesquisa do instituto Kapa Research, pelo menos 42% dos gregos acreditam seriamente que os europeus querem puni-los por seus indicadores financeiros em queda livre. Indicadores, esses, atribuídos por agências de classificação de riscos de investimentos e imputáveis a tantos outros – ao endividamento especulativo do Estado e das grandes empresas, à inaptidão das elites, à corrupção dos políticos, às evasões fiscais da Igreja Ortodoxa e aos ricos armadores.

No primeiro semestre de 2015, a dupla formada por Tsípras e Yanis Varoufakis, ministro da Economia, fez com que o resto da Europa prendesse o fôlego enquanto tentava dar fim às políticas de austeridade que estrangulavam o país. Seis meses de negociações com os credores, a famosa *troika* (União Europeia, Banco Central Europeu e FMI), cuja intransigência rejeitou todo ajuste proposto, terminou por impor novas medidas de restrição e a demissão de Varoufakis. O mesmo cenário se repetiu entre março e junho de 2017, dessa vez com medidas que incluíram o corte em pensões e aposentadorias, mesmo as mais modestas, e o aumento do imposto sobre o consumo de energia elétrica. A Grécia é hoje o laboratório de uma política da palmatória institucionalizada, que cessou de se esconder por trás das mentiras da eleição. É o país de um teste de impacto sem precedentes, para que se veja até onde, dentro da União Europeia, pode-se empobrecer uma população até o desespero, desmantelar uma estrutura estatal e sobreviver sem serviços públicos.

A lição grega é simples: no atual sistema, as populações são supérfluas, nem chegam a ser uma variável de ajuste; são, no máximo, o plano de fundo moribundo de uma tecnocracia cega, em que a teimosia em persistir no erro condena à histeria. Isso não funciona, e aniquila toda uma sociedade – mas é o que acontece, já que é necessário "*salvar* a Grécia" do débito, segundo a argumentação marcial e messiânica de seus tutores financeiros.[25] Essa mesma argumentação faz com que todo o resto dependa da bênção das instituições financeiras e, no entanto, fundamenta

25. Aos quais a revista ateniense *Aléthéia* respondeu por meio de seu chamado, em 21 de fevereiro de 2012, "Salvemos a Grécia de seus salvadores", traduzido e republicado pelo jornal francês *Libération* na edição do mesmo dia.

há quarenta anos a concessão de empréstimos do mercado financeiro para o investimento público, a especulação sobre ativos do Estado e a emissão de títulos da dívida pública, não somente na Grécia. Dessa vez, contudo, ela se aplica às finanças de cada cidadão do país, tornando a vida impossível. Daí o discurso bélico dos locais, mesmo os mais moderados. "O Estado e os políticos são nossos inimigos", explica pausadamente um casal de meia-idade. "Eles querem nos exterminar. Resistir para sobreviver é também ter o mínimo possível de relações com o Estado: vivemos com poucos meios e poucas necessidades, mas esse pouco é nosso."[26] Se eles falam de guerra é porque *estão* em guerra. A tutelagem de seu país se assemelha a um ato de guerra. Foi também o que aconteceu com a Argentina no período de 1998 a 2002, quando, com o país em plena falência financeira, a população acabou pagando a conta dessa mesma guerra – enquanto isso, o dinheiro escoava em malotes e se orquestrava um escambo generalizado.

Talvez seja isso o mais difícil de ser admitido, mas sem o que não se explicam os erros e a obstinação da *troika* nem o sacrifício desses milhões de cidadãos: a guerra não é uma metáfora ou um acidente de mercado. Ela é absolutamente consubstancial ao mercado e absolutamente necessária. Friedrich Hayek, economista anglo-austríaco por vezes tido como o padroeiro do neoliberalismo, reprovava a violência forçada da economia planificada, a dos comunistas e de todos os partidários do Estado, imposta cegamente às custas da população. As palavras de Hayek, ditas então a respeito da destruição da liberdade pelo economismo autoritário, se aplicam perfeitamente agora a todos os gregos do sistema-mundo, àqueles arruinados e pisoteados pelos mercados, às lições dos credores, às diretrizes do FMI para um "ajuste estrutural" rápido e razoável – o Estado não sendo mais do que um prestativo contrarregra. A "estratégia de choque" parece se aplicar perfeitamente nesse contexto: os estados de estagnação psicológica consecutivos a uma reviravolta política ou a grandes

26. Citado pelo cronista ateniense Panagiotis Grigoriou. Disponível em: *bit.ly/3JYMDfa*.

catástrofes ecológicas (o golpe de estado no Chile ou na Indonésia, o fim do apartheid na África do Sul, a queda do muro de Berlim, os atentados do 11 de Setembro, o furacão Katrina ou o tsunami de 2004) se prestam muito bem às reformas econômicas brutais – privatização de setores inteiros, medidas de austeridade não graduais, parceria próxima demais das oligarquias econômicas e das aristocracias de Estado.[27] Por mais cínica que seja, a ideia de se aproveitar de um estado de choque para impor um segundo choque que supostamente "repararia" o primeiro, de capitalizar sobre a violência de um acontecimento ao lhe adicionar a violência de uma adaptação urgente, não está longe de ser genial: uma violência que esconde a outra, as duas se emaranhando até o ponto em que são indissociáveis, permitindo que se imponha o que em geral não permitem a tranquilidade democrática e a justiça das eleições – se é que tais coisas existem. A violência, local ou global, de um acontecimento ou das estruturas instituídas, sempre foi uma fonte de lucro, direto ou indireto – mesmo o furacão Harvey de agosto de 2017, com suas chuvas torrenciais, inebriou o índice Dow Jones ao fazer com que as vendas de automóveis dobrassem no Texas nas semanas seguintes, já que estes precisavam ser substituídos. Parasita-se mesmo a menor espiral mortal, a besta se torna útil. A violência consegue de uma só vez o que a razão e a deliberação sempre impedirão: fazer com que todos se dobrem, sem discussão.

Haveria aqui uma longa história a ser escrita – e que alguns já tentaram escrever – a respeito do capitalismo em guerra e sua relação intrínseca com a violência e a arrecadação brutal, que mostra que a violência não é um derivado nem um efeito colateral, mas o próprio fermento da lógica de captação de recursos. Nunca mudarão, por toda a eternidade, nem as fábulas dos fisiocratas do século XVII, para quem o comércio abranda os costumes, nem os juramentos mais recentes dos vencedores da Guerra Fria,

27. Naomi Klein. *A doutrina do choque: ascensão do capitalismo do desastre*. Trad. Vania Maria Cury. Rio de Janeiro: Editora Nova Fronteira, 2008.

com a mão sobre o peito, de que o mercado seria agora o fiador da democracia e vice-versa. Não somente o mercado não precisa mais da ilusão da democracia, mas também já entrou em fase de rearmamento e de securitarização avançados. Essa história, que já tem muitos séculos, passa pelas operações dos piratas dos séculos XIV ao XVI e dos flibusteiros, primeiros saqueadores das Américas, enviados pelas monarquias europeias (a diferença entre os dois sendo meramente de escala); pelo comércio triangular e a escravidão "negra", pivô do mundo de acumulação primitiva que passa a funcionar em escala mundial dos séculos XVII a XIX; pelo movimento inglês das *enclosures*, que consistia em privatizar terrenos comuns para protegê-los juridicamente; e pelo adestramento de corpos e mentes às novas funções de produção, com a revolução industrial do século XIX. E por tudo o que inverte, mais amplamente, a fórmula de Clausewitz sobre a guerra como continuação da política por outros meios: é agora "a política do Capital que é a guerra continuada por outros meios", de preferência não sangrentos.[28] As finanças ("armas não militares", como dizem os estrategistas) são hoje uma forma desterritorializada de violência que, para se exercer, não tem mais necessidade de um terreno nem de um exército.

Em seu último livro, Jean-Paul Curnier descreve a "criminalidade histórica" do capitalismo, sua "predisposição inata para a predação organizada e incessantemente disfarçada", porque é apresentada "como a condição da abundância, da partilha e da fraternidade"[29] – ou seja, a lógica da pirataria, mas sem sua democracia interna. É o cofre de madeira, transbordando de ouro e joias, mas sem que sua divisão seja igualitária. Ou as pilhagens mortíferas (mais mortíferas ainda para as camadas mais baixas da sociedade), destinadas apenas aos mandantes. A relação histórica entre dinheiro e guerra não é uma relação de meios e fins, mas uma conexão histórica indissociável e ancestral: a conexão que

28. Éric Alliez e Maurizio Lazzarato. *Guerres et capital*, op. cit., p. 348.

29. Jean-Paul Curnier. *La Piraterie dans l'âme: Essai sur la démocratie*. Paris: Lignes, 2017. p. 245.

foi mobilizada e desencadeada pela defesa da propriedade privada forma a trama bélica da história econômica. "Somente a prosperidade torna os homens capazes de exercer seus direitos políticos", disse Benjamin Constant em 1815, uma definição censitária implacável da democracia que só seria desafiada em fevereiro de 1848, na França da Segunda República, quando o sufrágio universal masculino é conquistado pelo derramamento de sangue. Mas a história política permaneceu a serviço da apropriação e da usurpação: por muito tempo, e ainda hoje em muitos aspectos, a ideia de uma independência dos governados em relação aos governantes – esse fio contínuo de lutas pela democracia – significou sobretudo uma renúncia dos possessores, pequenos ou grandes, que se encontram enquadrados ou limitados a seu livre exercício da liberdade de possuir. Para fazer isso, justiça social e estabilidade política são não somente supérfluos, mas contraproducentes. Hoje, os relatórios dos *think tanks* sobre o desenvolvimento econômico da África, cada vez mais numerosos, evidenciam todos a concomitância entre o aumento do crescimento e a presença de regimes autoritários, ou até mesmo de guerras civis: do Sudão do Sul à Etiópia, da Nigéria à África do Sul, as economias africanas crescem mais rápido onde e quando a instabilidade política é maior – ponto final.[30] Quanto aos modelos de crescimento e desenvolvimento deste começo de século, os estados feudais do Golfo Pérsico e a China monopartidária não são mera coincidência.

A novidade, em relação a essa guerra milenar, é o papel proativo, e não mais de "exército de reserva", que é agora desempenhado pelos setores econômicos e de segurança e armamento e, ao lado deles, pelas estruturas estatais de repressão. Isso que podemos chamar de *virada securitária* ou *guinada securitária*, fenômeno recente das democracias modernas, não se reduz a algumas leis iníquas ou às violentas inovações policialescas dos vinte últimos anos, da SWAT (*Special Weapons and Tactics*, Armas e Táticas Especiais) estadunidense, armada até os dentes, às ferozes BAC

30. "Africa Rising"? "Africa Reeling" may be more apt. *New York Times*, 19 out. 2016.

(*Brigades Anti-Criminalité*, Brigadas Anti-Criminalidade) francesas. Esse fenômeno tem origem na transmutação do estado em arsenal securitário, mas também das relações entre os estados e da transformação de toda a "política mundial" (*Weltpolitik*) em simples "*polícia* mundial" (*Weltpolizei*), como disse Carl Schmitt ao fim de seu último livro – e leve-se em conta que Carl Schmitt, jurista do Terceiro Reich, conhecia muito bem o tema "estado policial".

Das consultorias em criminologia às empresas de segurança privada e dos comerciantes de armas aos efetivos de polícia reforçados em todo lugar, há uma lógica de conjunto sem relação alguma com a missão tradicional da segurança pública, que toma lugar há vinte ou trinta anos nos países "em paz", expressa na conversão dos sistemas penais e policiais em política de números e otimização de rendimento; na doutrina de "tolerância zero" e repressão de "incivilidades", cujo conceito engloba as menores infrações não previstas em lei; nas campanhas governamentais repercutidas pelos meios de comunicação para difundir o medo e incitar a delação; nas inovações técnicas e dispositivos de monitoramento contínuo, presentes desde as ruas cheias de câmeras de segurança até os e-mails de funcionários vigiados pela direção das empresas; no crescimento do poder dos novos "experts" do crime[31] e sua ideologia do "mal a ser cortado pela raiz". As etapas históricas desse processo são agora conhecidas, desde a importação para a França nos anos 1990 da teoria nova-iorquina "das janelas quebradas"[32] (segundo a qual, uma janela quebrada sem punição imediata levaria à destruição selvagem de *todas* as janelas…) até o nítido estreitamento de laços entre os governantes públicos e os setores armamentistas e de segurança, depois dos atentados de 11 de Setembro. No contexto atual, ninguém sabe para onde esse salto pode levar.

31. À imagem de dois compadres sinistros que os meios de comunicação franceses consultam sobre essas questões: Xavier Raufer, antigo braço-forte da extrema direita e Alain Bauer, ex-consultor do serviço especial americano.

32. Ver *https://bit.ly/3dES1Il* e George Kelling e Catherine Coles. *Fixing Broken Windows: Restoring Order and Reducing Crime in Our Communities*. Nova York: Touchstone, 1997.[N. T.]

Hierarquia pós-colonial

A história do Haiti é exemplar. Conduzida pelas esperanças da Revolução Francesa, uma primeira revolta dos negros escravizados estoura em 1791, na ilha de São Domingo, três anos antes da Convenção[33] abolir a escravidão. Mas o novo governador do Haiti, Toussaint Louverture, dá um passo além e instala uma autonomia de fato, mantendo as *plantations* para que o comércio se desenvolva. Decidido a manter sua colônia, Napoleão envia uma expedição de 25.000 homens: ao fim de três anos de guerra, depois da prisão e morte de Tousssaint, o exército dos "independentes", composto de ex-escravos e mestiços, reconquista a ilha (a menos de sua parte espanhola) e persegue, em 1804, os últimos franceses lá ainda presentes. É a primeira república negra da história e o primeiro país gerado por uma revolta de escravos, que passa a se chamar Haiti. No entanto, os anos seguintes, marcados por pressões e bloqueios franceses que provocam uma uma onda de fome, levam ao acordo de 1825, em virtude do qual Charles x reconhece, enfim, a Independência do país, contra o pagamento de uma indenização de 150 milhões de francos-ouro[34] como reparação. O pagamento dessa indenização, que se estenderá por um século, afunda a economia do Haiti e contribui para financiar a modernização da França, sua revolução industrial e seu novo sistema de educação pública. O século xx no Haiti será igualmente caótico, com uma sucessão de ditadores apoiados por seu vizinho (os Estados Unidos), tensões domésticas sem solução desde a independência e catástrofes naturais – coroadas pelo terremoto de 2010, que terminaram por fazer do que antes havia sido "a colônia mais rica do mundo" uma de suas regiões mais empobrecidas. É uma

33. "Convenção nacional", ou simplesmente "Convenção", é o nome que se dá ao regime político que vigorou na França entre 20 de setembro de 1792 e 26 de outubro de 1795, durante o processo da Revolução Francesa. [N. T.]

34. O chamado "franco germinal" ou "franco-ouro" era a moeda francesa vigente à época, criada em 1803. Em 1825, cada franco-ouro equivalia a 5g de prata 90% ou 0,32g de ouro 90%. [N. T.]

série de flagelos que não se destaca da fecundidade cultural do país e de seus exilados: poderia se dizer que ali escreve-se, canta-se, ri-se, morre-se e desespera-se mais do que em outros lugares.

A violência-mundo moderna é, em primeiro lugar, a de uma estrita hierarquia planetária que comanda o custo dos mortos e o próprio valor da vida. Esse valor é muito mais alto em Orlando ou em Toulouse do que em Kinshasa ou em Porto Príncipe, entre os homens brancos de certa condição financeira e de aparência euro-americana do que entre as mulheres que sobreviveram bem ou mal às maldições dos trópicos (para ficar entre as duas extremidades do espectro). Hoje, em escala mundial, são simplesmente três minorias, devidamente racializadas em todo lugar, que são submetidas à maior parte da violência conduzida pelos séculos coloniais: os negros, a maior parte dos muçulmanos e os indígenas das ex-colônias.

A história da questão negra representa, de forma única, a quintessência dessa matemática obscena da vida humana: encurralados sob todos os estratos sociais, destinados aos trabalhos braçais e vistos como descartáveis tanto em seus países como também na diáspora, reduzidos aos estereótipos de uma maldição natural (para os racistas) ou desoladora (para os outros), os cerca de 1,7 bilhões de negros que vivem no planeta continuam a suportar a pior parte da violência mundial – seja nas prisões americanas, nas novas megalópoles da África subsaariana e do Brasil ou em vidas precárias e improvisadas como imigrantes na Europa – isso se sobreviverem à travessia do Mediterrâneo. Mesmo em um círculo "virtuoso" de crescimento econômico, a explosão demográfica do continente africano – que deve dobrar de população em trinta anos – não resolverá as coisas.

O "atlântico negro", conforme a expressão de Paul Gilroy, é a parte do mundo mais continuamente agredida.[35] Celebramos agora os quatrocentos anos de uma opressão ininterrupta desde 1619, data oficial da primeira venda de escravos africanos na costa

35. Paul Gilroy. O *Atlântico negro*. Trad. Cid Knipel Moreira. São Paulo: Editora 34, 2001.

leste das colônias norte-americanas, até o coletivo *Black Lives Matter* (BLM) de hoje. O BLM surgiu em 2012, primeiro no Twitter, a fim de denunciar a explosão de brutalidades policiais contra os afro-americanos no primeiro mandato de Barack Obama. A julgar pelo comparecimento da Ku Klux Klan em protestos em pleno 2017, não resta dúvida que a tarefa do BLM seja, no mínimo, colossal. "Um fuzil apontado para a cabeça e uma mão revistando nossos bolsos", resume o jornalista Ta-Nehisi Coates em uma carta aberta a seu filho – em que lamenta que a condição negra consista, nos Estados Unidos, em escutar de seus pais que é necessário "ser duas vezes melhor", o que equivale a dizer "aceite até mesmo a metade".[36]

Por outro lado, a grande maioria dos muçulmanos (entre os quais há muitos que são negros) se vê diante de duas possibilidades igualmente problemáticas: a severidade das condições de vida em seus países, tanto religiosas quanto econômicas, e sua demonização crescente entre europeus e americanos. Os conflitos no Oriente Próximo e a explosão do terrorismo adicionaram a uma desconfiança que se arrasta por séculos, herdada da história colonial, uma presunção de culpa natural, desenvolvida em longos editoriais pelo falatório prematuro das elites brancas. Se acrescentamos aí as minorias muçulmanas perseguidas em seus países (milhões na Índia ou centenas de milhares no Mianmar), além das ditaduras no Egito e na Ásia Central, ser muçulmano não parece uma boa ideia neste começo do século XXI. Das retiradas públicas dos véus das mulheres como forma de punição, perpetradas em Argel pelo Exército francês em 1958, até as leis e polêmicas sobre o véu e o *hijab* – desde a expulsão, em Creil, de uma aluna muçulmana por usar o véu na escola, em 1989, até o relatório restritivo da comissão Stasi[37] em 2004 –, podemos falar em melhora? Do sacrifício geopolítico dos palestinos ao recente *Muslim Ban* que Donald Trump tentou impor no dia seguinte à sua posse (a fim de

36. Ta-Nehisi Coates. *Entre o mundo e eu*. Trad. Paulo Geiger. São Paulo: Objetiva, 2015.
37. Comissão instalada na França pelo presidente Jacques Chirac para analisar a questão da laicidade nos espaços públicos. Entre suas conclusões, está a de que "o porte de signos

proibir a imigração advinda de certos países muçulmanos), não há aí um eco? Entre o apartheid islamófobo que se instala no norte da Índia ou no oeste da China e as teocracias saudita e iraniana, ou a tortura corriqueira no Egito dos generais,[38] a vida em paz é ainda uma opção? De um lado, o fracasso da secularização, de outro, a aversão ao islã: o impasse não parece estar perto de uma solução, pelo contrário. Quaisquer que sejam as querelas dos estudiosos do islã a respeito da realidade da violência religiosa do islã hoje, os muçulmanos da "diáspora" são atualmente objeto de uma segregação que já dura dois séculos, em nome da civilização ocidental ou da identidade nacional. Segregação política, nas disputas de hegemonia do mundo atual, e sempre cultural, com os clichês dos orientalistas de antigamente e de hoje.

Quanto à terceira minoria global, as populações autóctones das antigas colônias, sobretudo a centena de etnias indígenas que reúne quase 10% da população latino-americana – e também do Ártico e da Oceania –, ela é ainda menos bem-sucedida. O destino histórico desses "índios" é a longa prova de uma invasão implacável, que está sempre se reinventando. A "sangria do Novo Mundo" perpetrada pelos conquistadores do século XVI, um tipo de selvagem muito diferente de suas vítimas indígenas,[39] de fato nunca cessou, ao longo de cinco séculos de carnificinas pouco conhecidas e resistências invisíveis. Tudo isso foi intensificado pela avidez das poderosas companhias europeias e depois americanas, com os recursos naturais devastados e milhões de mortos em projetos titânicos (para explorar o ouro, a prata, a água, a cana-de-açúcar, os frutos...); a crueldade das novas elites mestiças provenientes das independências, a propósito das quais formou-se o conceito de "colonialismo interno"; e as expropriações minerais

religiosos ostensivos" (referindo-se principalmente à questão do véu entre os muçulmanos) e "se ausentar da escola aos sábados" (referindo-se a certas práticas judaicas) são "atitudes ilegais". [N. T.]

38. L'Égypte pratique la torture à la chaîne. *Le Monde*, 7 set. 2017.

39. "Como uns porcos famintos, anseiam pelo ouro", observaram estarrecidos os emissários de Montezuma (Eduardo Galeano. *As veias abertas da América Latina*. Trad. Sergio Faraco. São Paulo: L&PM, 2010.).

e turísticas contemporâneas – conduzidas por empresas públicas, cartéis mafiosos ou multinacionais estrangeiras, às quais os regimes locais cedem a concessão de terrenos públicos milenares em troca de propinas, apoio militar ou uma ajudinha para a reeleição.

E, para os negros, muçulmanos e indígenas que, impelidos por esse esmagamento tanto interno quanto externo, resolvem tentar a sorte ou se refugiar em outro lugar, a migração completará as violências de seus países de origem com as dos países de destino, menos diretas, mas mais constantes. Violência policial de assédios e expulsões. Violência legal das restrições migratórias. Violência cultural do discurso assimilador ou da boa vontade folclorizante. Violência econômica dos empregos humilhantes ou do trabalho ilegal. Violência ínfima do táxi vazio que não para à noite se é um negro que faz sinal, seja em Paris ou Nova York, Roma ou Tóquio, São Paulo ou Rio de Janeiro. Ou a violência administrativa enlouquecedora de procedimentos e esperas intermináveis, que incita, na França, por exemplo, centenas de pessoas a dormirem diante dos prédios da administração pública, na esperança de conseguir atendimento pela manhã – aí incluídos os imigrantes regulares que tentam renovar seu documento de permanência.

No entanto, mesmo em face da evidência colonial dessa opressão contínua, dessa condescendência renovada, sempre acompanhada por uma pitada de desprezo, os migrantes provenientes dessas três minorias mundiais perseguidas são designados ainda hoje como uma ameaça mortal e uma praga histórica por políticos oportunistas e uma parte crescente da população europeia e americana. Ainda hoje e, ao que parece, *cada vez mais*. Porque, nos países de destino, as coisas também começaram a piorar. Basta atentar para os mais ínfimos lampejos de uma insensatez atual: por pontuais que sejam, são também os sinais dos tempos mais sombrios. Lampejos como a onda de perseguição aos ciganos na França em 2013 e 2014 – ataques motivados pelo número supostamente grande da população desse grupo no país (a ponto de atacarem com ácido famílias que mendigavam), quando na verdade a população cigana na França, concentrada em 395 periferias, não chegava a dezessete mil pessoas. Ou então os massacres perpetrados nos vilarejos do oeste de Mianmar pelo exército contra a minoria muçulmana rohingya (em que casas foram incendiadas e mulheres, estupradas). Esses ataques contam também com o apoio de budistas radicais, que incendeiam mesquitas e agridem os passantes. Ou mesmo numa grande cidade do norte da Rússia, quando, numa noite de neve, jovens locais urinaram de suas varandas sobre o cadáver de um estudante senegalês recém-assassinado, sob os risos dos adolescentes e uma indiferença generalizada – imagem grotesca registrada nas filmagens de uma reportagem. São os lampejos de uma pulsão xenófoba – muito próxima, adormecida, proibida, mas prestes a entrar em erupção. Lampejos testemunhados diversas vezes pelos passantes das grandes cidades do mundo nesse começo do terceiro milênio: dessa vez, não se trata mais apenas de arrogância cultural, mas do velho racismo propriamente dito – que está de volta, descomplexificado e alardeado sem qualquer pudor à luz do dia.

Suportando o retorno de tais extorsões ou esmagamentos hegemônicos contínuos, os descendentes das populações escravizadas e colonizadas estão, em todo caso, em uma posição nada animadora. É preciso compreendermos que a questão do colonialismo está longe de ser concluída, e sua herança histórica ainda está em vigor. A fim de compreender a persistência contemporânea desse velho antagonismo, um dos eixos principais da história mundial, os acadêmicos dos Estados Unidos e dos países do Sul estabeleceram, há trinta anos, um novo campo de estudos: os estudos "pós-coloniais". Não discutiremos aqui os caminhos teóricos e as polêmicas que suscitam, mas podemos ao menos fazer avançar a ideia de uma persistência da questão colonial sob diversas formas: guerras originadas em divisões de fronteiras no processo de descolonização, a transmutação e derivação de violências anteriores contra as minorias dos países que conseguiram a independência, os fantasmas de opressões passadas que ainda são carregados, que continuam a sobreviver na poesia ou na arte. De forma mais geral, essa ordem antiga está decalcada tal qual nos mundos de hoje: quer se trate de continuar negando aos ex-colonizados a capacidade de iniciativa individual ou a aptidão democrática – como se fosse uma cartilha –, ou de utilizar nas favelas da França as estratégias anti-insurrecionais testadas há um século na cidade alta de Argel, que não tinha sido europeizada. E, além disso, as colônias foram o laboratório de uma forma de dominação integral cuja ferida ainda persiste na memória. O pior do século XX europeu foi frequentemente desenvolvido nas colônias inglesas e francesas dos séculos XIX e XX, a fim de coibir qualquer rebelião.[40] Em escala menor, mas com ainda mais eficácia, foram essas colônias o terreno de uma perseguição inédita de supostos oponentes, da instalação de campos de internação fora de qualquer legalidade, de formas locais de etnocídio e de limpeza étnica, mas também do levante em massa (com as guerras mundiais) ou da segregação urbana sistemática. *Pós*-colonial se diz de um mundo – o nosso – em que a violência tem sobretudo essas fontes.

Finalmente, face à perpetuação – ou ao fortalecimento – de tal hierarquia mundial entre povos prioritários e povos subalternos, das vidas protegidas e das vidas sem valor, as lições de democracia que os primeiros ousam dar aos segundos são acrescidas de arrogância e amnésia. Seriam simplesmente grotescas se não fossem também, quando passam ao ato, diretamente destrutivas. As táticas dos aliados de George W. Bush para *exportar* a democracia para o Oriente Médio, como as declarações de certo chefe de Estado europeu sobre o "homem africano" ou a maldição do atraso, sobrepõem a violência do desprezo à das armas e do capital. Talvez nada resuma melhor essa violência do que o filme *Máquina de guerra* (*War Machine*, 2017). Essa superprodução medíocre dá ao arquétipo do dominador boçal um novo rosto, mais afetado, e um corpo rígido, como se estivesse sempre em posição de sentido – no caso, ambos vêm do general Stanley McChristal, comandante da coalizão aliada no Afeganistão, decidido a esmagar o inimigo

40. Enzo Traverso. *La Violence nazie: Une généalogie européenne*. Paris: La Fabrique, 2003 (especialmente o segundo capítulo).

Talibã para transplantar os bons valores do Ocidente, interpretado por um Brad Pitt mais real do que a realidade. O responsável pela criação do *slogan* do filme soube retomar, com sua fórmula (que aparece no cartaz do filme), toda a violência imbecil da "liberação" à força e da paz imposta, com seu brado paternalista: "Vamos libertar vocês na marra!" ou, no original em inglês, mais eloquente ainda, *We're gonna liberate the shit out of you!*

As opressões sexuais e de gênero vão bem, obrigado

Em Ciudad Juárez, no estado mexicano de Chihuahua (contíguo à fronteira americana), Susana Montes – cuja filha de dezesseis anos desapareceu em 2009, seus restos mortais tendo sido encontrados somente em 2011 – conta: "As autoridades se enganaram quando me devolveram o corpo, só a cabeça era da minha filha! Agora, continuamos a reviver essa dor porque me entregam um osso de cada vez. Noutro dia me deram as costelas...".[41] Entre os esqueletos exumados no deserto adjacente e os desaparecimentos sem explicação, os números são difíceis de determinar. Desde 1993, nessa cidade de um milhão de habitantes, pelo menos 1.500 mulheres foram assassinadas e mais de duas mil estão desaparecidas, tendo como hipótese mais aceita que se trata de sequestro por uma rede de criminosos, que as cafetina e geralmente termina por assassiná-las – isso quando não são torturadas ou mortas no meio da rua. Na região, matam-se mulheres como se matam insetos. A maior parte trabalha nas *maquiladoras*, indústrias instaladas na fronteira, que fazem a montagem de componentes importados aproveitando o baixo custo do trabalho e a isenção de impostos aduaneiros. Uma verdadeira "máquina de feminicídio",[42] segundo o título da investigação consagrada ao assunto realizada pelo jornalista mexicano Sergio González Rodriguez. O autor enumera, entre as causas, além dos cartéis do

41. Ciudad Juárez, capitale des filles disparues. *Libération*, 25 abr. 2016.

42. Sergio Gonzales Rodrigues. *Femicide Machine*. Trad. ing: Michael Perker-Stainback. Cambridge: MIT Press, 2012.

narcotráfico, a cumplicidade das autoridades, a impunidade geral, a corrupção nacional e, acomodando todas as causas anteriores, o capitalismo globalizado, com suas zonas de escravidão, suas zonas francas e reformas brutais, que abatem-se sobre pequenas cidades pobres causando um caótico êxodo rural. "Queremos continuar vivas" (*Vivas nos queremos*, em espanhol) é o nome da primeira associação local montada para denunciar essa tragédia.

Se essa cidade mexicana detém o recorde mundial, o feminicídio está hoje em alta em escala planetária. Na Guatemala, em média duas mulheres são assassinadas por dia. No Iêmen, as que se casam muito jovens têm sua expectativa de vida reduzida, sem que haja qualquer estatística para avaliar precisamente a situação. Na Índia, quase dez mil casos de mortes ligadas ao pagamento do dote são registrados por ano, e continuam comuns os estupros coletivos rituais, frequentemente mortais, que só agora começaram a ser punidos – apesar de a maioria ainda ser registrada como suicídio ou acidente. Longe desses países, na Austrália, no Canadá, em Israel, na África do Sul e nos Estados Unidos, mais de 50% das mulheres assassinadas são mortas pelo próprio parceiro. A violência exercida no mundo contra as mulheres é, na maior parte dos casos, obra de uma conjuntura – até o ponto em que, segundo um estudo do Banco Mundial, "o estupro e a violência conjugal representam, para uma mulher entre as idades de quinze e 44 anos, um risco maior do que o câncer, os acidentes de automóvel, a guerra e a malária somados".[43] E quando não são efetivamente mortas, as mulheres continuam a suportar uma violência permanente, de agressões físicas cotidianas à reclusão doméstica, da chantagem sexual no ambiente de trabalho à simples "mão boba" nos transportes públicos. Nesse oceano de abusos, que um dos principais produtores de cinema como

43. Estudo citado nos relatórios da ONU. Disponível em: *http://www.un.org/fr/women/endviolence/situation.shtml*.

Harvey Weinstein seja de fato culpado daquilo pelo que é acusado, e quiçá algo muito pior, não é nenhuma novidade – mas não entraremos nessa especulação.

As estatísticas, compiladas às vezes bem e às vezes não tanto pela ONU, são assustadoras.[44] Em termos mundiais, 70% das mulheres são confrontadas com violências ao longo da vida, mais da metade antes dos dezoito anos. A primeira experiência sexual de quase 30% das mulheres é forçada. Na França, o Observatório Nacional de Violências Sofridas pelas Mulheres estabeleceu em 216.000 o número de mulheres entre dezoito e 75 anos que são ou foram vítimas de violências físicas ou sexuais regulares por parte de seu parceiro atual ou anterior – com o adendo de que se trata "de uma estimativa mínima". Também na Europa os estereótipos dos "machos" latinos e muçulmanos não se aplicam: os maiores números de violência conjugal contra a mulher são observados na Dinamarca e nos países bálticos, e os menores, na Espanha. Em cada sociedade, a proporção de estupradores é maior nas classes mais abastadas; o estupro permanece sendo "uma violência de homens instruídos".[45] Na outra extremidade da escala social, entre os desabrigados, o estupro por vezes obriga as mulheres em situação de rua, a fim de desencorajar possíveis abusadores, a tomar uma atitude extrema, se cobrindo de uma camada de excrementos, uma "camada de proteção respulsiva", que acaba sendo vista, nesse extremo da violência, como um mal menor. O que não muda de país para país e de classe social para classe social é a banalidade dessas violências, que se tornam rotineiras, o fato de seus perpetradores negarem a autoria de seus atos e o número reduzido de queixas prestadas e condenações penais. Estima-se que apenas um em cada dez estupros resulte em queixa prestada e, entre eles, que a mesma proporção resulte em punição – ou seja, apenas 1% dos estupros termina em condenação. Quanto à

44. Disponível em: *http://www.un.org/fr/women/endviolence/situation.shtml.*

45. Georges Vigarello. *Histoire du viol: XVIe-XXe siècle.* Paris: Seuil, 2000. p. 195. [Ed. bras. *História do estupro: violência sexual nos séculos* XVI-XX. Trad. Lucy Magalhães. Rio de Janeiro: Zahar, 1998.]

noção de consentimento, tanto a polícia quanto a justiça ainda a circunscrevem mal às evidências, frequentemente pressupondo consentimento. Numa pesquisa realizada na França, 21% dos homens que responderam acreditam que as mulheres podem "sentir prazer ao serem forçadas".[46]

A prevalência do estupro conjugal e da subordinação feminina na vida doméstica nos obriga a lembrar que mais de setecentos milhões das mulheres vivas hoje se casaram antes dos dezoito anos. E que quinze milhões de menores de idade são casadas à força a cada ano, sobretudo no sul da Ásia e na África subsaariana, mas também, embora seja menos conhecido, duzentas mil nos Estados Unidos (principalmente no Texas e na Florida), na maioria das vezes para encobrir estupros. "Os Estados Unidos denunciam os casamentos infantis em outros países, mas é mais do que tempo de proibi-los aqui",[47] conclui um jornalista do *New York Times*. Adicionando a isso os maus-tratos e o assédio direto no trabalho, as novas ameaças surgidas online – onde os cordiais sites de relacionamento são também uma verdadeira válvula de escape para desequilibrados –, sem esquecer as mutilações genitais que afetam hoje 130 milhões de mulheres na África e na Ásia, o que temos é um quadro geral inquietante: se a delinquência experimenta uma leve tendência à diminuição em vários países, como vimos, é porque, no conjunto, as agressões e violências físicas que atingem os homens diminuem, enquanto a violência contra as mulheres aumenta tranquilamente, muitas vezes sem sequer ser denunciada.

Na gênese de tal estado das coisas, alguns apontam a instabilidade geopolítica, a precariedade econômica, uma polícia (mas também uma autoridade política) majoritariamente masculina, o efeito desinibidor da explosão pornográfica online, a miséria carnal das sociedades mais rigorosas ou, por outro lado, das sociedades submissas aos ditames da performance e da exibição sexual –

46. Violences sexuelles: pourquoi un tel décalage entre nombre de victimes et condamnations? *Le Monde*, 12 mai. 2016.

47. 11 Years Old, a Mom, and Pushed to Marry Her Rapist in Florida. *New York Times*, 26 mai. 2017.

e, por que não, os contragolpes de várias décadas de emancipação sexual sobre as definições de gênero, tanto masculino quanto feminino, às vezes borrados até o limite do desconforto ou da crise de identidade. Mais além, a instabilidade é também a de uma oscilação confusa, de uma divisão que atravessa cada sociedade, entre a incitação generalizada ao prazer e os retornos do bastão moralizante (ou puritano), entre a languidez e o rigor, mas também entre publicidade e religião, libertinagem e conformismo sexual.

Mais de um século depois dos movimentos feministas pioneiros e daquelas que lutavam nos Estados Unidos pelo igualitarismo e na Inglaterra pelo sufrágio universal, resta dizer que a condição feminina não só não conseguiu – ou conseguiu muito pouco – derrotar as opressões tradicionais, como também sofre novas opressões. Podemos citar aqui ao menos dois fenômenos, um ao Sul e outro ao Norte do sistema-mundo. Na área euro-americana, as descendentes das ativistas de Woodstock ou do Movimento de Liberação Feminina francês têm cada vez mais dificuldade de juntar as extremidades: a emancipação sexual e profissional, de um lado, e as funções afetiva, reprodutora e doméstica que, se são às vezes delegadas às empregadas domésticas imigrantes, não foram delegadas aos cônjuges – estes, embora consagrem hoje mais tempo do que antigamente à vida familiar, geralmente o fazem brincando com os filhos enquanto as mães fazem os serviços domésticos. Por trás das vitrines governamentais de isonomia e das raras decisões judiciais que efetivamente impõem a paridade de salário, o cotidiano das mulheres é mais sórdido. Continua sendo o do patriarcado assalariado ordinário, das promoções brecadas, da gravidez malvista, uma vida que gera ansiedade e divisão injusta de tarefas domésticas. Problemas sem fim, já clássicos, face aos quais a iniciativa de novos modos de encontros (o modelo *AdopteUnMec*)[48] e a vigilância de novos coletivos e alguns juízes diante das desigualdades mais gritantes são respostas insuficientes.

48. Literalmente, "Adote Um Cara". Trata-se de um site de relacionamentos e encontros criado em 2007 por dois amigos (homens), cuja ideia é deslocar o centro de poder

O outro fenômeno, mais dramático, é a parcela crescente de mulheres sozinhas nas migrações contemporâneas – "mulheres globais" é como as chamam dois jornalistas americanos que revelaram suas tribulações nessa virada de milênio.[49] Corajosas mães africanas, que vão trabalhar longe, arriscando suas vidas, na esperança de sustentar à distância o resto de suas famílias. Mulheres que fogem de sociedades onde o sexismo é institucionalizado, como no Irã ou no Japão, na esperança de construir uma carreira e uma vida familiar em outro lugar. Ou então o caso emblemático das babás filipinas, que vêm cuidar dos filhos das classes abastadas de Paris e Berlim – ou, ainda, em Hong-Kong, onde as babás são "alugadas" junto com os apartamentos e, nos fins de semana, dormem aos milhares nas ruas, depois que um artigo dos contratos de locação passou a determinar que os funcionários domésticos não deveriam perturbar a intimidade das famílias nos fins de semana. Para essas mulheres, a vida é uma corrida de obstáculos: precisam financiar a longa viagem até o país de destino, enfrentar a dificuldade de deixar os filhos para trás, correr os riscos da imigração ilegal e se defender dos "primos", eles também expatriados, que, mesmo se tiverem que recorrer à agressão física para isso, tentarão garantir que elas enviem todos os meses, ao seu país de origem, a maior parte de seus modestos rendimentos. Quer se trate de vender os próprios corpos, nas novas redes superpoderosas de prostituição, de vender seus cuidados e sua afeição para os filhos de outras mulheres ou de vender suas horas (sub)remuneradas no trabalho de limpeza, terceirizadas por empregadores concupiscentes, essas escravas modernas encarnam também as contradições da vida da mulher no século XXI: elas peregrinam, se ajudam entre si, obtêm algum sucesso e tomam para si a tarefa de sustentar de longe seus filhos e cônjuges,

para as mulheres e balancear o número de mulheres e homens presentes – em geral há mais homens que mulheres em sites ou aplicativos de encontros. Disponível em: *https://www.adoteumcara.com.br/*. [N. T.]

49. Barbara Ehrenreich e Arlie Russell Hochschild. *Global Women: Nannies, Maids, and Sex Workers in the New Economy*. Nova York: Henry Holt, 2004.

mas continuam vulneráveis a todos os perigos do momento. A virilidade, que os psicólogos e historiadores apontam como a fonte mais comum das violências ordinárias, talvez esteja em crise, de forma não assumida, nos países do Norte ou recanalizada, nos do Sul, mas a condição da dominação masculina perdura.

Outro sinal dos tempos, a homossexualidade também não é um ponto pacífico – na verdade, cada vez menos. Defendida outrora por alguns pioneiros, emancipada no decurso de suas lutas, descriminalizada em diversos países (na França em 1981), depois castigada pela AIDS, a homossexualidade encontra hoje uma nova leva de obstáculos. Sobre as mesmas avenidas que acolhem no fim de julho a Marcha do Orgulho Gay, floresceram na França em 2013 os botões odiosos da *Manif pour tous*,[50] imensa reunião homofóbica de católicos "do bem" e partidários da extrema direita, forjada pelo voto da Lei Taubira – que estendeu o casamento aos casais compostos de pessoas de mesmo sexo. A organização *SOS-Homophobie* registrou um nítido aumento, desde então, de incidentes homofóbicos (mais de 20% de 2015 para 2016) – skinheads à espreita das boates gays para "matar viado" ou a internação de adolescentes em hospitais psiquiátricos pelos próprios pais. Nos cerca de vinte países que já legalizaram o casamento gay (dentre eles diversos países da América do Sul, apesar do clichê do macho latino), fenômenos equivalentes foram observados. Enquanto isso, a homossexualidade continua a ser punida em cerca de noventa países, com penas que variam de aplicação de multa a sentença de morte, além dos linchamentos, crimes premeditados, castigos os mais sórdidos ou simplesmente a degradação pública geral – da Nigéria a Bangladesh, do Sri Lanka a Gana, do Uzbequistão ao Marrocos, onde uma revista de circulação nacional colocava em destaque a seguinte pergunta: "Precisamos queimar os homossexuais?".[51]

50. *Manif pour tous* ("Manif[estação] para todos") é uma apropriação do slogan do casamento igualitário na França (*marriage pour tous*, casamento para todos). [N. T.]
51. Faut-il brûler les homos? *Maroc Hebdo*, n. 1122, jun. 2015.

A violência de gênero, homofóbica, transfóbica ou misógina (e sempre falocêntrica) é uma experiência cotidiana, interior, oculta. Ela pode ser tão sutil quanto um olhar ou muito mais grave que isso. Sempre passa pela simples aparência física, depois atinge o corpo, se inscreve por muito tempo nas percepções e nos imaginários, e modifica sub-repticiamente a atmosfera geral das relações de amor e de sexo. Ela eclode no cruzamento da miséria subjetiva, da opressão colonial (que sempre comportou uma parte de dominação sexual), da hierarquia social e das normas de sobrevivência em um regime neoliberal – rivalidade, rentabilidade, frustração, arroubos emocionais, medo do fracasso. Ela se espreita no meio das multidões e em todas as telas: "A violência sexual se tornou a violência de nossos tempos", conclui o historiador Georges Vigarello.[52] Já computadas aí a violência ordinária, que não vemos mais, ou, de outra forma, a grande violência fantasiada, essa que é forjada a golpes de preconceito e que assombra as relações sociais. Para onde quer que olhemos, lá estão as questões da dominação sexual e da diferença sexual, cruzadas com os estereótipos culturais e as desconfianças racistas do tipo "pânico identitário".[53] Boatos ou casos pontuais podem ser demonstrados aos borbotões, desde o burkini das praias da Côte d'Àzur até os cafés de Sevran "proibidos para mulheres". Vê-se ressurgir, mais gravemente ainda, devido à capacidade de enganar mesmo os mais vigilantes, a síndrome do lobo mau e as ovelhinhas: o "homem não branco estuprador de loiras".

Na noite de Ano Novo de 2015 para 2016, foi registrado um número aberrante de queixas por agressões sexuais em Colônia, na Alemanha. No ano seguinte, espalharam-se rumores de que diversas mulheres foram agredidas e assediadas no bairro de La Chapelle, em Paris, delitos pelos quais refugiados e imigrantes foram prontamente apontados como responsáveis. A "horda" masculina e a miséria sexual dos imigrantes consistiria uma amea-

52. Georges Vigarello. *Histoire du viol*, op. cit., p. 289.
53. Laurence de Cock e Régis Meyrab (org.). *Paniques identitaires*. Vulaines-sur-Seine: Éditions du Croquant, 2017.

ça direta para as mulheres da Europa: uma inversão notável do preconceito em vigor na era colonial, quando os homens deviam se proteger da depravação das mulheres indígenas. A imprensa e as pessoas de bem, em ambos os casos, foram as primeiras a perseguirem os lobos maus em defesa das ovelhinhas com uma munição de clichês históricos a tiracolo. Acusações foram feitas antes que a polícia alemã apurasse o número de queixas por roubo; antes que um tribunal absolvesse os três únicos suspeitos; e antes de os blogueiros para além do Reno imputarem esse tipo de assédio – no Oktoberfest ou no Réveillon – a uma "cultura do estupro" mais branca, mais festiva e mais alcoolizada.[54] E antes mesmo de compreender, no caso de La Chapelle, que uma só queixa, ela mesma enviesada, foi deformada pela retórica de candidatos em campanha política nas "zonas sem lei". Os meios de comunicação, no entanto, tiveram tempo de crucificar a "onda de estrangeiros que inundava" Colônia ou o nordeste de Paris. A verdade chegou tarde demais – os pequenos tráficos e perambulações noturnas, bem distante do fantasma do estupro que hiperssexualiza o homem não branco.

A violência de gênero também está, há muitos anos, na origem de um despertar de engajamentos progressistas. Assim, os homossexuais, por meio das associações que se formaram na luta contra a AIDS dos anos 1990, estão na primeira linha de combate – jurídico, cultural e político – contra as homofobias do momento. Quanto às mulheres dos países do Sul, elas estão cada vez mais decididas a se lançar à sorte para ganhar, custe o que custar, a batalha por seus direitos e a guerra das consciências. As mulheres indianas colocaram em funcionamento tanto uma rede de alarme no Snapchat para alertar sobre estupros quanto uma escola autônoma de direito para brigar nos tribunais por sua criminalização. Militantes e políticas eleitas na Tunísia investiram muitos anos para que passasse uma lei, finalmente votada em

54. Disponível em: *https://blogs.mediapart.fr/patricjean/blog/140216/agressions-sexuelles-de-cologne-un-renversement-revelateur*.

2017, de igualdade sexual e proteção das mulheres, sem igual no mundo muçulmano. Fatos de resistência, embora ainda pontuais. Ainda estamos longe, muito longe.

Ecocídio em curso

As baleias do Atlântico morrem cada vez mais de hemorragias no ouvido interno. São por vezes encontradas desgarradas em lugares tão distantes de seus habitats quanto as ilhas Canárias. A causa de seu sofrimento, lesões irreversíveis e frequentemente mortais, é um forte traumatismo acústico: a algazarra oceânica dos sonares militares, a proliferação da construção de usinas de energia eólica, as sondagens sísmicas por canhão de ar comprimido para procurar reservas submarinas de gás natural e petróleo ou a concentração de cabos submarinos que nos garantem conexões de internet e telefone. Bem distante do "mundo do silêncio" explorado outrora por Jacques Cousteau, a poluição sonora nos oceanos hoje é tal que ameaça a reprodução e a simples sobrevivência de todas as espécies marinhas, não só dos cetáceos. Uma violência acústica inédita, que enlouquece e mata os animais marinhos – bem longe de nossas cidades asfixiadas, de nossas campanhas tóxicas ou do perigoso aquecimento atmosférico, trata-se de uma das facetas insuspeitáveis do ecocídio em curso.

Trata-se mesmo de um *ecocídio*. O termo foi usado pela primeira vez em 1972 pelo primeiro-ministro sueco para qualificar o despejo de desfolhante (o famoso "agente laranja") pelo Exército americano sobre as florestas vietnamitas. Foi retomado, desde 2013, pela ONG *End Ecocide on Earth* ("Pelo fim do ecocídio na Terra"), que pressiona o Tribunal Penal Internacional (TPI) para que reconheça as agressões ao meio ambiente como crimes contra a humanidade. A menos que se trate, de fato, de um suicídio da humanidade pela destruição progressiva do meio de vida na Terra. Entre todas as violências, a mais durável e que certamente mais coloca nosso mundo em perigo é esta que é exercida com amplitude e intensidade crescentes, sobre todas as formas de vida indispensáveis à sobrevivência humana: animais abatidos aos bilhões para a alimentação, espécies botânicas que são extintas pelas dezenas a cada ano e florestas destruídas acarretando graves riscos para o equilíbrio atmosférico. Isso quando não é, em consequência do desregramento do clima, a violência inédita das catástrofes naturais, cada vez mais frequentes e cada vez mais graves: furacões e inundações, imensos incêndios e deslizamentos de terra – durante alguns dias, em meados do outono de 2017 no Hemisfério Norte, um céu amarelo e uma atmosfera de crepúsculo envolveram a península da Bretanha, cheia de areia quente do Saara e da fumaça de incêndios mortíferos em Portugal, trazidos pelos ventos do furacão Ophelia, que atingiu a Irlanda. Logo depois dos furacões Harvey, Jose, Lee, Irma e Maria, que devastaram o Caribe e o sul dos Estados Unidos ao longo das oito semanas precedentes. Nomes banais, um pouco ridículos, vídeos amadores e trêmulos ao sabor dos ventos, tormentas superlativas que passam, uma a uma, como o ruído de fundo da crônica jornalística do fim do mundo – mas nosso pensamento está em outro lugar.

Até agora, as perturbações climáticas e atmosféricas são apenas uma parte da equação. No conjunto, a gravidade da situação presente, revelada por estudos científicos ou por grandes encontros sobre o clima (como a cúpula de 2015 em Paris) é ainda gravemente subestimada, entre a negação dos industriais e a ignorância a respeito das poluições ordinárias. Estas podem ser pequenas coisas domésticas, de um spray culinário aos pesticidas que "protegem" nossos alimentos, mas também a toxicidade ainda mal analisada da imersão em ondas eletromagnéticas (entre as quais aquelas que possibilitam o uso da internet e da telefonia móvel) ou a considerável poluição por partículas finas – que, em diversas cidades do mundo, faz com que as crianças sejam proibidas, por motivos de saúde, de correr nas quadras de recreação. E, no entanto, o mais grave ainda está por vir, fazendo do presente um mero rascunho de nosso futuro próximo. Um estudo em grande escala publicado na revista inglesa *Nature* dá uma noção mais clara da situação.[55]

Dessa forma, em médio prazo, 80% das espécies de mamíferos e aves estão ameaçadas por perdas de habitat ligadas à agricultura. A causa disso é o crescimento de áreas cultivadas e da renda *per capita*, tendo a explosão demográfica como pano de fundo, e, portanto, ocasionando o aumento da demanda por proteína animal e consequentemente de terras agrícolas – daí a destruição de habitats naturais ou de sua fragmentação. Por exemplo, o continente asiático, que viu seu PIB ser multiplicado por sete nos últimos trinta anos, encara o risco de extinção de seus grandes mamíferos aumentado para 62% ao longo das cinco próximas décadas. Ou, na hipótese em que nenhuma providência drástica seja tomada, de agora até 2060 serão 710 milhões de hectares de terras agrícolas necessários para alimentar todo o planeta, sendo 430 na África subsaariana, uma área equivalente à dos Estados Unidos. Adicione-se a isso os diferentes cenários do aquecimento global e a irrefreável elevação do nível das águas que daí decorre, e temos que o número de refugiados climáticos, de agora até o meio do século XXI, chegará a centenas de milhões. Cientistas independentes e pensadores pioneiros conseguiram suscitar, recentemente, uma primeira tomada de consciência: a da interdependência fundamental entre humanos e não humanos, que nos obriga a olhar para o conjunto. Isso na contracorrente dos mitos semidivinos do Progresso, fundados desde a aurora da modernidade sobre a preeminência do homem – é preciso, então, tirá-lo do centro, refrear suas fantasias megalomaníacas. É o que já indicavam, a seu tempo, as descobertas do heliocentrismo (o homem não está no centro do universo), das ciências sociais (ele é socialmente determinado) ou do inconsciente (sua vontade consciente não é tudo). Nossa época é a de um quarto descentramento, um quarto

55. David Tilman, Michael Clark, David Williams, Kaitlin Kimmel, Stephen Polasky e Craig Packer. Future Threats do Biodiversity and Pathways do Their Prevention. *Nature*, n. 546, jun. 2017.

golpe desferido sobre o narcisismo do homem, que se tornou uma espécie ao lado de outras espécies e outras formas de vida: nós não somos tudo. É vital admiti-lo, e trabalhar para nos tornarmos menos nocivos enquanto espécie – eis o imperativo de nossa época. O ecocídio, violência feita às próprias condições de vida sobre a terra, designa a arrogância última do antropocentrismo. Daí o termo em voga, *antropoceno*, para qualificar a era moderna como sendo a do impacto do homem sobre o ecossistema, e a da nova solidariedade que é necessário inferir daí.

Mas é realmente necessário fazer dessa abstração do "homem" (*anthropos*) uma fonte tão vaga das devastações em curso? Não deveríamos imputá-las, mais precisamente, ao capitalismo moderno e a seus grandes atores, que introduziram ciosamente na história humana a possibilidade inédita de um aniquilamento geral? E torná-las indissociáveis, desde então, das destruições sociais e das atividades predatórias perpetradas em lugares longínquos – como atestam, desde o século XIX, a simultaneidade dos etnocídios coloniais e das primeiras catástrofes ecológicas? Enquanto nos esforçamos para modificar comportamentos individuais, demonizados por alguns como a origem de todo o mal, o relatório de 2017 da ONG *Carbon Disclosure Project* demonstra que quase três quartos das emissões de gases do efeito estufa são devidas, desde 1988, a apenas 25 multinacionais públicas e privadas (aproximadamente cem empresas com suas filiais) – com as gigantes do petróleo e da indústria química no topo da lista.[56] Se são necessários treze mil litros de água para produzir um quilo de carne, ou cinco mil litros para um quilo de milho, é necessário concluir que a escassez da água – com as guerras que isso acarreta – é obra dos gigantes agroquímicos e alimentares, bem mais que de carnívoros comilões e animais famintos. Ao mesmo tempo, o insolente bom rendimento do mercado financeiro ambiental prova que o "capitalismo verde", com seus *golden boys* e

56. Disponível em: *bit.ly/4gTYLgf*.

seus poluidores-pagadores,[57] é fonte de imensos lucros – outra "terapia de choque" alegremente lucrativa. Quanto à defesa do meio ambiente, é por vezes uma ocupação mortal, como demonstra o aumento de assassinatos de militantes ambientais[58] ou o destino de Wayne Lotter, pioneiro sul-africano na luta contra o massacre de elefantes, assassinado quando saía de seu hotel em Dar es-Salaam, em agosto de 2017.

Uma vez iniciado o cálculo para a contenção da destruição ecológica, essa guerra se estende a múltiplos campos de batalha: do lobby das ONGS às ameaças de morte que recebem seus agentes, relatórios enviesados encomendados para a promoção de banheiros a seco ou da eco construção imobiliária. Nessa guerra, contam-se inclusive alguns avanços (tímidos). Quando um tribunal americano condena o US *Forest Service* por seu tratamento injusto de uma reserva florestal (2015), quando o Parlamento neozelandês reconhece o rio Whanganui como pessoa jurídica, anulando *de jure* sua tomada por proprietários legais e os desmembramentos administrativos herdados da colonização inglesa, ou então quando a nova Constituição do Equador (2008), e depois a da Bolívia (2009), reconhecem a Terra como sujeito de direito, é a interdependência entre as formas de vida que enfim é levada em conta pelo direito. Essas decisões recentes, ainda isoladas, abrem o caminho para o reconhecimento de um copertencimento do humano e da natureza à mesma esfera jurídica – como insiste desde 1972 a defesa pioneira do jurista Christopher Stone, da Califórnia.[59]

Essas medidas nos lembram sobretudo que, etimologicamente, a ecologia é em primeiro lugar o meio comum aos seres viventes, aquilo que os envolve, tanto no sentido de biótopo como também no de comunidade jurídica. E que a atmosfera, antes de ser

57. Princípio do Direito Ambiental pelo qual um agente poluidor deve pagar uma indenização ambiental, por exemplo no caso dos créditos-carbono. O mercado das emissões de carbono movimentou em 2018 uma cifra de 82 bilhões de dólares, segundo relatório do Banco Mundial. Disponível em: *https://bit.ly/2MlwX75*, p. 8. [N. T.]

58. De acordo com o relatório de 2016 da ONG Global Witness: *https://bit.ly/3SUvTtv*.

59. Christopher Stone. *Should Trees Have Standing? Law, Morality and the Environment*. Oxford: Oxford University Press, 2010 [1972].

a camada de gás que nos cerca (e condiciona o clima), é o domínio vaporoso pelo qual circulam, vagam e se misturam as formas de vida em questão. Podemos vê-la, de acordo com diferentes estratos, como um banho magnético de emanações e influências, ou um precipitado mais ou menos explosivo de humores variados, às vezes palpáveis no próprio ar. A atmosfera é o espaço de nossa promiscuidade geral. É uma *ambiência*, como numa sessão espírita ou a pista de dança de uma boate, uma espécie de interpenetração das coisas umas pelas outras. É o que explica que uma árvore doente provoque o declínio de uma floresta, que abelhas privadas de pólen sobrecarreguem o ar de tensão, que uma cidade se inquiete sob o manto de um céu poluído ou que, confinados num ônibus, estejam febris todos os passageiros, mesmo que apenas dois deles manifestem sua exasperação. As vidas se comunicam, em todas as escalas. O inverso também é verdadeiro: quando a solidariedade é posta em funcionamento entre os seres e as coisas, nos vilarejos em que a terra é cultivada respeitosamente e em conjunto, ou em comunidades locais que não são sobredeterminadas por nenhuma angústia inconfessável, parece emanar no ar algo que se tornou extremamente raro – uma *boa ambiência*. Sim, a atmosfera, no sentido do suspiro das coisas, dos seres e de todos os fluxos intangíveis, pode ser mais alienante do que as restrições objetivas ou então, pelo contrário, mais emancipadora que os direitos e as lutas. É a experiência primeira do mundo.

É também por isso que toda análise séria do ecocídio em curso deveria incluir os lugares em que a atmosfera é mais concentrada, mais densa, mais carregada de humores e vibrações, mesmo que aparentemente sejam os mais afastados da natureza: as cidades – onde vivem atualmente mais de 55% da população mundial. Enquanto a indústria devasta regiões inteiras, o *agrobusiness* envenena os campos e a modernidade prometeica destrói o interior da biosfera, as grandes cidades são cada vez menos habitáveis. Sobrecarga de redes de transporte, materiais e imateriais, que redesenham as metrópoles. Práticas de zoneamento, que recortam as cidades em setores de produção ou de habitação. Privatização de seus espaços públicos, multiplicando as residências-fortaleza (os *Gated communities*, nos Estados Unidos ou os condomínios fechados das grandes metrópoles brasileiras) ou os perímetros comerciais derrogatórios (como os *Business Improvement Districts*). Poluição do ar e no interior das residências. Batidas policiais em busca de refugiados, gentrificação. Ou, mais raramente, *urbicídio*, pura e simplesmente, quando uma cidade é riscada subitamente do mapa (como o centro de Jenin, na Cisjordânia, arrasado pelo Exército israelense). São diversos aspectos variados de uma violência convergente, que não é mais a violência urbana, mas a violência *do urbano*, a violência de cidade em cidade, a violência feita dessa vez diretamente contra a cidade. Ou, dito de outra forma, a violência *pela* cidade, que desregula o clima ao captar todos os recursos adjacentes – a decadência da cidade como instância liberadora, com sua miscigenação e sua urbanidade, a decadência da cidade enquanto ideal constituinte da modernidade.

***

Esse panorama das violências do presente, por demais furtivo, nos conduziu das migrações ao urbicídio, do terrorismo aos mercados em guerra, da dominação sexual à destruição do ambiente e da paranoia securitária à opressão prolongada do *laissez-faire* do sistema-mundo. Uma tal passada em revista tem por objetivo não tanto um panorama exaustivo, por definição impossível, mas apontar o que mudou desde a época, nem tão antiga assim, em que a violência – pontual, terrível – tomava as formas mais reconhecíveis do ódio de classe, do escravagismo, da guerra mundial ou da ditadura. O que mudou é a desmultiplicação, a proliferação e a molecularização da violência – no sentido biológico de atomização, mas também no sentido que Gilles Deleuze e Félix Guattari dão a essa palavra, o de intensificação e fragmentação: "o essencial não está nas formas e nas matérias, nem nos temas, mas nas forças, nas densidades, nas intensidades. (...) É ao mesmo tempo que as forças devêm necessariamente cósmicas e o material, molecular: uma força imensa opera num espaço infinitesimal".[60] Ou seja: uma violência circulatória, congestiva, proteiforme. Uma violência que é menos uma coisa do que um movimento, menos uma ação observável em nossa escala do que uma expressão em todas as escalas, da maior à menor. A violência de hoje renova suas modalidades e assombra nossas existências continuamente; ela satura as subjetividades e condiciona as estruturas de poder. E, se ela se reveste de tantas formas inéditas, mas permanece largamente não admitida, é porque em grande parte ela se encontra geralmente dissimulada. Um pouco como a violência do abate animal industrial, da qual a carne embalada a vácuo nas prateleiras dos supermercados não guarda nenhuma pista.

Por ser onipresente e impregnar diferentes estratos de nossas vidas, a violência nos escapa. No momento da desordem e da desilusão, partilhados por tantos de nossos contemporâneos – matéria-prima para as doces palavras dos novos demagogos, nos meios de comunicação ou nas urnas eleitorais –, o perigo de uma tal escamoteação é o de que a violência termine por ser reificada, fatalizada, admitida e implicitamente legitimada – via perigosa pela qual estamos seguindo. É a aposta da noção de violência *sistêmica*, própria dessa virada de milênio: o que acontece quando a violência é sobretudo a das regras e estruturas, quando ela não tem mais esse nome e parece não ter causa nem vontade própria, destruindo vidas sem que se possa localizá-la ou imputá-la a um inimigo preciso? O risco da regressão histórica – e, pior ainda, política – é agora altíssimo. Face à violência fria da técnica ou do direito, à violência homogeneizadora do consumismo ou à violência devastadora do mercado, a violência quente da regeneração nacional (ou racial) e do Líder idolatrado se apresentará sempre, na falta de outra alternativa, como uma válvula de escape lógica – algo que os nazistas entenderam muito bem.

60. Gilles Deleuze e Félix Guattari. *Mil platôs*, v. 4. Trad. Suely Rolnik. 2. ed. São Paulo: Editora 34, 2012. p. 168.

Capítulo 2

A nova brutalidade sistêmica

A razão é uma artimanha da força.
GEORGES SOREL

Em qualquer domínio, nunca podemos desconfiar o suficiente de explicações monocausais. Elas dissimulam a complexidade dos fatores em jogo, simplificam e fazem caricaturas, procedem mais da obsessão que da explicação e, apontando um único responsável, se prendem a seu próprio jogo, retórico e totalizante: o cenário monocausal foi o que propiciou o sucesso das grandes narrativas – do marxismo, do liberalismo e certamente o dos três monoteísmos – e é o que faz hoje, de forma bem mais trivial, o sucesso das teorias da conspiração. Em termos de violência, o principal é que – do trauma a tudo que o mobiliza, do dano pontual aos acontecimentos ou às estruturas que ele modifica e que podem justificá-lo ou corrigi-lo – há processos demais em questão para que sejam remetidos a uma só fonte. Por isso, as violências pululantes e interdependentes que passamos em revista – e suas lógicas novas – têm em comum, em última análise, a luta pelas riquezas que o capitalismo intensificou sob a forma que tomou no fim do século XX. Desde a destruição ecológica, a opressão sexual, a hierarquia pós-colonial, a virada securitária e a onipotência dos novos vilões até as guerras domésticas e internacionais de onde vêm tanto a onda terrorista quanto a crise migratória, tudo remete à supremacia de uma ordem econômica imperiosa – causa principal, mesmo que não a única, e sobretudo catalisadora das circulações e propagações da violência.

Na normalização e perpetuação das novas brutalidades, o capitalismo neoliberal tem quase sempre o papel de motor – é quem as financia, se acomoda sobre elas ou as justifica. A violência é sobretudo dele. Nos anos 1980, Félix Guattari sugeriu uma tripartição simples de seus efeitos, que permanece perfeitamente válida. O capitalismo, estendendo a todos os aspectos da existência (e em breve a todos os cantos do planeta) sua lógica contábil e sua conflitualidade própria, alcança, segundo Guattari, uma tripla devastação, uma tripla violência que podemos dizer estrutural, no sentido de que sua causalidade tende a se evanescer, quiçá a se desfiar: a devastação da natureza, que, 25 anos depois da morte de Guattari (1992) atinge proporções alarmantes; a devastação do *socius*, ou seja, do comum, do liame social e da relação de classe tradicional; e a destruição da subjetividade, sobre a qual, em sua defesa, o autor de *Caosmose* não podia prever os efeitos do Tinder, do Facebook ou do Airbnb. Da predação dos recursos naturais ao *laissez-faire* geopolítico, da frustração individual à luta por seu reconhecimento, a economia é hoje o principal vetor da violência, nas duas pontas do espectro: para abocanhar uma parte das riquezas e para promover sua produção; para fazer com que se trabalhe e com que se consuma; para que ascendam ao poder os novos déspotas e para justificar que se descartem todos aqueles que foram sacrificados em seu nome. Se a economia, em vez de pacificar as sociedades, as inunda de uma violência inédita, latente ou manifesta, é porque ela radicalizou, em algumas décadas, seus mecanismos e sua empreitada: a lógica contábil exclusiva, a dinâmica sacrificial, as instituições desviadas do serviço ao bem comum para que sirvam às novas competências sociais (produtivas e rentáveis), o papel-chave da lei e do direito e, no que concerne aos corpos, a "doce" violência de um fio de controle e de incitação que chamaremos *biopolítica*, à maneira de Michel Foucault – a tomada de controle dos organismos e das psiquês, das saúdes físicas e mentais, amplamente submetidas a rédeas químicas, regulamentares, tecnológicas, afetivas. Toda uma estrutura de vida que tem por horizonte e razão última a violência dilatada da economia.

O economismo sacrificial

Em 2015, Jean-Louis Mégnien, brilhante cardiologista, se jogou do sétimo andar do hospital parisiense Georges-Pompidou, onde trabalhava. Ele voltava de um longo período de licença por depressão, depois de uma série de atritos com a direção do hospital, de uma promoção recusada e de episódios de traição por alguns de seus colegas. Os testemunhos das raras pessoas que o apoiaram falam em e-mails pirateados, denúncias anônimas, "toda sorte de humilhações" ou da instrução dada à equipe de enfermagem de que "não falassem com ele" – um "assédio de violência extrema", conclui um colega.[1] Essas cenas ordinárias da violência salarial lembram que nenhum medalhão está a salvo, e que os suicídios no trabalho podem também fazer desmoronar o mundo cor-de-rosa do sucesso. Mesmo que permaneçam, é claro, mais numerosos na base da pirâmide, justamente entre os enfermeiros, heroicos, extenuados e pressionados até a implosão pelo empobrecimento da saúde pública. O fenômeno atinge todos os setores em escala mundial: desde cerca de trinta casos observados entre 2008 e 2009 na France Télécom, imputados a um "gerenciamento pelo terror", até as dezenas de trabalhadores, vítimas de abusos, que se jogaram em 2010 pelas janelas das fábricas-prisões de Shenzhen – onde a gigante Foxconn (que tem cerca de 1.100.000 empregados com salários de menos de cinco reais por hora), que fabrica os produtos da Apple, teve que cercar sua fábrica principal com uma rede antissuicídio. Nem esta última saída lhes resta.

Outra cena, outros personagens. Em 25 de junho de 2016, enquanto três mil táxis encolerizados fazem carreata contra a concorrência desleal da plataforma Uber, os transbordamentos se multiplicam: carros apedrejados, tentativa de linchamento de motoristas, passageiros arrastados para a confusão e o acesso das forças de manutenção da ordem pública ao aeroporto Charles de Gaulle dificultado por um bloqueio. Com sua profissão

1. L'Hôpital Pompidou sens dessus dessous. *Le Monde*, 8 jan. 2016.

ameaçada de morte, os artesãos-taxistas, furiosos, interrogados pelos canais de televisão no meio do caos, falam de "guerra" e, curiosamente, de "defesa do serviço público". É necessário dizer que – em nome da lei sacrossanta dos serviços mais baratos dos novos trabalhos e de dispositivos impensáveis há alguns anos – há diversos agentes que fazem com que noções que acreditávamos serem inalteráveis, como a estabilidade do emprego assalariado e a liberdade de exercício de um trabalho autônomo, pareçam agora peças de museu: motoristas de aplicativos submetidos à vigilância constante; jovens entregadores de bicicleta, sem seguro e pagos por entrega em plataformas de comida a domicílio como iFood e Uber Eats; pilotos da companhia aérea *low cost* Ryanair, que têm de fornecer eles mesmos tudo o que antigamente uma companhia fornecia – seguro, proteção, contribuição previdenciária e formação contínua. Todos estão submetidos à métrica da performance, vigiados por espiões eletrônicos, todos são dispensáveis, fora de qualquer relação assalariada.

As inúmeras atividades *free-lance* que a revolução digital gerou em vinte anos não são sinais de emancipação – como previram imprudentemente alguns pensadores do capitalismo "cognitivo", entusiasmados pela esperança de um novo poder de inteligência coletiva. Entre os designers gráficos, os programadores e os *community managers*, essas atividades *free-lance* impuseram sobretudo um cyber-precariado, a superexploração do trabalho qualificado, a escravidão intermitente. E isso sem que nenhum Espártaco venha libertá-los das novas cadeias de produção. Em suma, nem segurança nem liberdade: o trabalho tem como lógica o sacrifício. Do suicídio dos assalariados à insegurança sem precedente dos trabalhadores autônomos, uma mecânica sacrificial se impõe em todo lugar, e não parece esmorecer. O trabalhador se tornou um objeto descartável, efêmero, logicamente eliminável. Ele é estruturalmente supernumerário, matematicamente supérfluo. A concorrência em cada setor, a ditadura da inovação, a evolução contínua das habilidades profissionais, a automatização de todos os processos e, é claro, a longa fila de espera de desempregados prontos para ocupar seu posto – uma vez que se coloque todos esses dados nas regras do mercado –, tudo isso faz com que todos sejam designados como *excedente*. Assim, o emprego é transformado simplesmente num estado de adiamento, psiquicamente devastador e concretamente insuportável de viver, em que cada novo protocolo, cada novo aplicativo e cada novo chefe contratado injeta mais uma dose de angústia. E então, já que é assim, somos todos substituíveis: uns pelos outros, pelo caixa de mercado com autoatendimento, pelo carro sem motorista ou – por que não? –, para milhões de professores, por aulas gravadas e depois distribuídas online – os chamados MOOC, ou *Massive Open Online Courses* (Curso Online Aberto e Massivo). As novas táticas do *Just in Time* (JIT), pela seleção do mais rápido e pelos controles de performance, se veem aplicadas às pequenas e médias empresas, aos comércios de varejo e aos profissionais liberais, mas também às administrações públicas – devidamente reformadas e brutalmente colocadas no passo, segundo os especialistas do *New Public Management*, de um "choque de competitividade" no coração do Estado, lançado no Reino Unido pelo primeiro-ministro neotrabalhista Tony Blair (1997-2007).

Mais e mais rápido: aumentar a fatia de mercado, multiplicar as vendas, maximizar os lucros, diminuir os custos, eliminar o eliminável, agrupar os processos e setores onde são possíveis nas economias de escala; e, no âmbito público, reduzir os déficits, comprimir os orçamentos e rentabilizar até as últimas assistências. E lá onde não há ou não há mais qualquer rentabilidade, numa pequena cidade rural de onde os jovens fogem ou num pedaço de litoral onde ainda sobrevive uma comunidade autóctone, há sempre um "potencial turístico", o turismo como horizonte único e obrigatório. Prêmio de consolação agressivo oferecido aos abandonados das zonas rurais – espera-se que se submetam a ele e com ele se alegrem. É esse o tipo de "desenvolvimento" que faz os locais se amontoarem em cidades-dormitório, mais baratas, e passarem todo o dia em sua antiga localidade à beira-mar, servindo turistas impacientes. Ou que os condena a serem as pequenas mãos de um mercado do folclore que vende suas lembrancinhas multicoloridas às famílias de férias. O turismo é não só o último estado da mercantilização da relação intercultural (ao menos da forma em que é praticado quase universalmente), mas a válvula de escape imposta às regiões sacrificadas, em que um novo *branding* cultural promete também reciclar os bastiões da economia industrial de antigamente – à maneira da filial do Louvre em Lens, do Centre Pompidou em Metz ou do Guggenheim em Bilbao.

Mas a penúria é a regra, e sua conversão em produtividade é o imperativo. Essa lógica exclusivamente contábil, dissociada de qualquer outra visada, sobredetermina o conjunto da atividade econômica. É sua potência de extirpação, uma fria ruptura que opera em todas as ligações – como dizia Marx, "as frias águas do cálculo egoísta" –, que empurra alguns para os braços quentes dos políticos do ódio e das multidões patrióticas, que bradam contra um bode expiatório. Em reação ao sonambulismo contábil, acorda-se xenófobo. O medo generalizado do outro, posto em funcionamento pela violência do trabalho, incita o retorno aos supereus inflamados da Nação ou da Identidade, na falta de uma política que não seja o economismo das cifras.

A economia mundial tomou, no último quarto do século XX, uma guinada neoliberal irreversível. Suas etapas são conhecidas: ondas de privatização e desregulação dos anos 1980; conversão dos partidos dos governos às doutrinas monetaristas da austeridade do orçamento e do desemprego, preferível à inflação; globalização do comércio, que deslocalizou os setores de baixa qualificação e exacerbou a concorrência internacional; virada acionária da propriedade capitalista, que tornou mais intangíveis e, portanto, mais autoritárias as sanções do mercado; e a crise econômica crônica, que esmaga a oferta de emprego e o poder de compra – enquanto isso, a queda do bloco soviético estendia a todo o planeta as supostas benesses da liberdade de empreender. E foi de mal a pior. Nem as crises financeiras dos anos 1990, quando se descobriu o "efeito Tequila" (o rápido contágio da euforia dos mercados financeiros entre países emergentes), nem o *crash* da bolsa de 2008 (em consequência da crise hipotecária nos Estados Unidos, os *subprimes*) foram capazes de pausar essa evolução. Ao contrário, só a fizeram avançar. Em 2010, os vinte maiores bancos americanos emitiram 135 bilhões de dólares em dividendos, enquanto Obama se dizia resolvido a domar Wall Street e os bônus faraônicos.

Nem todo mundo é banqueiro de investimento – em geral, labutamos sem gordos bônus à vista. A não ser que se considere que os encarregados da limpeza dos aviões entre um voo e outro, que embarcam e desembarcam às pressas com seus aspiradores, talvez não sejam tão rápidos quanto os operadores do mercado financeiro chamados *scalpers*, com suas operações especulativas que têm validade de poucos segundos. E que diferença! Por todo o mundo, a virada neoliberal dos últimos cinquenta anos se traduziu em uma "mobilização infinita"[2] no serviço de otimização de rendimentos e lucros e, para fazer isso, numa aceleração da economia. A era da aceleração em todas as direções que se inaugurou é a do "zapping" e da maximização, das remessas *just in time* e do marketing instantâneo, dos processos acelerados pela informatização e da disponibilidade de compras 24 horas por dia, do *tweet* e da compra em um clique. Tudo tem que ser mais rápido. Cada duração mínima deve ser ainda minimizada. Por sua vez, o princípio da obsolescência programada, aplicado a tudo que existe, fez com que o prazo de validade das máquinas de lavar se tornasse tão curto quanto o das notícias de jornal, as fotos de família em arquivos corrompidos como os próprios casais, que duram menos e se separam com cada vez menos sobreaviso. E o que quer que aconteça, nunca temos mais que "três minutos para convencer", como dizem as fórmulas de sucesso. Por toda parte predominam o acesso permanente à propaganda e o absurdo das vidas de escritório febris e constantemente avaliadas, sobre o fundo de frenesi conectado e desaparição do tempo ocioso.

2. Peter Sloterdijk. *A mobilização infinita: para uma crítica da cinética política*. Lisboa: Relógio D'Água, 2002.

O próprio sono sofreu as consequências: um terço do tempo médio de sono por adulto foi limado em um século,[3] enquanto explodiram, mais recentemente, o número de horas passadas diante da televisão e, aos poucos tomando seu lugar, na internet.

Esses princípios de otimização e de aceleração do tempo são estendidos às práticas de lazer, sendo que elas mesmas se tornaram uma espécie de mais-trabalho, funcionando assim: pacotes de férias, bacanal de ofertas culturais, esportes nas horas vagas e, para a noite, aventuras sociais e sexuais. A fronteira que separa o trabalho do lazer é mais fluida do que nunca, graças aos horários flexíveis e aos aparelhos que nos fazem permanecer conectados nos fins de semana e nas férias. O surgimento recente de plataformas de serviços de transporte sem vínculo trabalhista, como a Uber, em que alguns trabalham numa espécie de hora extra feita depois do emprego principal, e de sites de comércio e aluguel entre particulares (como o Airbnb) submeteu à lógica contábil não mais o tempo real, mas o tempo virtual: aquele que *poderíamos* empregar para aumentar nossa receita ou tentar pagar mais barato por alguma coisa.

Se podemos falar desse imperativo contábil de otimização em termos de violência sistêmica é precisamente porque, nas últimas consequências, ele recai sobre o próprio tempo – envolvido, sufocado, recoberto por essa nova lógica invasiva. É preciso rentabilizar o tempo, ainda mais que o trabalho e o investimento. A violência pontual, não sistêmica, é a que faz surgir uma desgraça, que logo se dissipa, no tempo ordinário. A violência sistêmica é a colonização aparentemente pacífica do tempo, em contínuo. Até chegar à obrigação interiorizada de fazer melhor, mais rápido, mais barato, fazer mais dinheiro, mais intensamente, com menos espera: o fim do vazio. Tanto faz se é o vazio de um dormitório vago ou de um carro que fica na garagem: são oportunidades desperdiçadas de lucrar. A violência sistêmica não explode: ela se apropria

3. Jonathan Crary. *24/7: Capitalismo tardio e os fins do sono*. Trad. Joaquim Toledo Jr. São Paulo: Ubu, 2016.

do tempo, sobrecarrega a atmosfera, eletriza sem parar. É justamente ao se exercer sobre o tempo, e mesmo sobre a duração efetivamente vivida, que a violência do poder se torna sistêmica.

Seja o agente da prefeitura ou o enfermeiro, o professor ou o pequeno comerciante, o juiz ou o atendente de telemarketing (cujas raras pausas são medidas até os segundos) –, todos devem fazer dinheiro, minimizar os atrasos, passar à próxima tarefa sem pestanejar. E quando a lógica contábil tornada absoluta desfaz as solidariedades, o coleguismo, as vocações e as precauções daqueles que ama(va)m seus trabalhos, quando ela coloniza mesmo os últimos enclaves derrogatórios devotados ao bem comum, serviços públicos ou assistências sociais, é a própria razão de ser do trabalho que desaparece, tornando os corpos e as mentes mais vulneráveis às mudanças bruscas, às novas ameaças, à precarização dos estatutos e à incerteza profissional. É a espiral da desmotivação, da ansiedade, do esgotamento, da desconfiança, do ódio de si mesmo. Ao sofrimento no trabalho que disso decorre, cujo crescimento contínuo há duas ou três décadas é apontado por todos os estudos, a lógica contábil interiorizada em todo lugar acrescenta o pânico de uma ausência de recurso, de uma legitimação inevitável: quem não se adapta, não aumenta seu rendimento e não ajusta seus esforços à urgência permanente não pode culpar senão a si mesmo – e não merece seu emprego. Tal é o princípio inescrupuloso da violência simbólica, segundo a expressão consagrada proposta por Pierre Bourdieu: ela redobra a violência do poder de uma pedagogia da submissão, de uma violência psíquica infligida ao subordinado pela demonstração objetiva de sua inferioridade. É a título dessa dupla violência que podemos dizer que o trabalho é transformado, frequentemente, em uma tortura que corresponderia a um estado mais elaborado e juridicamente impecável da escravidão ancestral.

Mas não há nada que se possa fazer. Quem quer que tenha seu valor determinado por uma ordem exterior, que o pressiona até o limite extremo e lhe declara sacrificável à sua mercê, está condenado à impotência. Seu desgaste é sempre objeto de justificativas, na falta de se poder demonstrar suas causas reais. E com a culpabilização destrutiva que disso se segue: o funcionário ou trabalhador imputam seus resultados insuficientes à sua própria fraqueza intrínseca, da mesma forma que, para atenuar o sofrimento que experimentam, às vezes os negros incorporam os discursos de seus algozes, as mulheres assimilam as hierarquias sexuais e os estudantes dão razão aos professores que os inferiorizam. Aqui, a função de supereu da instituição está acoplada a uma estranha porosidade da razão à supremacia da regra contábil – que é sempre entendida e internalizada, mesmo sem saber. O resultado é lógico: eles têm razão, nós somos idiotas, indefensáveis. A única coisa que pode quebrar essa espiral e expor a farsa é uma ligação coletiva não contábil entre os empregados, uma outra relação entre eles, diferente da rivalidade interna e da coexploração – uma forma, ainda que mínima, de associação horizontal que permita deslocar, por meio da discussão e da cooperação, a ordem da razão contábil, radicalmente individual.

Mas nem o mundo fora do trabalho nem a eventual comunidade sindical são capazes de fazer esse papel, promover essa ligação. Nem, é claro, as estratégias batidas, obrigatórias e infantilizantes do novo management *fun*, tão impressionantes quanto um cadáver usando um nariz de palhaço – ir trabalhar fantasiado, inventar um personagem animal para si mesmo ou sair para jogar boliche com os colegas para reforçar a "sinergia". Em todo caso, estamos sozinhos. E as únicas reações possíveis, às vezes misturadas, são a desilusão terminal, a autodepreciação depressiva ou o famoso "surto", que enchem de tensão a atmosfera cotidiana de tantos lugares de trabalho. Os termos para qualificar essa espiral interior, que se deixam escapar diante da máquina de café ou do psicoterapeuta, sugerem a proximidade de um ponto de não retorno: estamos "nas últimas", "à beira do precipício", em ponto de "erupção", de chegar "ao limite extremo". É como se tudo estivesse para explodir, mas a explosão não chega, é constantemente revertida pelos inúmeros degradados do mundo do trabalho sobre eles mesmos. Mas, já que em outros lugares é pior, voltamos às nossas funções e tentamos em vão nos converter às benesses do "pensamento positivo" – filão editorial oportuno para o tempo presente. Para além dos escritórios, é todo o corpo social que é tratado, pelos preceptores e por aqueles que detêm os poderes de decisão, às vezes como um corpo enfermo, que precisa ser reforçado e adaptado a todo tempo, às vezes como um corpo furioso que deve ser neutralizado e às vezes como um corpo invisível – para todos aqueles que não podem aspirar nem ao sucesso nem à rebelião.

A lógica neoliberal exerce, em suma, uma tripla violência em cada vida. Violência *sobre nós*, pela opressão de estruturas e de poderes arbitrários. Violência *entre nós*, pela rivalidade de princípio entre os sujeitos econômicos. E violência *em nós*, pelos estragos psíquicos ainda pouco conhecidos, e pouco tratados, do inferno invisível do trabalho: pane nervosa, inquietude constante, distração proibida, avaliação contínua das habilidades, do nascimento à morte – ou, ao menos, do exame admissional aos exames periódicos exigidos dos aposentados. Entre essas três violências, há efeitos de entrelaçamento e de derivação: o medo de perder seu posto que se transforma em hostilidade lateral dirigida aos colegas, ou o medo generalizado do outro, que pode levar a paranoia até o ponto da paralisia e impedir que se encare as dificuldades ordinárias. Porque o *management*, nessa era de dança das cadeiras e de chantagens da maximização dos lucros, se tornou um ato de guerra, literalmente um discurso de guerra. "Vai ser a ferro e fogo... eu tenho uma porrada de advogados, vou acabar com a sua raça... vou fazer uma auditoria, se fechar no vermelho, vou te foder... vai ser demitido... é guerra!": essas são as palavras vociferadas ao telefone por um *manager* de uma grande rede de supermercados (Lidl) a um empregado cujos resultados ele considerou insatisfatórios, reproduzidos em uma reportagem que gravou parte da conversa.[4] No *tête-à-tête*, as palavras de fúria correm livres.

4. Travail, ton univers impitoyable. Reportagem de Élise Lucet para o programa *Cash Investigation*, emissora France 2, 26 set. 2017.

O mais difícil, mais uma vez, é admitir que uma tal violência estrutural não deriva de uma falha do sistema ou de uma defesa, nem de uma circunstância exterior ou de alguns indivíduos belicosos, por mais numerosos que sejam. Ela deriva *inteiramente* da economia que a impulsiona, que a pereniza e a requer. A economia não aparece mais como decoração exterior da violência, ou seu abutre ocasional, mas como seu motor secreto, discreto, insuspeitável: da mesma forma que Patrick Bateman, operador de Wall Street de dia e *serial killer* de noite, que se torna tão mais hábil em seus negócios quanto mais filmes de terror e cenas de tortura vê, no romance profético de Breat Easton Ellis, *American Psycho* (1991), adaptado para o cinema em 2000 com Christian Bale no papel principal.

No economismo radicalizado, a destruição não é mais exceção e sim a regra: destruímos a natureza, os pequenos comércios, as psiquês, os estatutos, os povos, seus vínculos – e isso sem que o infrator tenha um rosto, e sem que a destruição possa ainda ser promovida como "criadora".[5] A violência e a economia fundiram suas lógicas. Se a violência é função da economia, ela pode apenas crescer junto com a economia, e se alastrar à medida que os limiares de rentabilidade se elevam. Violência, nesse sentido, significa a soma dos pontos de pressão das forças e dos imperativos do mercado sobre cada um de nós – do estresse salarial ao consumo obrigatório, da precariedade do autônomo à dependência existencial dos signos do consumo, do mais-trabalho alienado à não conformidade insustentável. A psicossociologia americana tentava, há cinquenta anos, fazer uma correlação precisa entre a violência e a economia, mas limitando esta última à questão da penúria, uma "frustração relativa" que produziria uma "agressão reativa".[6] Já é tempo de adicionar a essa correlação, para refiná-la, o *burnout* e o assédio, a chantagem das avaliações e a depressão, o precariado extenuante e todos os "trabalhos de merda".

5. Como fazia o economista Joseph Schumpeter, que forjou a expressão "destruição criadora" no livro *Capitalismo, socialismo e democracia* (Trad. Luiz Antônio Oliveira de Araújo. São Paulo: Editora Unesp, 2017).

6. Por exemplo, cf. John Dollard. *Frustration and Agression*. Nova York: Routledge, 2013 [1961].

Previdência, trabalho, escola, saúde: violência das estruturas

Tendo trabalhado longamente para poupar o suficiente, o casal Peabody, aposentados da Flórida ou da Califórnia, vive de aposentadorias obtidas em geral por capitalização. Ao longo das décadas, seu empregador ou gerente bancário delegou a fundos de pensão públicos os cuidados de fazer frutificar suas magras economias nos mercados financeiros. Não sem risco, seja para eles ou para o resto do mundo: ou esses investimentos, em geral valores voláteis ou dívidas do Estado, têm um efeito sistêmico (pense em fundos de milhões de aposentados) sobre a solvência de um país da Ásia ou a desvalorização do peso; ou então os fundos de pensão superestimaram o retorno de seus investimentos em posições de alto risco e suas economias ou fundos de pensão simplesmente evaporam – às vezes fazendo com que os pagamentos mensais simplesmente cessem. Um relatório do Instituto Hoover, *think tank* ligado à Universidade de Stanford, estima que, nos Estados Unidos, os fundos de pensão públicos "teriam necessidade de 3.85 trilhões de dólares suplementares para honrar seus compromissos com as aposentadorias atuais e futuras", um rombo abissal que cresce a cada ano, e que não ameaça somente a carteira dos Peabody, mas a economia mundial – para a qual trata-se de uma "bomba-relógio",[7] conclui o relatório. Em resumo: em um cenário, os Peabody sobrevivem e agravam as condições de vida do outro lado do mundo; em outro, eles ficam um passo mais próximos do túmulo e da falência completa. Nos dois casos, eles não sabem de nada e não teriam subscrito se soubessem com o que estavam contribuindo. Se ao menos pudessem prever! No fim das contas, não é culpa de ninguém. Nem deles, é claro, nem da administração federal ou do Estado, nem de seu ex-empregador nem mesmo dos numerosos atores do sistema financeiro, que apenas aplicaram as regras existentes que acomodam todas essas

7. Fonds de pension: la nouvelle crise qui menace les États-Unis. *Les Échos*, 18 mai. 2017.

transações, e apostaram na boa sorte dos mercados – que tudo escrutinam com modelos de comportamento elaborados pelos escritórios de controle e de previsão (*back-office*) dos bancos de investimento, sempre em vão.

Segundo sua primeira definição no dicionário francês Larousse, uma estrutura é a "maneira pela qual as partes de um todo são arranjadas entre elas". A estrutura, aqui, que "arranja entre elas" a cotação de uma moeda, a expectativa de vida em um país em falência, a dívida do Tesouro norte-americano, o sistema de aposentadorias dos Estados Unidos e as vidas concretas dos Peabody, e que faz disso um todo, é o mercado financeiro – mais que a ONU, a internet ou mesmo o copertencimento à atmosfera terrestre, que os reúne simbólica, técnica, química, mas não *estruturalmente*. As finanças, que dirigem o sistema econômico mundial – quer elas o alimentem, como querem seus (últimos) defensores, quer elas o tiranizem, segundo seus numerosos detratores –, são literalmente uma estrutura, a própria arquitetura da sociedade mundial, no duplo sentido de plano abstrato ou de lugar em que se vive.

"As estruturas não descem à rua": esse slogan de 1968 fazia pouco do estruturalismo em voga à época. Hoje, as finanças, enquanto estrutura-mestre, organizam o conjunto do sistema-mundo. Ela continua não descendo à rua, mas destrói vidas, sobredetermina todas as relações de força e coloniza, sempre e em primeiro lugar, nossos mundos intermediários, pelos quais passa o poder (político e econômico) para nos capturar: associações e empresas, cooperativas e bancos, serviços públicos e grupos de pressão, sistemas de cuidado e de educação. Todos eles se tornaram os apoios e por vezes o braço armado da estrutura. Se o paciente esforço de poupança do casal Peabody pode ser a origem de uma bancarrota local ou mundial, ou de sua própria, há uma violência própria das finanças como *estrutura* – da qual não se pode escapar. Tratar-se de uma doença grave ou garantir os estudos dos mais jovens depende também, em último recurso, de transações da bolsa que podem agravar o orçamento de saúde de um Estado ou deslocar brutalmente o mercado do primeiro emprego. Os fluxos do capital, em sua opacidade, ditam uma parte das leis e, por intermédio do Estado, a conduta de grandes instituições que antigamente respondiam a lógicas parcialmente autônomas – enviesadas, talvez, mas não principalmente pela regra contábil. É o caso, entre outros, da cultura, da pesquisa científica, do transporte público, da assistência social e, mais grave ainda, da saúde e da educação.

A conservação do patrimônio e o apoio à criação artística veem cada vez mais o poder público passar a responsabilidade dessa mediação para o mecenato e suas estratégias de marketing e de otimização fiscal. A pesquisa básica, encurralada entre as necessidades da indústria e o peso das novas ciências dominantes (neurociência, nanotecnologia, programação de algoritmos, criminologia...), não tem outra escolha a não ser a de agregar valor a suas habilidades no mercado dos saberes de ponta. O transporte, desde a privatização da *British Rail* em 1993 até a quebra iminente do monopólio da SNCF,[8] aprende também a dura lei do autofinanciamento, dura para os passageiros amontoados e para os funcionários precarizados. Por sua vez, os órgãos de previdência e de seguro social são não somente potentes atores da economia financeira, mas um dispositivo-chave da captação de valores numa "sociedade do risco"[9] generalizado – em que é necessário prever e pagar cada ocorrência e cada sinistro. Os setores da gestão de risco, sejam seguradoras ou suas variações, se fundam sobre o princípio da precaução para impor uma ordem contábil que valoriza os bens em detrimento das pessoas, que imputa o perigo aos mais desamparados, pouco ou mal segurados, e que incrimina os riscos individuais segundo o modelo do fumante que é "responsável" pelo rombo do seguro social. Em todos os casos, diversas instituições são sobredeterminadas pela

8. A SNCF (*Société nationale des chemins de fer français*, ou "Sociedade nacional das ferrovias francesas") é a estatal francesa responsável pela malha ferroviária do país. [N. T.]
9. Ulrich Beck. *Sociedade de risco: rumo a uma outra modernidade*. Trad. Sebastião Nascimento. São Paulo, Editora 34, 2010.

estrutura financeira. Em vista disso, hoje são principalmente a saúde e a educação instituições doentes e, como tais, vetores de uma nova violência, porque são ainda mais necessárias. Antes da inovação científica, da audácia cultural ou do seguro contra todos os riscos, há muitos séculos, são a transmissão dos saberes (e dos conhecimentos técnicos específicos) e o cuidado com os doentes que, nas duas extremidades de nossas vidas, constituem – ou não – a trama do tecido social.

Extenuadas, fragilizadas e financeiramente esgotadas, as grandes instituições de assistência, do hospital público à medicina particular, do sistema de saúde às associações privadas, nadam contra a corrente. Elas sofrem uma tripla pressão, que dificulta o exercício de sua missão original de proteção justa e universal da saúde, de formas diversas, mas praticamente onipresentes. A pressão demográfica, de um afluxo de pacientes que não para de aumentar, às vezes de forma hiperbólica, quer se tratem dos milhões de jovens desprovidos de assistência médica nas regiões onde a taxa de natalidade é mais alta (África subsaariana, sul da Ásia) ou das pessoas com mais idade, maioria nos países cuja população envelhece (Europa, América do Norte, Japão). A pressão regulamentar, com a predominância de uma lógica de seguro, que submete a saúde às normas de controle e prevenção permanentes. Por fim, a pressão contábil, condicionando as duas precedentes, de déficits públicos crônicos e de imperativos de rentabilidade que fazem do tratamento de saúde um exercício cruel de gestão da miséria – para todo aquele que não tem meios de ser atendido em um hospital particular em Malibu, no Albert Einsten ou no Sírio-Libanês. Nas vizinhanças desses hospitais, temos governos democráticos prontos a reduzir e encarecer a cobertura de saúde de seus cidadãos, fingindo que são forçados a fazê-lo, e uma indústria farmacêutica todo-poderosa que perverte a prescrição de medicamentos e embolsa os lucros da miséria. As coisas vão muito mal na saúde.

Sem que os agreguem um senso de serviço comum ou uma vocação individual, todos os trabalhadores dessas instituições de assistência se retorcem sob o bastão dessas três pressões. Eles estão condenados, no dia a dia, a serem os vetores de uma lógica de balancete e da minimização de custos – da enfermeira superexplorada ao consultório do clínico geral imerso em dívidas, do psicólogo do trabalho superssolicitado à representante farmacêutica que promove os produtos dos laboratórios. A lógica contábil, que não tem qualquer relação com a lógica da assistência, está transformando a instituição da saúde em um serviço mercantil hierarquizado, acessível aos mais afluentes e relegando todos os outros à violência de uma medicina de segunda classe e ao pesadelo da burocracia. A assistência é ridicularizada nos países que dizem garanti-la há mais de um século, e fica cada vez mais distante, como um luxo de preços proibitivos, nos países que esperavam poder, enfim, distribuí-la igualitariamente. Ou ao menos é o que se vê: o número de americanos sem cobertura médica, de africanos sem vacinas as mais essenciais, de chineses desarmados em face das novas doenças da riqueza (advindas da poluição ou de hábitos alimentares) e de aposentados europeus cujos "percursos clínicos" labirínticos, de hospitais superlotados a especialistas inacessíveis, perfazem uma ocupação mais severa que um trabalho em tempo integral.

A educação vai tão mal quanto a saúde. Ao longo de cinquenta anos, foram erodidas sua autonomia de princípio (tanto simbólica quanto institucional) e sua missão de emancipação intelectual, tendo como pano de fundo a explosão do número de alunos e a constrição orçamentária – sem que aí seja atenuada a violência da seleção social, inclusive agravada pelo aumento da evasão escolar. Setores inteiros da instituição educacional se transformaram em sustentáculo de formatação para o mercado de trabalho e etapa liminar da nova mentalidade contábil. Novamente, com ritmos e modalidades variadas: generalização das avaliações nas classes primárias, de Nova York a Xangai, Paris ou Berlim; multiplicação das ofertas de escolas de ensino médio e universidades privadas no exterior, com mensalidades astronômicas (ligadas por vezes aos mercados financeiros) e a doutrina utilitarista do *learn to earn!* ("aprender a ganhar dinheiro"); conversão gradual, por reformas em parceria, de instituições de ensino superior e campi da Europa à missão exclusiva de produzir a empregabilidade; e, mais recentemente, a ruína do ensino público na África subsaariana e, em algumas cidades asiáticas, a tomada da administração das escolas por industriais locais com carência de mão de obra. Em todo lugar, a meta é que a educação frutifique em trabalho. Os temas retomados em coro da "economia do conhecimento" e da "sociedade do aprendizado contínuo", que são mais prescrições do que constatações, atestam a existência de uma corrente de fundo, juntamente com a evolução dos programas pedagógicos, a gestão dos estabelecimentos e a formação dos professores: é a totalidade da educação – a menos dos enclaves (pagos) da educação alternativa ou dos institutos de pesquisa de elite – que foi colocada a serviço da máquina econômica, a fim de ajustar a oferta às necessidades estimadas do mercado de trabalho e de formar os gerentes globais e técnicos dóceis do futuro.

Mas a dita máquina não é capaz de honrar sua parte do contrato, como testemunham o desemprego endêmico e o estado precário dos jovens recém-formados. Ela penetra também nas instituições educacionais, com o cavalo de Troia do marketing desejável e das prescrições consumistas, que rapidamente trataram de devolver o discurso do mestre à sua obsolescência antediluviana. "A escola em crise" da qual os franceses se lamentam não tem nada de especificamente francês, não é só uma escola de orçamentos comprimidos, de saberes inadaptados, de professores precarizados, de populações iletradas e pouco estimuladas a se integrar – embora seja tudo isso *também* –, mas é principalmente uma escola que perverteu o desejo de conhecer. E que abandonou, no meio do caminho, sob a pressão da mesma lógica contábil, sua antiga função de emancipação e autonomização. Esses talvez sempre tenham sido votos piedosos ou objetivos enviesados; de qualquer forma, são mais realizáveis quando somente um quinto de cada geração tem acesso ao ensino superior. Mas a escola deveria ter incitado as jovens mentes a se preparar para uma sobrevivência combativa, crítica e esclarecida, num regime neoliberal

– ensinando, desde o primário, o cuidado, o direito, o meio ambiente, a leitura das mídias e da filosofia, por exemplo. Em vez disso, a educação contemporânea distribui de forma desigual saberes precisos e esparsos, inúteis ou lucrativos, mas poucas *armas* intelectuais: as primeiras gerações desse começo de século a saírem das salas de aula lotadas e da pressão escolar brilham tanto por sua erudição ou sua competência quanto por sua impotência coletiva, tanto por sua lucidez precoce quanto por sua inibição diante das crueldades do mercado de trabalho. Estão, sim, muito bem-educados. Mas não preparados para serem os trabalhadores descartáveis ou os desempregados que a virada neoliberal faz deles, já de antemão. Mas, para isso, quem estaria *preparado*?

A escola é também o vestíbulo de uma sociedade do controle generalizado, onde experimentamos, de forma ainda moderada, a violência avaliadora requerida pela lógica contábil. Aqui também, trata-se de violência. Aos quatro anos, para passar em uma entrevista de admissão em uma escola maternal privada em Nova York. Aos vinte, quando, antes de se apresentar a um empregador, é necessário aprender a utilizar o jargão corporativo cujas imposturas já conhecemos. Ao longo das décadas seguintes, quanto é necessário passar pelo filtro das entrevistas de emprego, que se parecem cada vez mais com um interrogatório militar, ou de uma seleção neurofisiológica – a gigante Unilever não precisa mais de recrutadores, graças ao novo dispositivo de inteligência artificial que monitora os gestos e expressões faciais do candidato com um programa de reconhecimento facial.[10] A estrutura nos avalia incessantemente. Até nossas maneiras de falar, que assinalam a proveniência social e a conformidade ou não ao discurso dominante: sempre houve uma violência da própria linguagem, em cujo seio estão os marcadores lexicais do poder, suas conotações sintáticas, sua língua obrigatória, ainda mais reforçados pelos *elementos de linguagem* de hoje. Quem tenta escapar paga caro, como sabem os faladores de-

10. Unilever présélectionne ses salariés grâce à une intelligence artificielle. *Usbek & Rica*, 1 set. 2017.

sobedientes, sempre em apuros, e os poetas malditos de todas as épocas.[11] A linguagem ou a escola, o hospital ou o fundo de poupança, o seguro e o museu são essas "instituições aparentemente neutras e independentes" a respeito das quais nossa tarefa deveria ser, dizia Michel Foucault em 1971, "criticar o jogo [...] de tal maneira que a violência política que se exercia obscuramente nelas seja desmascarada e que se possa lutar contra elas".[12]

Mas será que essa violência fria das estruturas e das instituições é uma coisa nova? Há um século, o sociólogo alemão Max Weber analisava os mecanismos de uma nova "violência racional burocrática", entre "superioridade técnica" da organização e "avanços do racionalismo na conformação da vida",[13] no trabalho e além. Ele apontava para a especificidade da dominação burocrática, independente do domínio no qual é exercida, apoiada sobre as regras internas, paralisando a vontade. Pouco depois de Weber, os pensadores críticos da Técnica imputaram, por sua vez, aos progressos tecnológicos e às novas formas de administração das coisas todo esse maquinário impessoal do poder gestor, sua maneira de dissolver a humanidade nas estruturas. Hoje a estrutura e a violência que lhe é própria repousam menos sobre a forma de organização ou ao aparelhamento técnico *em si mesmos* do que em seus usos, nas regras desse uso, na lógica contábil que preside essas regras. O problema é mais o que *fazemos* com essas coisas do que o que elas *são*. Somos, talvez, os filhos da nova tecnoestrutura, mas isso seria fazer dela um sujeito dotado de intenção ou um monstro mítico, em vez de associar seus malfeitos à sua forma precisa ou suas ferramentas sofisticadas. O que estrutura nossas vidas, reduzindo o campo de possíveis e propagando a impotência destruidora que vimos, não é *em si* a empresa, o organograma, a internet ou os aplicativos de vigilância, mas a injunção

11. Jean-Jacques Lecercle. *La Violence du Langage*. Paris: PUF, 1996.

12. Michel Foucault. Da natureza humana: justiça contra poder. In: *Ditos e escritos*, v. 4, op. cit., p. 114.

13. Max Weber. *La Domination*. Trad. fr. Isabelle Kalinowski. Paris: La Découverte, 2014. pp. 107-114.

ao lucro e à rentabilidade que pesa sobre eles. As raras experiências de cogestão por empregados mostraram que é possível fazer outra coisa de uma empresa. A devoção cotidiana do pessoal hospitalar e da educação mostra que o que está em questão não é a instituição enquanto tal. E os raros usos emancipadores ou alternativos da internet apontam o erro dos tecnófobos que fazem da rede o problema. O problema, em todos os casos, é a utilização a serviço da otimização contábil, sua torção para o enquadramento aos critérios financeiros, seu desvio em nome da guerra econômica. Uma forma de utilização não contestada e raramente contornada, justamente porque uma tal violência contábil, incorporada às grandes instituições, não deixa traços nem feridas visíveis. Há muito tempo que não é nem mesmo sentida como violência: daí sua força, sua toxicidade.

A arma do direito

"O papel do cidadão é o de agir na ausência do Estado", diz Cédric Herrou, de 38 anos, agricultor dos Alpes Marítimos, levado aos tribunais por ter recebido mais de 250 migrantes em sua propriedade em Breil-sur-Roya. Herrou ajudou os migrantes a cruzarem a fronteira italiana antes de tentar levá-los, alguns dias mais tarde, até Marselha. O tribunal de segunda instância de Aix-en-Provence o condenou em 8 de agosto de 2017 a quatro meses de prisão, mas suspendeu a pena depois de uma série de multas e seis prisões preventivas no período de um ano. Recusando-se a separar seu trabalho de agricultor de sua atividade pessoal de militante, Cédric Herrou comenta sobriamente: "Tem-se a impressão de que a política instrumentaliza a justiça".[14] Esta reconhece, ao sancioná-lo, o delito da solidariedade – e deixa de acusar seu autor de ter "facilitado a entrada" de ilegais em território francês. Ausente dos textos legais, o termo "delito de solidariedade" surge

14. Coupable d'avoir aidé des migrants, Cédric Herrou 'continuera à se battre'. *Le Monde*, 8 ago. 2017.

na França durante as ações de 1995-1997 a favor dos imigrantes sem documentos; e, sem ter esse nome, corresponde a um artigo preciso (622-1) do Código de Direito de Asilo (CESEDA),[15] estabelecido em 1945. Mas os atos de Cédric Herrou e alguns outros emanam principalmente da noção de *desobediência civil*, cunhada em 1846 pelo poeta americano Henry David Thoreau, quando se recusou a pagar impostos para não financiar a guerra de seu país contra o México. Quando a lei contradiz o sentimento moral da justiça, é então legítimo, segundo ele, enfrentá-la.

No fim de 2015, enquanto Cédric Herrou ajudava os imigrantes do Sudão e da Eritreia a cruzarem a fronteira franco-italiana, uma foto peculiar ganhava o mundo. Nela, Xavier Broseta, diretor de recursos humanos da Air France, aparece sem camisa, arrancada por militantes sindicais da companhia aérea, que interromperam uma reunião em que discutia a demissão de três mil funcionários. O que a foto não mostra, evidentemente, são as vidas devastadas dessas três mil famílias, o salário mensal do diretor, tampouco o que veio antes e depois desse gesto infeliz. A foto formou uma unanimidade contra a "selvageria" dos militantes. Entre violência patronal e violência sindical, o tribunal de Bobigny decidiu em outubro de 2016 condenar à prisão, com suspensão condicional da pena ou multa, cerca de quinze suspeitos por "depredações" e "violência em assembleia". "A humilhação de executivos nunca criou empregos ou revigorou o balancete de uma empresa", concluiu tranquilamente o procurador. Dos trabalhadores da Air France aos da Goodyear ou da Molex, e das manifestações contra a lei do trabalho de 2016 (Lei El Khomri) às do fim de 2017, contra a reforma trabalhista de Macron (e isso para nos limitarmos aos casos mais recentes ocorridos na França), os excessos apurados ou supostos se tornaram a oportunidade de criminalizar ações sindicais por meio de decisões judiciais como não se fazia há muito tempo. Essas decisões são, magistralmente,

15. Código de entrada e estadia de estrangeiros e do direito de asilo (*Code de l'entrée et du séjour des étrangers et du droit d'asile*). [N. T.]

as únicas habilitadas a fazer a mediação entre a palavra (autorizada) e o gesto (proibido), e a discernir ações legítimas e ações condenáveis, as únicas a saber quem está certo e quem está errado. Como se só a justiça detivesse o conhecimento, de maneira ainda mais arrogante que a filosofia, que em 2.500 anos ainda não conseguiu traçar uma fronteira clara entre a violência psíquica e a violência direta, nem entre ato e discurso.

Se o mercado financeiro é a estrutura invisível que articula entre si os diferentes estratos do sistema-mundo, e se as instituições intermediárias se tornaram seus vetores mais ou menos reticentes, o direito, por sua vez, é agora a arma número um de tal dominação. Com sua argumentação objetiva, sua armadura incontestável e sua carta branca legal, é o direito que, por sua força de lei, difunde nas mentes e avaliza continuamente a lógica contábil exclusiva, a aceleração dos *processos*, a repressão dos pequenos delitos ou a orientação das políticas migratórias. E se ele está a serviço dos grandes atores econômicos, isso se dá no direito comercial, na jurisprudência internacional do sistema financeiro, nos tribunais aos quais compete o arbítrio da adaptação das leis ou nas tratativas entre escritórios de advogados corporativos em benefício de seus poderosos clientes – e, em todas essas áreas, mais diretamente, é claro, que nas recentes medidas penais que (re)começam a impor sanções sobre as atividades sindicais e de militância. Da mesma forma, o direito que favorece os mais ricos está claramente menos sob os holofotes da mídia que o direito que incrimina aqueles em maior estado de fragilidade, este mais rico em emoções ou, na linguagem de hoje, em potencial de *storytelling*. Na escala mundial, o direito está em fase de expansão a uma taxa de dois dígitos, ao menos no setor privado. Os efetivos e as receitas dessas profissões explodiram em todo o mundo há trinta anos, ao mesmo tempo em que os orçamentos públicos do judiciário estagnaram. A profissão de advogado nos Estados Unidos responde por um percentual importante do PIB, graças à judicialização avançada de todas as práticas e às indenizações recordes decididas pelos tribunais, que obrigam, por precaução, a contabilizar ao menos 10% de honorários advocatícios sobre a previsão de orçamento até das menores operações. Na França, sua receita triplicou e seus efetivos aumentaram em 50% desde o começo do século XXI, apesar da concorrência crescente de novas plataformas de assistência jurídica online, inspiradas pelos *legal robots* norte-americanos.

No entanto, o direito foi também o principal instrumento de emancipação ao longo da história moderna – e o é ainda hoje, em muitos aspectos, quando condena um estuprador hindu, protege uma reserva natural, indeniza trabalhadores dispensados indevidamente ou corrige ações demagogas de um político como Donald Trump ou Viktor Orbán. O termo "revolução dos direitos" (*Rights revolution*) designa o período inaugurado em meados do século XX, ao longo do qual os sem-direitos conquistaram, um por um, seu direito à existência, à proteção legal, à igualdade de tratamento e ao reconhecimento cultural: grupos étnicos segregados, como os negros dos Estados Unidos (com o *Civil Rights Act*, de 1964) ou os da África do Sul (com a abolição do apartheid em 1991); minorias sexuais discriminadas, como os homossexuais e as pessoas transgênero; mas também comunidades já dizimadas, para enfim poder oficializar sua memória, e novos sujeitos de direito "natural", florestas ou rios. Mas três movimentos fizeram do direito, nas últimas décadas, mais o braço armado da violência sistêmica que a defesa dos mais frágeis: sua internacionalização, sua rentabilização e seu endurecimento repressivo. Principalmente a globalização permitiu estender e harmonizar as regras favoráveis às multinacionais e aos grandes agentes financeiros, enquanto os advogados internacionais se aproveitavam dos vazios jurídicos entre os Estados para conseguir permitir aqui e ali a implantação de práticas de deslocalização, *dumping* social ou evasão fiscal. Em seguida, o crescimento do poder dos advogados, sobre um fundo de desmultiplicação dos procedimentos e das leis, se traduz em uma justiça a duas velocidades: a de quem pode pagar um grande advogado e a de quem não pode. A virada repressiva se manifesta de duas maneiras: de um lado, a da obsessão punitiva securitária já evocada, que justifica a penalização de incivilidades e sistematiza as penas de prisão; de outro, a da proliferação, desde o começo do século XXI, das leis de exceção devotadas à "neutralização preventiva", que são ao mesmo tempo pouco efetivas nesse propósito e perigosas para as liberdades civis, mas cujos instigadores justificam em nome da ameaça terrorista – do *Patriot Act* norte-americano de dezembro de 2001 às leis francesas de 2015-2016 que instauram o estado de urgência. Tal como está elaborado, o conceito de *prevenção* contradiz os próprios princípios do direito: na falta de ato ou de prova, ele criminaliza a intenção. Assim, permite que se prenda o desavisado que fez uma piadinha sobre o perigo em potencial que representava ao embarcar em um avião, ou os jovens eruditos que publicaram um ensaio crítico sob a forma de um chamado às armas. O único motivo real para encarcerar em 2008 a "célula invisível" de Tarnac, cerca de vinte pessoas presas ao nascer do dia em um vilarejo de Limusino, foi um livro, *A insurreição que vem*. Poderíamos acreditar que vemos realizado o pesadelo do "pré-crime" e sua "precognição", imaginados por Philip K. Dick em *Minority Report*. Exceto que a repressão do pré-crime pode tomar hoje formas mais discretas que uma operação antiterrorista em plena região rural: o fichamento de alunos julgados difíceis, o encarceramento ilimitado de pedófilos para prevenir uma possível reincidência, as torturas preventivas ilegais em Guantánamo ou Kandahar. A lei como desconfiança e profecia que realiza a si mesma – triste horizonte.

Nunca na história das democracias a "violência mítica da lei"[16] – como chamava Walter Benjamin em 1920 para explicitar sua indiferença à história e à vida real – foi tão potente quanto hoje. Hoje, mais do que nunca, a violência foi "confiscada" pelo direito, segundo a formulação de Freud no entreguerras, que viu o fascismo em ascensão não mais contra, mas *com* a lei, sob sua proteção. E nunca estiveram tão entrelaçadas, como nesse novo

16. Walter Benjamin. Crítica da violência: Crítica do poder. Trad. Willi Bolle. In: *Documentos de cultura, documentos de barbárie: escritos escolhidos*. São Paulo: Edusp; Cultrix, 1986.

século mercantil e conservador (mais conservador que fascista, sem dúvidas), a justiça e a força. Sobre essa aliança, Pascal, o jansenista, sem vislumbrar tais desdobramentos, cunhou a fórmula: "A justiça sem a força é impotente; a força sem a justiça é tirânica". A lei do mais forte, desta vez, não é mais derivada da justiça ou de sua revelação, mas sua moldura estruturante: o direito se arroga toda a força. E, cada vez mais, a presença da lei, preventiva ou reconfortante, suscita o abuso e entra em ressonância com o crime; a promiscuidade entre eles mobiliza um espetáculo que impressiona todos aqueles sujeitos à lei, abrindo uma "zona de perigo" em que direito e delito se misturam. Canalizado por novas imagens e medos difusos, o direito impõe sua dramaturgia e empurra seus inimigos para os holofotes do proscênio.

Chegamos assim ao paradoxo da lei segundo a proposição de Michel Foucault: "Para que a lei possa valer comodamente em sua violência secreta, é preciso que haja, no próprio centro do sistema, essas zonas de 'perigo' que são silenciosamente toleradas. A lei se corrompe, se dissolve, apodrece, morre; e de seu cadáver ensolarado nasce em plena zoeira o enxame de crimes, grandes e pequenos, mas todos volúveis".[17] Palavras de um escritor, mas que nos lembram que a lei *produz* sempre aquilo que reprime, no próprio gesto de reprimi-lo. Porque se por outro lado o direito pode emancipar, isso se dá mais ao longo da conquista do que da aplicação; mais nas lutas contra suas formas iníquas do que no arsenal instituído em sua defesa. Face à opressão legal, existe apenas uma brecha, como testemunham, cada um em consonância com seu tempo, os grandes pensadores críticos do século passado, de Benjamin a Foucault: quando uma violência irrompe contra o direito existente para denunciar seus limites ou suas mentiras, essa violência pode ser fundadora de um novo direito. Dito de outra maneira: no momento em que o direito pende perigosamente para a força, e não só não contenta em se servir de espantalhos inclusive para executar a lei, mas também de reforçá-

17. Michel Foucault. *Ditos e escritos*, v. 4, op. cit., pp. 146 e 148 (adaptado).

-la estruturalmente e revesti-la de uma nova legitimidade – então, sim, fazer oposição a ele por todos os meios possíveis pode ser a única forma de reequilibrar a balança da justiça.

A camisa de força biopolítica

Diversas mulheres imobilizadas sobre macas, os pés presos em fivelas, uma perfusão no braço, uma peridural nas costas e uma cinta em torno do ventre, cercadas por cuidadores que as ameaçam para que aceitem procedimentos médicos não explicitados – e muitas vezes nem mesmo comunicados, praticados pelos médicos residentes de passagem. Toques abusivos e perfeitamente inúteis. Uma em quatro mulheres sofre um abuso cuja fórmula mais simples é a passagem de um médico que, sem uma palavra, força com os dedos a abertura do colo do útero. Apesar do perigo e da ineficiência reconhecidos, uma em cada cinco mulheres (e, nesses casos, 80% das vezes sem qualquer aviso prévio ou consentimento) recebem a "expressão abdominal", pressão brutal exercida sobre as laterais do abdômen para fazer descer o bebê. Curetagens e destacamentos têm lugar sem qualquer consentimento. Episiotomias são impostas no calor do momento, praticadas às pressas sob o estalar infernal de tesouras; pratica-se ainda, às vezes, o "ponto do marido", que consiste em costurar a vulva um pouco mais apertada, para otimizar o futuro prazer sexual do digníssimo. As frases ouvidas, secas e autoritárias, são de caráter vexatório ou de censura, e sempre de culpabilização – uma mulher que não é mais capaz de fazer força tem que ouvir que está colocando em risco a vida de seu filho. Ao longo de todo o processo, o cuidado com a dor é malfeito e às vezes inexistente, como no começo de uma cesariana de última hora, ou feito com excessos, com peridurais superdosadas, recomendadas com insistência – e que acabam por dar às mães a sensação de inteira despossessão nesse momento crucial. "Teoricamente é um dia maravilhoso, mas você está simplesmente no lugar de uma lata velha que alguém abre e vasculha", diz cruamente uma delas. Para seu próprio bem, para sua melhor proteção, elas são por vezes privadas desse momento único.

O que se segue é tal qual: dois dias passados enfurnada num quarto de hospital, por vezes mal conseguindo estar com o bebê ou assimilar que deu à luz – isso tudo mancando, tendo sangramentos, dores abdominais, lesões anais ou o que os dicionários médicos chamam de dispareunia, a impossibilidade de manter relações sexuais devido à dor. Mas respira-se aliviado – "o bebê vai bem" – em conformidade com o objetivo de mortalidade zero, que supermedicaliza o ato de dar à luz e mantém, na Europa e na América do Norte, a mortalidade natal nas taxas mais baixas do mundo e da história humana. Essa lista diz respeito apenas aos partos em condições normais, aqueles em que o relatório diz que correu tudo bem. É todo o sentido da noção de "violência obstétrica", violência ordinária, justificada, mascarada pela técnica e pelo imperativo médico. A expressão foi forjada na América Latina nos anos 2000, quando ONGS e associações feministas, reunidas na Rede Latino-Americana e do Caribe pela Humanização do Parto e Nascimento (a *Relacahupan*, formada na I Conferência Internacional sobre Humanização do Parto e Nascimento em 2000, em Fortaleza), militavam contra "os efeitos negativos da importação pelos países do Sul de padrões ocidentais de gerenciamento do nascimento", com a intenção de facilitar, enfim, o acesso das mulheres locais aos recursos médicos modernos, evitando recair em "um tratamento desumanizante, um abuso da medicalização e uma patologização de processos naturais", como definem desde os anos 2000 os textos de leis no México, na Venezuela e depois na Argentina.[18] É uma preocupação louvável, partilhada hoje por cada vez menos médicos e hospitais dos países ricos, que perfazem a imensa maioria do setor.

18. Citado em *Violência obstétrica*, dissertação de mestrado defendida no Instituto de Estudos Políticos de Paris (Sciences Po) em 2015 por Natassia Audibert. Disponível em: *https://bit.ly/3K3Vxb2*.

Na França e em outros países, as mulheres começam a compartilhar suas experiências e a se mobilizar. Os depoimentos se multiplicam nas redes. O Coletivo Interassociativo das Associações de Nascimento (CIANE) faz apelos à partilha de experiências desde 2014. O grupo do Facebook "Chega de impunidade na violência obstétrica",[19] aberto em 2015, reúne mais de quatro mil profissionais da saúde e militantes. Sob o título eloquente de "Maria parideira" (*Marie, accouche là*), a jurista Marie-Hélène Lahaye mantém um blog engajado, de onde foram retirados os pequenos exemplos de testemunhos citados aqui, traumas psíquicos persistentes e corpos brutalizados. O corpo médico, no entanto, parece mais frequentemente ser feito de pedra. O dr. Israël Nisand, presidente do Colégio Nacional de Ginecologistas e Obstetras francês, encarna uma antiga opressão, indissociavelmente médica e masculina. Ele defende, com meias-palavras, um ginecologista acusado de estupro e nega os abusos denunciados, aconselhando as mulheres que se queixam a simplesmente mudar de médico – uma solução pouco confortável uma vez que se está sobre a mesa de parto –, e recomenda como último recurso não procurar muito o conselho de outras mulheres, já que elas não teriam a cabeça muito no lugar – evocando até mesmo o clichê da histeria feminina.[20] A causa disso não é só econômica, com a falta de efetivos médicos ou a otimização rentável dos espaços. Há também a legitimidade inconteste do poderio médico, cuja lógica fria, justificação suprema e saber-poder incorporado por todas as camadas da sociedade emanam de uma violência sistêmica, de uma estrutura de vida. E isso sem falar do poder ainda superior dessa medicina específica, reforçado pela procriação assistida (anualmente, na França, 20% das crianças nascidas foram con-

19. Em francês, "Stop à l'impunité des violences obstétricales". Disponível em: *https://bit.ly/2tTMwya*. [N. T.]
20. Violences obstétricales: quand l'accouchement vire au cauchemar, aujourd'hui, les femmes en parlent. *Elle*, 9 jun. 2017.

cebidas por inseminação ou fecundação *in vitro*), tendo como pano de fundo a sacralização do desejo de ter filhos – pareceria escandaloso a todos nós, crianças mimadas, não poder realizá-lo.

Para além do parto, o controle permanente da saúde, que se tornou obrigatório em diversos casos, coloca a questão mais abrangente de uma violência "gentil" praticada pela onipotência médica. Não há aqui qualquer oxímoro: as normas impostas de cuidados do corpo, o monitoramento de organismos que vai passivamente de uma tecnologia a outra, a perda de si que experimenta a pessoa que vai de especialista em especialista, frequentemente mudos, ou a dependência sem precedentes de medicamentos exercem uma violência de natureza política, em nome de um controle total da vida para melhor protegê-la.

Analisando as mutações modernas do poder, Michel Foucault chamou de *biopolítica* essa relação de dominação que não é mais, como na época pré-moderna, de vida ou de morte, mas de enquadramento da vida; não mais da eliminação de corpos incômodos, mas de incitação incessante a estimulá-los, otimizá-los; de delegar-lhes os cuidados aos profissionais e ao Estado. Trata-se de uma mudança gradual, é claro. Ela vai desde o primeiro programa de Estado para a saúde pública (publicado na Prússia em 1790) às agências de vigilância sanitária de hoje em dia, das primeiras políticas de natalidade no fim do século XIX às campanhas atuais de vacinação infantil ou à colonoscopia recomendada depois dos cinquenta anos, dos placebos de antigamente aos inevitáveis "vendilhões do suor" de hoje – academias de ginástica, que vendem inscrições como se fossem passaportes para a longevidade. Ao longo de uma tal mutação, o espartilho biopolítico, ao mesmo tempo, se aperta sobre nós e é amplamente desmultiplicado.

Prozac, Lexotan, Rivotril, Frontal, Stilnox, Omeprazol, Ritalina, Viagra e tantos outros: nomes familiares de uma camisa de força química não mais curativa, mas destinada a acompanhar os corpos nervosos, as mentes estressadas, as atenções e ereções decadentes. Destinadas a sustentá-las sem qualquer fracasso, a evitar que o fracasso seja possível, porque anular o problema por meios farmacológicos sempre foi o melhor jeito de torná-lo insolúvel. Ficamos bem, tranquilizados, amortecidos ou temporariamente intumescidos – por que faríamos de outro jeito? São só uns comprimidinhos. Camisa de força é a expressão que convém melhor à série de prescrições, normas, controles e estimulações que fazem de nossas vidas os objetos de uma vigilância sofisticada, de uma solicitação incessante e, é claro, de operações comerciais mais lucrativas do que nunca. Neurociências e algoritmos se ocupam do córtex; mídias e psicoterapias, dos afetos; cosméticos e esteticistas, da pele e dos cabelos; *fooding*[21] e ecoalimentação, das barrigas e das papilas gustativas; pneumologistas e parlamentares (que votaram em uma série de países pelas proibições de fumar em lugares públicos), de nossa respiração; intervenções cirúrgicas de ponta, dos nossos órgãos deteriorados; sexólogos e sites de relacionamento, de nossas genitálias; academias e anabolizantes, de nossos músculos; massagistas e agências de turismo, de nossas pernas. Dos pés à cabeça, os corpos dos cidadãos do mundo rico são devidamente normalizados, mimados e espetados. E os dos países do Sul também, desde que haja o embrião de uma classe média. O controle biopolítico tem cada vez mais atores: jovens publicitários, laboratórios pioneiros, administrações públicas, conselheiros de todas as ordens, fóruns online que dão pesadelos aos hipocondríacos e até arquitetos e urbanistas, que modificam a ergonomia dos espaços públicos para ajustá-los a nossos corpos estimuláveis, ao mesmo tempo que espantam os bêbados e os sem-teto.

Essa violência, nem sempre tão gentil, é sistêmica também por seu papel de enquadramento dos trabalhadores e consumidores em regime neoliberal. Trata-se de formar corpos produtivos, dóceis, resilientes. De repará-los para que cumpram sua função de alimentar a máquina econômica, como se cuidava antigamente dos feridos em campo de batalha para devolvê-los ao combate.

21. Fusão das palavras inglesas *food* (comida) e *feeling* (sentimento), *fooding* é ao mesmo tempo o nome de um guia de gastronomia criado na França dos anos 2000 por Frédéric Mitterrand e a ideia, em suas palavras, de "defender uma gastronomia menos intimidante, ao alcance de todos que querem cozinhar e se alimentar de forma menos afetada". [N. T.]

A história precisamente paralela da biopolítica de Estado e da disponibilidade dos corpos para a guerra, ou do *welfare* (Estado--provedor) e do *warfare* (a mobilização militar) ainda precisa ser escrita. Michel Foucault, em 1982, notava a "coincidência" entre a carnificina de 1939-1945 e a colocação em funcionamento de "grandes programas de proteção social" ao mesmo tempo, uma coincidência que ele sugeria resumir em um slogan: "Deixem-se massacrar e nós lhes prometemos uma vida longa e agradável. A garantia da vida faz dupla com uma sentença de morte – vão lá ser massacrados, nós lhes prometemos uma vida longa e agradável –, o seguro de vida vai de mãos dadas com a ordem de morte".[22]

Com uma tal administração da vida, trata-se também, menos diretamente, mas de forma ainda mais normativa, de circunscrever a maneira adequada de "liberdade", tão incensada, dos sujeitos econômicos. Trata-se aqui de aplicar uma dose sutil de restrição e de estímulo, de proibições morais ou médicas e de incitações ao cuidado e ao consumo. Ou – por que não? – uma miscelânea de dispêndio de energia e absorção de substâncias recreativas: o esporte e os psicotrópicos, a aventura e o álcool, e até mesmo o yoga e o cigarro não são opções incompatíveis, mas antes estímulos complementares cuja soma garante uma submissão sorridente, e cuja justa posologia garante que não se vai "perder a cabeça" – ou não tão cedo, em todo caso. Mais do que nunca, o mercado onipresente e as modalidades precisas de sua competência social produzem nossos corpos, irrigam nossos organismos, organizam nossos neurônios, capturam nossas emoções. O espírito crítico, aqui, serve para pouca coisa – e por isso mesmo que ele é autorizado, por vezes até favorecido: é sempre mais fácil se dizer "anticapitalista" do que se remover definitivamente dessa empreitada.

22. Michel Foucault. "A tecnologia política dos indivíduos". In: Manoel Barros da Motta (org.). *Ditos e escritos*, v. 5. Trad. Elisa Monteiro; Inês Autran Dourado Barbosa. Rio de Janeiro: Forense Universitária, 2004. p. 303.

A restrição dos possíveis

A violência mais mortífera das últimas décadas, dessa vez bem diretamente, é aquela que sofrem, por todo o mundo, as pessoas devastadas pela AIDS. Surgido na aurora dos anos 1980 na comunidade homossexual, identificado e nomeado no começo de 1984 e tendo sua propagação refreada a partir do fim dos anos 1990 pelas primeiras triterapias antirretrovirais e a disseminação (embora desigual) do uso do preservativo, o HIV matou, em menos de quarenta anos, quase 37 milhões de pessoas. A maior parte delas na África, mas também no coração de todas as cidades pacificadas do mundo rico. Essa cifra assustadora continua a aumentar, e já se aproxima dos números de mortos da Segunda Guerra Mundial, conflito mais mortífero da história da humanidade. Como se trata de uma tragédia pandêmica, e, por definição, sem causa e sem agente, alguns tiveram o reflexo, bem conhecido, de inventar culpados: os homossexuais, segundo os homofóbicos de todos os cantos do mundo; a decadência moral, segundo os puritanos mais fervorosos; governos ou multinacionais, para os teóricos da conspiração mais ávidos; ou, mais gravemente, a indiferença dos Estados e a lógica do lucro dos grupos farmacêuticos, para aqueles que são diretamente atingidos – aqueles que se viram, pela dor constante e os sepultamentos incessantes de pessoas muito jovens, compelidos a imputar o desastre, e em parte com razão, ao egoísmo público e à ganância dos industriais.

A aparição da AIDS não tem uma causa palpável. Sua violência específica, que dá à nossa virada de milênio seu tom sombrio ou sua palidez hospitalar, não tem origem identificável. Por outro lado, é possível identificar bem precisamente os responsáveis por agravar seu aparecimento: diretores de laboratórios farmacêuticos, que ditaram o rumo das pesquisas ou proibiram temporariamente o aparecimento de medicamentos genéricos; a mídia, que vendeu o medo ou a misericórdia; os políticos oportunistas; líderes religiosos, pedras fundamentais da demonização ancestral da camisinha; patrões e diretores de RH desconfiados; proxenetas mortíferos e muitos outros. É contra eles, e para devolver aos portadores do HIV algum grau de controle sobre o que os atinge, que agem de diversas maneiras as associações militantes, como o Aides, na França, ou o Act-Up, criado em Nova York em 1989.

Sem fazer dela uma metáfora da violência-mundo hoje, de seus mecanismos de negação e de sua disseminação aparentemente involuntária, a epidemia da AIDS é, mesmo assim, emblemática dos processos descritos neste livro. Da forma insidiosa pela qual uma violência ao mesmo tempo física e psíquica, subjetiva e institucional, se propaga tão amplamente que não parece imputável a ninguém, que parece sem origem precisa, sem responsabilidade atestada, se revela sobre o fatalismo e a impotência de uma brutalidade tida como irredutível ou intrínseca, e deplorada às lágrimas. Assim como a AIDS vem limitar estritamente o que é possível fazer, encurtando a expectativa de vida, enfraquecendo um sistema imunológico supermedicalizado, suscitando uma desconfiança social ou profissional que isola cruelmente e reduz frequentemente o círculo relacional dos portadores de HIV àqueles mais próximos ou a outras pessoas também portadoras do vírus – da mesma forma, a nova violência sistêmica consiste, sobretudo e eminentemente, na limitação rigorosa do que é factível, pensável, sensível, possível. Podemos cada vez menos, em suma, apesar de todas as próteses técnicas destinadas a multiplicar nossas capacidades.

A violência moderna perene, essa que pesa sobre o tempo ordinário da vida e o reconfigura inteiramente, pode ser reconhecida na redução draconiana do campo dos possíveis. Desse ponto de vista, ela toca igualmente, mesmo que se situem nas duas extremidades dos espectros, o adolescente sem futuro, fadado a permanecer como que aprisionado aos mesmos lugares de sempre, com as mesmas companhias de sempre, esperando algo que nunca acontecerá e, na outra ponta, o deportado cuja existência tem como únicos sustentáculos as estacas das barracas dos acampamentos de refugiados, com seus gemidos, a tigela de sopa e a ameaça mortal do toque de despertar matinal. Mais do que um ao outro, esses dois casos se opõem, respectivamente, ao do menino cujo bairro e cujos estudos abrem um leque de encontros e opções futuras e, para o deportado, ao militante da resistência que ainda não foi capturado. A noção de violência *sistêmica*, para dizer de outra maneira, não se reporta à hierarquia de classe que divide a juventude, nem ao extremo perigo que abrevia a resistência, mas, antes, uma vez que se exerce sobre os possíveis, à incapacidade de agir que pesa sobre as vidas cotidianas sem interrompê-las, sejam as da cidade ou das zonas rurais. Ou ainda, nessa mesma lógica, se reporta à vida da enfermeira, destruindo de dentro para fora suas condições de trabalho; do aposentado, que tem toda sua existência condicionada por seu dossiê médico ou sua modalidade de aposentadoria; do camponês latino que teve suas terras legalmente expropriadas; e, ainda em outro sentido, do jovem zumbi japonês (o *otaku*), que passa dezoito horas por dia grudado à tela de seus videogames. Eles não podem fazer mais nada, sequer almejar. As psiquês enevoadas pelo pequeno inferno ordinário do trabalho, os corpos esturricados que se ocupam apenas do entretenimento, os egos inquietos que se ocupam de acumular os signos do consumo que lhes fornecem algum valor distintivo – trata-se, em todos esses casos, da violência de uma restrição de possíveis.

* * *

O poder, em último caso, é uma ação sobre o possível, ou, dito de outra maneira, uma ação sobre as ações futuras. Se ele se contenta em autorizar ou proibir isto ou aquilo, aqui e agora, ele é fraco, e não é capaz de assujeitar senão de forma bastante específica. Mas se ele chega a circunscrever, num enquadramento flexível o suficiente para não parecer encarcerador, o que é possível fazer e sentir, o que é possível se tornar e imaginar, em todo lugar e à escala de vidas inteiras, por uma série de normas e injunções contínuas, menos bruscas e menos diretas, então o poder se torna imenso, e se impõe de forma segura. Esse poder não existe sem sujeitos: os que defendem as normas em questão, que impõem a lógica que vimos, os que incorporam e remetem contra seus contemporâneos as novas prescrições ou, simplesmente, aderem a elas por inércia, estimando que nada mais lhes é possível – esses são os propagadores, os corpos condutores.

Na agitação social dos anos 1960, Hannah Arendt, vendo a vontade da juventude de se desfazer dos espartilhos normativos do Velho Mundo e os negros americanos recolocarem em questão o jugo de muitos séculos da segregação, explicava que uma tal redução da capacidade de agir, por valores tradicionais ou discriminação racial, provoca sempre, cedo ou tarde, *mecanicamente*, uma erupção de violência.[23] À época, essa erupção foi salutar, e fez avançar os direitos civis e os modos da sociedade. Embora tudo nos diga, *logicamente*, que haverá uma erupção hoje, não há nada que nos diga que a erupção de hoje será tão fecunda. Mesmo que não estejamos certos do pior, é ao menos um triste *tête-à-tête* que nos ameaça, um duelo patético: esse que opõe, de um lado, a violência sistêmica impessoal e, do outro, como único oponente, a violência subjetiva vã ou catártica, a do ato niilista ou do ódio dos bodes expiatórios. Porque também aqui a lógica funciona, a mecânica se põe em marcha, mas no mau sentido: é em direção ao pior que elas desobstruem as capacidades de agir. Para sair de um tal confronto e reencontrar uma capacidade de ação verdadeiramente coletiva, é necessário estabelecer responsabilidades, nomear os atores, reabrir o campo dos possíveis, interrogando desde o princípio a gênese histórica de nossa impotência sistêmica. O recuo se impõe para compreender e lutar: como chegamos aqui? O que nos diz, a respeito de nossas violências de hoje, a longa história da modernidade?

23. Hannah Arendt. *Crises da República*. Trad. José Volkmann. São Paulo: Perspectiva, 2015.

Capítulo 3

"Pacificação" e decivilização

> Que o homem moderno tenha sido frustrado por uma autorrestrição de origem social do prazer de estender a mão àquilo que cobiça, ama ou detesta é um dos traços mais marcantes da civilização moderna.
>
> NORBERT ELIAS

Se desejamos compreender a violência na realidade de seus mecanismos, a certeza moral é uma má conselheira. Esta sempre prefere remeter tudo, como último recurso, a uma assunção de princípio sobre o que seria o humano, em todos os tempos e em todos os lugares: bom ou mau, gentil ou inclemente, solidário ou egoísta. É binário, como dia e noite. De qualquer maneira, uma discussão sobre a violência será sempre acirrada - quando não é a paranoia debilitante dos teóricos da conspiração, é o bando de "rousseaunianos" ou de "hobbesianos" que saem da moita assim que a discussão se complica. Estes denunciam o monstro no homem (o homem, esse inimigo de todos os outros homens), e aqueles lhe imputam uma benevolência original, logo corrompida - em todo caso, ambos usam o mesmo tom de evidência: "É sabido que o homem...". Tudo se passa como se a violência devesse ser explicada por uma petição de princípio sobre a natureza humana, boa ou má, confiável ou perigosa, pervertida pela civilização e seus jogos de poder, para aqueles que leram Rousseau e seu "bom selvagem" rapidamente; ou destinada a uma eterna guerra civil, se a hostilidade do lobo humano não é enquadrada por um Estado-Leviatã, ao qual seria necessário ceder algumas liberdades em troca de segurança, para os apoiadores (mais desconfiados) de Hobbes – e que jamais o leram.[1] O "rousseauniano" e o "hobbesiano", espécies em vias de reaparição, coincidem sempre em algum grau com uma visão de "esquerda" e de "direita" da espécie humana: seria necessário deixá-la se organizar pacificamente ou, ao contrário, vigiá-la de perto e designar-lhe um só território – donde poderíamos reconhecer os fantasmas respectivos da Revolução Feliz ou da Nação Protetora, da autonomia espontânea ou do realismo policial. Ambos, no entanto, perdem de vista a violência, tanto de sua época quanto da história, como uma maneira de destacá-la de uma ficção de origem, da narrativa maniqueísta de um mundo perdido. Isso porque ambos comungam do reino imaginário do *estado de natureza*, essa configuração fantasmática anterior ao tempo histórico que, de fato, jamais existiu, a não ser nas grandes narrativas religiosas e nas mitologias épicas – que, por sua vez, devem a essa configuração seu poder de persuasão.

Ora, aqui existem unicamente a história e a evolução das sociedades, que misturam sem fim nem origem precisa os processos sociais de repressão e atenuação da violência, mas também as violências mais indiretas e normativas que esses processos exercem sobre certos grupos sociais. Dessa maneira, a história que nos interessa, nascida na Europa ocidental do Renascimento, e que tomaria uma dimensão mundial no século XX, é a da noção de *civilidade* e sua expansão dos séculos XV ao XIX, tomando o posto e o lugar das violências ritualizadas anteriores. Em parte independente das relações de força econômicas, e portanto irredutível somente ao advento do capitalismo, essa história se reporta às normas de *savoir-vivre* difundidas nas cortes europeias e depois no resto da sociedade, às boas maneiras e aos novos tabus, à autorrepressão das pulsões e das rudezas e, em seu lugar, ao estabelecimento do monopólio da violência legítima pelo Estado, que, para assegurar seu poder, a proibirá entre os jovens. Ora, a violência

1. Para uma discussão mais séria, nos reportamos ao *Discurso sobre a origem e os fundamentos da desigualdade entre os homens* de Rousseau e ao *Leviatã* de Hobbes, escritos em 1754 e 1650, respectivamente.

foi vencida pela civilidade? Ou então foi ao menos contornada e, portanto, tornada mais amena, pelo "processo de civilização"? É preciso examinar agora essa tese principal. Devemos fazê-lo antes mesmo de nos perguntarmos se um tal circuito social de derivação das energias violentas, que não é novo, está em funcionamento ainda hoje – na era da cidade global, da informalidade obrigatória, da frustração econômica, da sujeição midiática e, em todo lugar, dos *novos selvagens* da concorrência e do consumo.

Autorrepressão: uma outra história da modernidade

Um camponês sai da taverna ligeiramente ébrio e esfaqueia um vagante que impede sua passagem: o pobre homem nem consegue proferir suas últimas palavras, arrancando gargalhadas dos demais clientes que saíam da taverna. Nos Alpes, um mercador de tecidos arrasta sua mulher pelos cabelos no meio da rua, ("aos socos e pontapés", segundo os ribeirinhos que testemunham a cena), porque ela não queria cozinhar para ele. Jeanne Grisard, de onze anos, aprendiz de rendeira em Lyon, não sobreviveu às jornadas de quinze horas de trabalho, aos esforços físicos extenuantes e, sobretudo, às surras que suas duas patroas lhe administravam, se revezando, a golpes de vara e chicote. Ambas foram condenadas com base no relato de testemunhas: uma ao enforcamento simbólico[2] e à expulsão do vilarejo; e a outra, ao açoite, a portar, amarrada ao pescoço, uma placa com dizeres infames e a ser "marcada a ferro quente, no ombro direito, com uma flor-de-lis". Eram brigas de vizinhos, e as vinganças se faziam com adagas ou veneno; rixas de trabalho que degringolavam; um sem-número de perigos nas estradas; pancadarias de fim de tarde permeadas por histórias e bravatas; ou a festa de São João, que consistia em diversos vilarejos em queimar vivos dezenas de gatos. E todos aqueles que, no sofrimento animal ou humano,

2. Chamada *in effigie* em latim (literalmente, "em retrato") ou *en effigie* em francês, tratava-se de uma forma de punição comum na França entre os séculos XVI-XIX, em que a aplicação da pena corporal era feita a um substituto ou retrato do condenado. Ver nota seguinte. [N. T.]

ou simplesmente no espancamento de um desconhecido, encontram nisso uma diversão ou um motivo para rir, não necessitam escondê-lo, nem são compelidos pela lei ou pelos costumes a refrear essa reação, nem a controlar tamanha alegria. Essas cenas, ordinárias na França do começo do século XVIII – algumas delas exumadas dos arquivos por uma historiadora[3] –, são obviamente impensáveis hoje, ou pelo menos é assim que nos leva a acreditar a lógica moderna. Seria de se supor que, em uma sociedade moderna e pacificada, virássemos a cara para um inferior, em vez de espancá-lo – mesmo que haja diversos registros de violência física motivada unicamente pela humilhação daqueles que acreditamos se encontrarem em posição de inferioridade em relação a nós. Que xingássemos o mendigo, em vez de matá-lo – mesmo que, por exemplo no Brasil, não faltem casos de mendigos queimados vivos por jovens de "boas famílias". Que não ousássemos explodir em gargalhadas diante de um ato de violência física – mesmo que a violência, sobretudo a institucional, se transforme frequentemente em *show*, especialmente quando envolve algum componente de violência física. E que o Estado não reproduzisse sobre o corpo do(a) acusado(a), como espetáculo público, os atos pelos quais este(a) foi condenado(a) – mesmo que seja precisamente essa reprodução o que se observa em diversos casos.

É necessário, antes de prosseguir, ter em vista que tanto a modernidade enquanto forma de gerenciamento da violência quanto a pacificação relativa que dela decorre não aconteceram de forma igual em todos os lugares e não se efetuam da mesma maneira nos países que fazem o papel de Norte e de Sul no sistema-mundo – ou, como já dissemos, colonizadores e colonizados, "civilizados" e "selvagens". Mas essa diferença não é acidental, é logicamente necessária. A lógica que rege a hierarquia planetária moderna é a do distanciamento, na impossibilidade de eliminação, da violência: seja um distanciamento geográfico ou simbólico, seja da violên-

3. Michelle Zancarini-Fournel. *Les Luttes et les Rêves: Une histoire populaire de la France, de 1685 à nos jours*. Paris: La Découverte, 2016. pp. 67-70.

cia física ou das paixões. Mas os restos que tentamos afastar, jogando-os "fora", não são eliminados de verdade, eles vão se acumular em outro lugar, como na Grande Porção de Lixo do Pacífico: assim também, esse distanciamento ou segregação da violência – ou do que se designa violento – não pode ser observado plenamente, sobretudo num mundo conectado. Por outro lado, o que se pode observar fartamente é a própria *ideia* de afastamento (geográfico ou simbólico) do que é impróprio – e é nessa ideia que se encontra a lógica da redistribuição hierárquica do resto.

Também é essa a lógica da modernidade. Sem que isso se remonte somente à Idade Média e sua paixão confessa pelas justas furiosas, os elmos fendidos e o caos das armaduras, os sentimentos revelados pelas narrativas, testemunhos e registros de nossos ancestrais de três séculos atrás são mais inteiriços, menos controlados e mais exprimíveis que hoje. Esses sentimentos cobrem todo o espectro que vai da vilania à euforia, da felicidade à maior das hostilidades: a piedade lacrimejante, o medo de queimar no inferno, a culpa mortal, a alegria que explode em risos, a ilimitada cólera repentina e a passagem veloz de um estado a outro. Para ficar nessa estrutura afetiva bastante geral, pode-se dizer que as emoções, nos séculos que se sucederam, se tornaram mais amainadas, mais retidas, talvez mais calculadas, e exteriorizadas menos abertamente, expressas em palavras, muitas vezes veladas, mais do que em gestos diretos. Alguns chamam de "progresso da *civilização*" essa moderação na expressão das emoções e a redução da violência que dela decorre, pela autorrepressão dos afetos e sua canalização para outro lugar. Desde a aurora da modernidade, esse é o argumento das elites sociais, da aristocracia da corte dos séculos XVII e XVIII, e depois da burguesia dos séculos XIX e XX, um argumento de peso para justificar que se abrisse mão dos últimos domínios regionais e para justificar a conquista de terras e sociedades longínquas: ser *civilizado* é se tornar mais reservado no espaço público e na vida social, mais sóbrio na manifestação de suas inquietações e de suas impressões de outrem, sejam elas boas ou más, é não ceder aos impulsos "primitivos". É fazer uso da razão e só delegar sua confiança às regras e discursos racionais – num mundo policiado em que tudo incita à discussão antes que às vias de fato.

A palavra "civilização" aparece em francês em textos dos anos 1770. Mirabeau lhe dá uma definição similar, não sem um fundo crítico: "a civilização de um povo é o abrandamento de seus modos, a urbanidade, a polidez". Civil, civilizado: comedido, afável, circunspecto, bem refletido, senhor de si. Essa história de nossos cinco séculos de modernidade (do século XVI ao XX) como processo gradual de autorrepressão da violência e das emoções é a grande hipótese de Norbert Elias (1897 – 1990). E faz isso com o cuidado de não apresentá-la como progresso unilateral: ele evoca igualmente as estratégias torpes da civilidade, os ardis da razão, os puritanismos repressivos e as hostilidades internalizadas, e mostra que, se a violência recua, é porque o direito e o Estado reservam-na apenas para si, tirando-a do alcance de qualquer outro – Max Weber, alguns anos antes, havia falado, a respeito da era moderna, de um "monopólio da violência legítima" pelo Estado. Mas o que Elias descreve em sua grande obra, *Sobre o processo de civilização* (*Über den Prozeß der Zivilisation*), escrita em seu exílio na Inglaterra e publicada em 1939, é nada menos do que uma mudança de lugar: a passagem progressiva da violência ritual da honra, vinda do mundo medieval, à civilidade das boas maneiras e da temperança, enquanto que a violência legítima se torna direito unicamente dos Estados instituídos e das "nações conquistadoras".

A violência foi confiscada das elites e reduzida, para elas, aos duelos de honra – que, por sua vez, logo seriam proibidos. Na corte, a rivalidade se dá sobretudo pela cortesia, a eloquência e a etiqueta, e todos estão, desde o século XVII, a serviço do rei. Depois, a burguesia será o arauto de novas convenções, numa submissão consentida aos poderes econômicos e àqueles do Estado. A instituição militar e a missão civilizadora foram reconhecidas por todos como ordens superiores, e deveriam concentrar em si o único uso nobre da violência. Uma civilização devidamente hierarquizada, portanto, e sob a qual sucessivas elites de nações europeias se sucederam. Desde as camadas superiores, essa aliança de normas ordinárias de conduta e leis que reprimem a violência será imposta, no curso dos séculos, ao resto da sociedade, que se submeterá de bom grado ou a contragosto – continuarão a existir margens sociais indomadas, furiosos incontroláveis e resistências pontuais, mas também longos episódios de guerra que modificam temporariamente as regras do jogo.

Paralelamente a esses eventos da cronologia oficial, e de forma parcialmente independente da cronologia do capitalismo que se impõe ao mesmo momento, essa longa história dos afetos e dos comportamentos vai dos campesinos iletrados da Renascença aos trabalhadores da revolução industrial, dos cavaleiros insubmissos às cortes reais semicidadãs e às classes dirigentes de nossas repúblicas. Todo mundo está implicado. A interação social, que aumenta entre as diferentes castas e classes, especialmente na nova promiscuidade das cidades, se dá por um efeito de emulação e controle recíproco em que se propagam "a exigência de uma boa conduta, uma maior pressão das pessoas umas sobre as outras, e o desejo de modelá-las".[4] No meio do segundo milênio, o Ocidente inventou, assim, e impôs, pouco a pouco, uma nova forma de ser.

Tudo começa em 1530, na ebulição sociocultural da primeira Renascença, com o tratado de Erasmo de Roterdã sobre a civilidade: *A civilidade pueril*. Essa palavra, decisiva e inaugural, vai substituir, no decorrer de poucas décadas, a tradição da *cortesia* feudal. Além das cento e trinta edições do livro de Erasmo, no século e meio seguintes, penetraram nas cortes dos senhores e em seguida na realeza e nas classes superiores, em todas as partes da Europa, os manuais de *savoir-vivre* de Castiglione, de Della Casa, de La Salle e alguns outros – ou ainda, na Inglaterra, o *Book of Curtesye* –, todos eles disponíveis também em versões resumidas, em

4. Norbert Elias. *La Civilisation des mœurs*. Trad. fr. Pierre Kamnitzer. Paris: Pocket, 2002 [1973]. pp. 170-171. [Ed. bras. *O processo civilizador, v. 1: Uma história dos costumes*. Trad. Ruy Jungmann. Rio de Janeiro, Zahar: 1990.]

verso ou em forma de contos infantis.[5] Esses tratados, que rapidamente se tornaram de conhecimento obrigatório, cobriam todos os aspectos da vida cotidiana: as liturgias da mesa, os protocolos do corpo, a higiene e a sexualidade ("os cuidados" e "o quarto"), mas também as maneiras de falar e os códigos gestuais ("a postura na igreja") – enfim, as várias formas de substituir os impulsos interiores por uma linguagem que os atenua e os coloca a certa distância. Ali se encontravam diversas instruções, bastante detalhadas, que visavam reformar os modos rudes da Idade Média, na medida em que as condições sanitárias melhoravam e progrediam as técnicas e os utensílios: as narinas devem permanecer livres de muco, não se deve precipitar-se às baixelas para escolher sua porção de comida, nem tampouco assoar o nariz no guardanapo; não se deve usar a faca para limpar os dentes – aliás, o uso dessa pequena "espada de mesa" (na visão dos primeiros visitantes chineses) deveria se restringir ao mínimo; deve-se evitar respingar saliva sobre a sopeira e deve-se conversar com quem está sentado a seu lado na mesa; em público, é aconselhável reter os gases, apertando as nádegas; deve-se inclinar o corpo para vomitar, afastando-se, e não se deve escarrar sobre a mesa – o lugar correto embaixo da mesa. Em todas as circunstâncias, não se deve "dizer nada que possa suscitar querelas".[6] Um curioso misto de minúsculas regras corporais e códigos de interação social do cotidiano.

A repulsa era recomendada, e efetivamente externada, face aos comportamentos inconvenientes. A aproximação das condições sociais nas cidades participou de uma primeira uniformização dos modos de viver, contribuindo então para a imposição de um novo pudor – feita por uma estrita separação dos corpos, cuja proximidade foi reservada à intimidade inédita do lar. Pouco a pouco, o constrangimento surgiu diante da nudez e o incômodo face a um corpo por demais tangível. Os cuidados se fizeram mais rotineiros e eram destinados à manutenção do segredo da

5. Assim como, mais recentemente, *Les Usages du monde*, da baronesa Staffe (1899) e *Savoir-vivre aujourd'hui*, de Nadine de Rothschild (1991).

6. Norbert Elias. *La Civilisation des mœurs*, op. cit., capítulos IV e V.

espera. Sobretudo, assistiu-se a uma "rejeição, na vida pública, de todas as funções do corpo".[7] A sociedade, que valorizava a discrição, viu pouco a pouco se erguer "um muro invisível de reações afetivas recobrindo os corpos, afastando-os e os isolando",[8] ao mesmo tempo em que esses corpos eram intimados a reter seus instintos e regular suas emoções.

A sexualidade também foi remetida à intimidade do lar e ao segredo da alcova. A própria noite de núpcias foi deixada somente aos dois interessados – enquanto que, nos casamentos tradicionais, todo o "cortejo de núpcias acontecia nos aposentos nupciais".[9] A missão de educação sexual incumbia cada vez mais unicamente aos pais, que passaram a priorizar o uso do que Foucault chamou de *scientia sexualis*. Surgida no século XIX, ao mesmo tempo em que a psiquiatria tomava progressivamente o lugar da religião como enquadre normativo, a noção de *scientia sexualis* codificou os atos, regulou os excessos, isolou as crianças, patologizou os desvios e associou as mulheres à histeria ou a uma saturação do desejo. Nessa seara, Elias vê, no entanto, as mulheres em melhor posição: ele fala de um "afrouxamento das restrições pulsionais impostas às mulheres e uma agravação daquelas impostas aos homens", formulação contestável na medida em que as novas normas reforçavam também o quadro exterior da dominação de gênero.

Mas, no conjunto, esse vasto "esquema da repressão da afetividade" transformou o leito e o corpo em "zonas essencial e altamente perigosas".[10] De fato, fez-se, desde então, da dissimulação uma regra geral, e da razão e da retração, de forma mais geral, as condições imperativas do progresso e da paz social. Ser mestre de si significava não demonstrar nada. Reprimir as próprias pulsões ou reações bruscas significava escondê-las, de acordo com a "tendência geral de subtrair da vida da sociedade o que pudesse

7. Ibid., p. 292.
8. Ibid., p. 149.
9. Ibid., p. 390.
10. Ibid., pp. 324 e 361.

ofender sua sensibilidade".[11] Dessa forma "refinada e 'civilizada'", a própria agressividade se encontra efetivamente reduzida pela "dependência mais acentuada do indivíduo de seus semelhantes e do aparato técnico" e por "uma infinidade de regras e proibições, transformadas, na mesma medida, em autocontrole".[12] O limiar admissível de violência diminuiu: o que era visto antes como inofensivo (uma cuspida, um empurrão, aumentar a voz) passou a ser sentido como uma agressão. A agressão foi atenuada e redirecionada, portanto redefinida, mas de forma nenhuma suprimida. Se o prazer feudal que poderia haver em mutilar prisioneiros e dilacerar sua carne tornou-se inconveniente, a aristocracia e sua "cultura de morte" orgulhosa e belicosa foram domesticadas, e se Estados e nações conseguiram congregar sob suas bandeiras os senhores que outrora levavam vidas de chefe de bando, há uma série de coisas – algumas citadas pelo próprio Elias – que minimizam essa ideia de dissipação da violência.

Primeiro, há as violências inter-religiosas, e então de classe, que o Estado eventualmente tolera – isso quando não chega mesmo a atiçar-lhes o fogo –, do massacre da noite de São Bartolomeu, em 1572, às forças policiais enviadas por industriais para disparar contra as multidões de grevistas e manifestantes, no século XIX. E depois, de maneira mais ampla, há o próprio fato de que a "ascensão da burguesia", do século XVII ao XIX, se deu também pela "pilhagem, a luta armada, a apropriação e as querelas familiares".[13] Aqui, o papel de regulação das energias e da prevenção das violências foi confiado ao enquadramento familiar, à força de castigos físicos e abusos. Há, por sua vez, as guerras entre os próprios Estados e aquelas envolvendo os domínios coloniais, como dupla derrogação (temporal ou espacial) da nova regra da retração. Para os jovens do sexo masculino, há o reinvestimento da violência no engajamento militar, onde podem fazer valer o gosto do combate e a aceitação da morte: o exército como intermediá-

11. Ibid., p. 258.
12. Ibid., p. 421.
13. Ibid., p. 433.

rio moderno da "cultura de morte" aristocrática, para os oficiais, e como válvula de escape patriótica e colonial das violências sociais, para a plebe. O rapaz de dezesseis anos não tinha como única escolha enquadrar seu comportamento ou ser excluído da sociedade "civilizada": outras conquistas, exóticas ou nacionais, se apresentavam para saciar sua sede de honra, seu gosto pelo risco ou simplesmente sua vontade de extravasamento. O crime era proibido, mas não nas colônias. A hierarquia cedeu diante do nivelamento dos modos de vida e da boa educação com que todos deveriam ser tratados, mas isso não se aplicava aos subalternos autóctones nem aos soldados inimigos. A esse respeito, podemos acrescentar que, ao homem incivilizado, o Ocidente não opôs o homem civilizado, mas o homem *imperial*, aquele cuja violência é legítima se está a serviço dos desígnios legítimos do império.

E, no entanto, essas duas mediações, a família e o exército, vão se tornar menos eficazes. Ora, se a família se tornou "o agente principal da repressão das pulsões"[14] e o exército, o vetor de um redirecionamento estatal e colonial da violência ordinária, a crise contemporânea dessas duas instituições nos coloca o questionamento a respeito do futuro da violência num cenário em que família e exército não têm mais esse papel. A família, desde então, ruiu; ela deslocou os papéis parentais, e por vezes a transmissão foi perdida – voltaremos a isso. O serviço militar não é mais uma etapa obrigatória, e poucas pessoas ainda veem na carreira militar um horizonte de futuro – isso sem esquecer que a própria guerra, agora tecnicizada e despersonalizada, passou a ser vivida mais como um dispositivo frio do que como um extravasamento.

Em todo caso, uma tal metamorfose de emoções e uma tal transformação de restrições – interiorizadas e transformadas em autorrestrições –, da forma como Elias delineia magistralmente, não nos autorizam a concluir uma tendência à redução da violência ou uma atenuação, no conjunto. Essa grande virada da modernidade, que proscreve e redireciona a violência, também

14. Ibid., p. 295.

requereu suas próprias restrições: a patologização dos comportamentos anormais; a influência inédita, no seio de nossas vidas, das novas instâncias de normalização dos comportamentos (família, médicos, mídias, ensino obrigatório); a virada punitiva de um Estado devotado quase que exclusivamente à sanção daqueles que escapam às novas competências sociais – e, mais amplamente, a violência psíquica que institui ou destitui as relações com igual facilidade, a nova partilha a fazer entre o que convém e o que não convém, entre o que é penoso e o que é prazeroso. Porque as novas interdições, com fins de depreciar os corpos, de encilhar suas expressões, e de assombrar as consciências, se efetuam como violência às subjetividades. Assim, Elias nota que reprimir "a componente positiva do prazer [ligada a] certas funções" pode "suscitar sentimentos de angústia", e que emergem igualmente um novo medo e um novo mal-estar, "relegados ao domínio privado da 'intimidade'", sendo a isso associadas "emoções negativas, desgosto, repugnância, constrangimento".[15] Saber se portar é, em suma, saber se anular.

É dessa maneira que, ao longo dessa história, se o homem moderno deve ser contido, policiar-se, ser discreto e mestre de si, é porque isso é o que o sistema econômico dele requer, de forma cada vez mais firme: "a interdependência social, a divisão do trabalho, os mercados e a competição, todos postulam o refreamento e a regulação das emoções e dos instintos",[16] nota Elias. Talvez seja isso que postulem, mas o que preferem afinal favorecer são os extravasamentos, e celebrar a liberação necessária, mais aptos a produzir riquezas. Porque o sistema econômico em questão, que em quatro séculos estendeu sua empreitada a toda a existência e a todo o mundo, tem por motor mais a *húbris* do que a moderação, mais a predação do que a reserva – e, mais recentemente, coincidindo com o fim da vida de Elias (que morreu em 1990), mais a ganância mercantil do que a conformação, mais a selvageria consumista que a sobriedade.

15. Ibid., pp. 306-307.
16. Ibid., p. 326.

Elias contra Elias

Um vídeo impactante da artista chinesa Wai-Yim Wong mostra uma pessoa tentando comer com talheres incrustados em pesados blocos de gelo, deixando livres apenas as extremidades. Difíceis de manejar, os talheres batem na mesa, pingam no guardanapo e são incapazes de cortar a carne ou, como fazemos sem pensar, de separar a comida.[17] Por mais interessante que seja, essa alegoria do progresso nas maneiras à mesa, com os supostos benefícios da substituição do hashi pelos talheres ocidentais (que, para os primeiros chineses que os viram, fizeram tanto sentido quanto um violinista usando luvas de boxe), é bastante eloquente a respeito da relatividade do progresso em questão. Essa relatividade é não somente cultural, mas técnica, afetiva, manual: nada seria capaz de demonstrar a superioridade intrínseca e absoluta do garfo. Talvez os tecidos nervosos que compõem nossas mãos sejam universais, mas certamente as habilidades no manejo dos talheres não o são – como pode ser verificado em qualquer restaurante asiático no Ocidente, em que os clientes lutam, frequentemente em vão, para pegar o arroz com hashi.

Além do fato de ser deliberadamente centrada no Ocidente e de não dar conta do tipo de deslocamento que faz Wong, a tese principal de Elias nos apresenta mais problemas do que é efetivamente capaz de resolver. Entre os múltiplos fatores que coloca em questão, no correr do texto surgem mais perguntas do que respostas. E, dos mundos para além do Ocidente às guerras e mutações mais recentes, ele convoca tantos exemplos quanto exceções, tão frequentemente a regra quanto sua subversão. Uma questão política se coloca, portanto: a de saber se, por trás da virtude objetiva de pacificar as sociedades humanas, o grande deslocamento em questão não teria como única motivação a manutenção da ordem social e política, primeiro monárquica e cristã, depois republicana e burguesa. Uma ordem ameaçada de

17. Wai-Yim Wong. *Œuvre dure*. Disponível em: *https://vimeo.com/97433141*.

diversas formas pelos códigos de honra, as faltas de pudor em público, as lideranças locais acossadas ou as sublevações que estouram brutalmente ao sabor das ondas de fome e aumentos de impostos. Uma vez que essas ameaças estivessem sob controle, poderíamos desfrutar dos novos prazeres da civilidade, da arte da conversa, das boas maneiras e das formas. Em outras palavras, os bons costumes e suas normas vêm sempre acompanhados da guerra exterior e dos conflitos sociais, tendo esses últimos, inclusive, nos bons costumes, um argumento a favor da conquista. É a longa lista dos "apesar de", que se desdobra com uma ironia fatídica em um texto de Condorcet anterior à Revolução Francesa, e que é citado por Elias para nuançar sua grande virada: "apesar da barbaridade das leis", começa o acadêmico real, "apesar dos vícios da administração, apesar da severidade das leis fiscais", apesar dos maus governos e "apesar das perseguições contra os protestantes, podemos observar que as populações do interior do reino viveram em paz sob a proteção das leis".[18] Se tirarmos a casca de "apesar de" que recobre a civilização, como se tira a casca de uma cebola, não sobra muita coisa.

Em seguida, há uma questão cultural: a de uma escala de valores e representações em cujo grau mais baixo, na maior parte dos tratados de *savoir-vivre* da época, encontram-se sempre os pobres e os animais – para salvar a própria honra, era necessário se distinguir dessa laia. Não se pode esquecer uma questão, agora cultural, que surge quando mesmo a menor discussão sobre a violência opera um desvio, e que Elias não soube colocar. Essa questão se concentra nas formas (distintas) desse "processo de civilização" na França, na Grã-Bretanha e na Alemanha, para ficar só com esses casos: as condições históricas e geográficas tornariam certas populações mais predispostas a serem violentas do que outras e, dessa forma, mais resistentes a tal processo? Aqui se cai frequentemente nas armadilhas da psicologia dos povos, que essencializa e tira do contexto histórico as lógicas da

18. Norbert Elias. *La Civilisation des mœurs*, op. cit., p. 104.

violência. A história tumultuada da Polônia ou do Vietnã tem menos a ver com uma brutalidade intrínseca de seus habitantes do que com o traçado de suas fronteiras e com as repetidas investidas das potências vizinhas. Da mesma forma, a maldição dos homicídios por arma de fogo nos Estados Unidos não provém de uma "americanidade", como se esta fosse um eterno filme de faroeste, mas da Segunda Emenda à Constituição (1791) e da história migratória desse país. Se acreditarmos na tese de uma violência específica da Córsega, refúgio acidentado de vinganças intermináveis e de independentistas armados, desembocaremos, cedo ou tarde, do outro lado dos mares ou oceanos, nos estereótipos mais perigosos, de uma violência inexpugnável no Magreb ou na América do Sul, sob a forma de fatalidade étnico-histórica. No entanto, trata-se de duas regiões costeiras onde a violência foi importada e ciosamente cultivada, ao invés de ter simplesmente brotado por princípio do latino mestiço ou do homem norte-africano (que continuamos a chamar de "árabe").

Há também uma questão de gênero, que Elias nunca desdobra de fato: tanto as violências físicas diretas quanto as maneiras inconvenientes sempre pertenceram, com efeito, muito mais aos homens do que às mulheres, cujo único crime recorrente, punido também pelo Estado "moderno" dos séculos XVIII-XIX, permaneceu sendo o infanticídio – praticado quando a miséria ou as moléstias não foram suficientes para dar cabo de mais uma boca para alimentar. A menos desse gesto imemorial em particular, o crime é sobretudo masculino. Ora, com esse "processo de civilização", não se trata, no fim das contas, precisamente de contornar a virilidade, de proibir suas manifestações criminosas ordinárias, de abrandar e "feminilizar" seus comportamentos e de deslocar sua expressão necessária (já que ela continua sendo a pedra angular de uma ordem definida pelo gênero) para os territórios mais legítimos da guerra e da conquista colonial? Faltaria à virada de Elias, nesse caso, a história das mulheres, não só no Ocidente, mas também nas colônias, e de sua relação específica com essa grande mutação de emoções.

Por fim, coloca-se uma questão sociológica da mais alta importância, que põe em dúvida a ideia de reversão histórica, de um mundo rude que evolui para uma sociedade do autocontrole. Se a vida social é fundamentalmente uma questão de incorporação de normas e de gestão da relação com outrem, um equilíbrio instável entre os determinismos coletivos e as condutas individuais, não seria a história dos modos simplesmente o deslocamento desse equilíbrio, a evolução de suas modalidades? Em outras palavras, isso não foi sempre assim? Pierre Bourdieu chama de *habitus* essa incorporação das normas, que torna invisíveis os determinismos e nos faz acreditar que agimos de forma soberana. O próprio Elias antecipa o conceito de habitus quando fala de um tipo de "automotismo, autodomínio, que faz com que pareça para o indivíduo que age de tal maneira por sua própria iniciativa".[19] A socialização, qualquer que seja, passa por esse automatismo. Nesse sentido, o homem ocidental – e não só ele – não trocou a violência pela civilidade, mas mudou de habitus. Até suas menores atitudes foram, no curso dos séculos, movidas por mandamentos que evoluíram: dever clânico de defender sua honra no século XV; tramas e truques nas cortes do século XVIII; meritocracia e moral cívica no século XX; realização pessoal e disputa de lugares hoje.

Nossa relação com o outro não é menos desconfiada, ciumenta ou concupiscente, apenas o é de outras maneiras, filtrada por outros gestos, outras gramáticas de comportamento. As correntes subterrâneas da história e da sociedade continuam a dar forma a nossos hábitos e nossos reflexos, mas em outros pontos, seguindo outros critérios. Da mesma maneira, o cidadão de hoje com seu *smartphone* nas mãos não é mais controlado nem está mais afastado de seu corpo e dos outros corpos que o malandro de antigamente, que errava por ruas de má reputação e que imaginamos ser privado de mediações. É claro que ele as possuía, como qualquer ser social. Quanto às mãos, que agora tamborilam e prestidigitam, nós sempre encontramos algo com o que ocupá-las.

19. Ibid., p. 322.

Talvez isso seja o denominador comum de toda cultura humana, ocupar as mãos para que elas não venham a infligir nem dor nem prazer, nem a si nem aos outros. É para isso que serviam, bem antes do *touchscreen*, o pomo da espada, o tricô recomendado aos veteranos de guerra e os terços, rosários ou qualquer outro objeto de devoção ou meditação feito de contas dispostas ao longo de um fio, cujas variações são encontradas em todas as culturas. A mão, hoje, não é necessariamente menos violenta ou mais atribulada que antigamente; ela existe de outra maneira, se ocupa de outros instrumentos, de outras ações das falanges, outras flexões dos tendões, de outros mundos na ponta dos dedos.[20]

A justa distância em relação aos outros é uma busca ancestral e sem fim. A socialização, em seu berço, consiste em desempenhar certos papéis em um espaço restrito, como um pequeno teatro de afastamentos e aproximações, desde as estratégias de cortesia da Idade Média, passando pelo comedimento e a polidez dos burgueses em seus colarinhos falsos, até chegar nas manifestações afetadas de solidariedade e nas formas urbanas mais recentes da gentileza no convívio social. A socióloga Erving Goffman descreve os fatos e gestos do "eu cerimonial" e a sociedade como um jogo de coexistência entre as encenações de cada um, "um sistema de acordos de não invasão". Esse jogo pode ser ilustrado tanto pelos rituais de cavalheirismo, os salamaleques dos nobres com suas perucas e as discussões de mesa de bar, depois de um dia de trabalho nas fábricas, quanto pelas táticas de autovalorização do esnobe mundano e daqueles que foram socializados nas redes sociais. Cada um fabrica para si um estilo, uma forma de vida, a partir das suas próprias condições e influências. Todos nos colocamos em cena, nos medimos, nos espiamos, nos repreendemos, nos abrimos ou nos fechamos, mas sempre sob a proteção de uma postura, num teatro social sem fim e que funciona melhor sem a violência, mas pode requerê-la de tempos em

20. Darian Leader. *Hands: What we do with them and why*. Londres: Penguin Books, 2017.

tempos. Em resumo, a cena mudou, o texto não é mais o mesmo e as maquinações nos bastidores se tornaram mais importantes, mas a teatralidade intrínseca à vida social permanece.

Há também as questões psicanalíticas, das quais Elias se mostra bem consciente. Em *A civilização dos costumes*, ele evoca, sem perder tempo, a espiral possivelmente infernal da civilidade e da distância, da repressão interiorizada e dos novos supereus[21] que vigoram, dos pudores e das neuroses. Seria preciso passar Elias pelo divã para compreender nossas paranoias e esquizofrenias contemporâneas e sua gênese histórica. Porque conter as próprias paixões e filtrar os próprios afetos a fim de reprimir a violência é, em si, uma violência. Uma dupla violência, indissociavelmente sobre si e sobre os outros. Violência contra si mesmo da inibição, que irrompe em cisão[22] interior, o recalque mórbido, com seus mecanismos de culpabilização e sua energia pulsional represada – *castrada*, no sentido psicanalítico, mas que sempre pode retornar: tudo aquilo que não deve fazer continua a assombrar o sujeito, seu corpo proibido regressará de outra maneira; e, no intervalo, ele se ressentirá de tudo o que não pode externar – retornaremos a isso. Mas essa operação de colocar formas é sobretudo uma violência feita ao outro, que é colocado à distância, neutralizado, rejeitado atrás da fronteira invisível dos códigos e das maneiras, que os corpos e os sentimentos não têm o direito de trespassar. Essa violência institucional, no sentido de uma dis-

21. Na história da tradução do cânone psicanalítico para o português, esse termo foi traduzido inicialmente como "superego" na edição Standard, que adotou a terminologia estabelecida nas traduções de língua inglesa. Essa versão permanece bastante presente no imaginário corrente do vocabulário da psicanálise, mesmo e sobretudo fora dos círculos psicanalíticos. Foi só posteriormente, e de maneira mais condizente com o *Über-Ich* original de Freud, que o termo foi traduzido como "supereu". Para uma discussão aprofundada de um problema que está longe de ser solucionado, cf. Paulo César de Souza. *As palavras de Freud: o vocabulário freudiano e suas versões*. São Paulo: Companhia das Letras, 2010. pp. 98-99. [N. T.]

22. Em alemão, *Ichspaltung*, o termo é traduzido para o francês como *clivage du moi* e encontra em português as formas clivagem, cisão e dissociação, além do anglicismo *splitting*. Cf. Sigmund Freud. "A cisão do eu no processo de defesa". In: *Obras completas, v. 19: Moisés e o monoteísmo, Compêndio de psicanálise e outros textos* (1937 – 1939). Trad. Paulo César de Souza. São Paulo: Companhia das Letras, 2018, pp. 345-350. [N. T.]

tância *instituída*, aflora em diversos contextos, desde um jantar social em que um convidado menos contido é repreendido por suas gafes até uma entrevista de emprego em que o candidato é traído por seu gestual (ou seu próprio sobrenome). "Colocar formas e instaurar fronteiras entre os indivíduos é um meio de pacificar as relações sociais", reconhece a socióloga Claudine Haroche, ao comentar Elias: "No entanto, a força da forma implica a existência de uma violência potencial ao nível dos efeitos, mas, igualmente, ao nível dos fundamentos".[23] Pelas hierarquias sociais que convoca, as distâncias interpessoais que aprofunda, as relações de força que instaura, o fato de se dominar pelas *formas* respeitadas é sobretudo, com bastante frequência, dominar o outro – quer seja o interlocutor mantido à distância, o convidado mal-educado, o empolgado da noite, mas também, de maneira mais abrangente, os subalternos e os colonizados de todos os séculos. Quem coloca as formas faz do outro, no ato, seu vassalo.

Na escala das sociedades, o refinamento das formas não é incompatível com a violência extrema, longe disso: àqueles que pretendem fazer de um nível elevado de desenvolvimento econômico e de sofisticação social as condições de uma redução da violência, sempre podemos opor os casos emblemáticos da Grã-Bretanha e do Japão. Duas civilizações indubitavelmente refinadas, dois países que em diversas ocasiões estiveram à frente de seus vizinhos, mas tanto o longo colonialismo inglês quanto o sangrento imperialismo japonês do começo do século XX remetem a outra evidência, atestada pela história, de que a ordem social solidamente estratificada e a fineza das grandes culturas podem muito bem coabitar com a barbárie – e mesmo favorecê-la em algumas ocasiões. Isso é muito bem-sabido por aqueles que assistiram, estarrecidos, à ascendência do nazismo no país de Goethe e Schopenhauer, ou que admitem a duras penas que o país de Cézanne e de Proust não foi somente uma vítima passiva dos horrores do século XX.

23. Claudine Haroche. Retenue dans les mœurs et maîtrise de la violence politique. *Cultures et conflits*, n. 9 – 10, 1993.

"Quando um agrupamento humano se crê portador da civilização, essa própria crença lhe fará sucumbir, na primeira oportunidade que se apresentar, e agir barbaramente", lembrava Simone Weil em 1939, propondo, nas mesmas linhas, a possibilidade de que um Estado fosse "extremamente civilizado, mas *baixamente* civilizado", impondo àqueles que subjuga a "decomposição moral" e a "colonização"[24] espiritual ou mental. O erro, em todo caso, é sempre o mesmo, e consiste em opor brutalidade e civilização, a reportar toda violência unicamente ao instintos humanos ainda não educados e às supostas pulsões de guerra das sociedades primitivas: uma generalização antropológica magnificamente desmontada por Pierre Clastres, que demonstrou que a própria guerra é uma invenção sociocultural, "inclusive entre os selvagens".[25]

Elias sabia disso. Ele não associa unicamente a agressividade a uma falta de formas ou de distância. Ele se abstém de remeter simplesmente a violência à pulsão indomada, a um estado de atraso histórico ou de menor desenvolvimento, à insuficiência de anteparos racionais que se exercem sobre o sujeito, supostamente pacificando-o – a educação, a cultura, a sofisticação social. Ele sabia que estas são vetores da violência tanto quanto da civilidade, e que alguns daqueles que as têm em mais alta estima são tanto paladinos do refinamento quanto da crueldade. Pensador meticuloso que era, certamente não ficou surpreso ao saber que um bom número dos perpetradores do massacre dos Tútsis de Ruanda em 1994 eram professores, inclusive do ensino superior, e que mais da metade dos responsáveis alemães presentes na Conferência de Wannsee, em 1942, aquela que planejou a Solução Final, era composta por doutores em direito. De fato, essas múltiplas questões que surgem do grande projeto de Elias jamais o invalidam de fato. Frequentemente parece que ele as previu, e que nuança deliberadamente sua tese principal.

Mas o que permanece impossível de prever para o autor é o problema mais diretamente histórico da obsolescência de um li-

24. Simone Weil. Réflexions sur la barbarie. In: *Œuvres*. Op. cit., pp. 506-507.
25. Pierre Clastres. *Arqueologia da violência*. Trad. Paulo Neves. São Paulo: Cosac Naify, 2014.

vro escrito há oitenta anos, que não poderia ter levado em conta as mutações do fim do século XX. O que adveio, desde meados do século passado, dessa distância civil e normativa solidificada entre os seres, de toda essa reserva afetiva? Todas essas coisas, imaginava o sociólogo alemão, não foram quebradas senão temporariamente pela violência nazista, e a pacificação dos modos retomaria rapidamente seu longo curso. O que mudou, e que invalida parcialmente a tese de Elias, criando uma brecha ainda mais problemática, certamente não é a arrebentação dos fanatismos fascistas e nazistas, ou mais recentemente as escaladas do fanatismo religioso – mesmo se a ideia de uma "brutalização das sociedades europeias",[26] de Hitler a Stalin, continua a ser preciosa para compreender a radicalização do espectro político, o retorno dos nacionalismos e a banalização da guerra. Não, o que mudou de maneira irreversível é a grande ascensão do informal, bem ali onde há muito tempo reinavam as formas e, justamente, sua obrigação.

A atmosfera geral das relações sociais mudou a partir dos anos 1960. Sob os holofotes de uma sociedade mais instável, mais narcísica e mais competitiva, a atmosfera se tornou informal em todo lugar. Essa virada crucial, impulsionada pelas contraculturas e as juventudes contestadoras dos anos 1960-1970, veio mais profundamente de uma mutação interna do capitalismo que as acompanhou e que terminou por se aproveitar delas, completando a ordem econômica com uma "lógica cultural" moldada ao gosto da época, feita de ironia, de uma estética kitsch, de assembleias regidas pela formação de maiorias e de uma substituição de uma cultura legítima de elite pela cultura comercial ("pop").[27] Em todo caso, a evolução das relações sociais ordinárias em direção à informalidade, a convivialidade e a descontração obrigatória transborda o esquema de Elias. Da mesma forma, ele não trata da relação de amizade, promovida ubiquamente hoje como valor car-

26. George L. Mosse. *De la Grande Guerre au totalitarisme: La brutalisation des sociétés européenes*. Trad. fr. Édith Magyar. Paris: Hachette Littératures, 2009.
27. Ver: Frederic Jameson. *Pós-modernismo: a lógica cultural do capitalismo tardio*. Trad. Maria Elisa Cevasco. São Paulo: Ática, 1996.

dinal. Mas que amizade? O mito literário e aristocrático da amizade, masculina e eletiva, própria de heróis gregos e jovens príncipes, também mudou. A amizade que se encontra hoje polvilhada pela cultura popular e as relações sociais tem boas intenções democráticas, virtudes mercadológicas, reflexividade prolixa e, em todo lugar, expressão obrigatória. É a amizade de colegas de faculdade que se tornaram empreendedores de sucesso. A amizade das redes sociais, onde se reina pelo número de contatos. A das vendedoras ou aeromoças, obrigadas contratualmente a sorrir, ou dos "colaboradores" de uma firma, cujo desejo comum de vê-la bem-sucedida amalgama todos numa mesma conivência. E também a de nossos aparelhos e *gadgets*, cujo uso deveria supostamente nos tornar amigáveis (é o sentido do termo *user-friendly*, "amigável para o usuário"). Ou ainda da emblemática série *Friends*, um grupo de amigos como família substituta para os gentis jovens urbanos do ano 2000 – mais ordinária e mais conveniente que a amizade que supostamente deveria ligar, elegante e harmoniosamente, os sujeitos econômicos das teorias liberais de Adam Smith no século XVIII (em suas palavras, *general sympathy*). Hoje em dia é sobretudo a amizade mínima, automática, de rigor, que difunde em todas as direções a grande cena informal do mercado.

Ainda, a atitude *cool* é talvez um subproduto indireto do "processo de civilização", mas contraria suas regras, ridiculariza as normas, parece abalar seus fundamentos. A própria exteriorização das emoções é, agora, uma prova de sinceridade; a espontaneidade afetiva, um sinal de confiabilidade – como atestam tristemente os sucessos políticos de chefes de Estado que não controlam nem suas pulsões, como Donald Trump e Jair Bolsonaro. Mas a questão, mais do que nunca, é econômica. Tudo, no capitalismo tardio, vem romper as formas e as reservas, a distância e a respeitabilidade: o êxtase do enriquecimento, o deleite da concorrência, as provocações dos *bad boys* de Wall Street ou das maiores empresas da bolsa de valores, as obscenidades da ostentação de riquezas, a promiscuidade dos centros comerciais ou dos sites e aplicativos de relacionamentos ou de encontros, a atmosfera lúdica e recreativa generalizada, o tratamento informal para melhor dissimular as hierarquias, as descargas de adrenalina das atividades *fitness* e da exploração física, as brutalidades da aventura do empreendedorismo – todos inevitáveis e tidos como benéficos. Ser "civilizado" não é mais um critério que determina a contratação dos recém-formados em administração, nem uma preocupação lucrativa. "A única missão social de uma empresa é fazer dinheiro", respondia profilaticamente o economista monetarista Milton Friedman àqueles que logo inventaram a "responsabilidade social das empresas", a fim de temperar o lucro com uma pitada de interesse pelo bem-estar geral. Ele reduziu essa forma à sua expressão mais simples: *the business of business is business*, ponto-final. Com efeito, a virada neoliberal dos últimos cinquenta anos complica singularmente o argumento de Elias, e o contesta, ao menos parcialmente. Talvez o que aconteça seja simplesmente que o monopólio da violência legítima, seja ela frutífera ou irredutível, não pertença mais ao Estado, ou não somente a ele, mas agora também ao capital e à sua dominação sistêmica. O Estado, por mais de três séculos, policiou as sociedades; agora, o Estado é unicamente encarregado da política. É o mercado que se ocupa de policiar e civilizar os povos. Ou de *de*civilizá-los.

Política e Estado: o quente e o frio

Em setembro de 2015, a Dieta do Japão, como é chamado o venerável Parlamento japonês, foi palco de cenas pouco habituais: depois de se insultarem, os deputados partiram para a agressão física, que descambou para uma pancadaria generalizada, com direito a puxões pelo colarinho, murros e socos – tudo isso diante do impassível primeiro-ministro, Shinzo Abe. Era o momento de votar um texto particularmente polêmico, que autorizava o engajamento militar do país e modificava, portanto, a regra de ouro da não intervenção, estabelecida em 1946. No começo de 2017, as eleições presidenciais na França ocasionaram, nas redes sociais e em algumas reuniões, um desencadeamento verbal inédito, brados homofóbicos, clamores de ira contra os candidatos, ou os fóruns vomitando palavras como "mídia de merda" ou "jornais filhos da puta", e isso não somente nas bolhas fascistas – nas semanas que se sucederam à eleição, três políticos eleitos foram agredidos em público, em diferentes episódios, por três indivíduos que estimaram que as palavras não eram mais suficientes para sua cólera. Em agosto de 2017, a tranquila cidade de Charlottesville, na Virgínia, testemunhou a escalada de um confronto, algo há décadas sem precedentes, entre supremacistas brancos, portando capuzes e suásticas, e militantes negros e progressistas, entre os quais conta-se um morto e diversas pessoas com ferimentos graves. A reação dos militantes foi ir ao Twitter e convocar as pessoas a socar o primeiro nazista que encontrassem (#punchanazi). Intimidação e autodefesa ativa, pancadaria e gritos de ódio: essas coisas – que poderíamos acreditar pertencerem às eleições acirradas da África ou da América Latina e tendo desaparecido dos países do Norte desde a época há muito passada dos assassinatos políticos e do pugilismo ideológico (ou seja, há cinquenta anos) – ejetam novamente sua fúria nas democracias pacificadas do mundo rico. Abandonamos os motes em favor dos insultos; trocamos as discussões pelos incêndios; pusemos, no lugar das disputas partidárias, o enfrentamento físico. São apenas episódios, certamente, e sem qualquer relação necessária entre eles. Apenas signos esparsos, mas cuja multiplicação recente sugere que se racha, diante de nossos olhos, a fachada irrepreensível de nossas instituições políticas: e essa fissura não é superficial, certamente.

Podemos sempre imputar esses novos transbordamentos à escalada inquietante, na política atual, de demagogos populistas e dos bons e velhos bodes expiatórios. Ou à violência assumida dos autocratas xenófobos e movidos a bílis que estão efetivamente no poder não somente em Washington e Brasília, mas também em Moscou, Ancara, Délhi, Budapeste e Manila. Podemos associá-los ao desgosto para com os partidos tradicionais, que incita os mais exaltados a trocarem as velhas tramas e a velha impotência por facções sem compromissos, que supostamente emanam de uma base popular. Foi o que os conservadores estadunidenses tentaram fazer do Tea Party, uma célula ultrarreacionária surgida em 2010 de torpes estratégias políticas (e financiamentos generosos), muito mais do que de um movimento social. Poderíamos adicionar aqui o papel da crise econômica, cujas vítimas não têm mais nada a perder; o clima de nervosismo, que sobrecarrega a atmosfera; e, é claro, o efeito do WhatsApp e das redes sociais, que veiculam conspirações e caricaturas, e que muito desinibem os mais desfavorecidos – primeiro nas palavras, e em seguida nos gestos. Essas razões são todas pertinentes, sobre um pano de fundo de descrédito dos poderes instituídos e de desencantamento político terminal. Mas não são suficientes. O que está em curso aqui vem de uma alquimia política mais simples e mais terrível: a partir de um certo estado, o frio não esfria mais, mas esquenta, como reação.

O frio: as estruturas, a burocracia, a racionalidade contábil, as restrições e limitações irrevogáveis e os discursos políticos ocos e que são incapazes de produzir calor, a despeito (ou justamente por causa) de seus elementos de linguagem e seus artifícios publicitários. O quente: os sofrimentos cotidianos, o estresse, a discussão que degringola, a grande arena verbal descomplexificada online e os grandes bordões de união que, nesse contexto deletério, subitamente voltam a estar na berlinda – contra os negros, os muçulmanos, os gays, os vagabundos, o vizinho rico. Nos países árabes, contra as caricaturas de Maomé publicadas no Ocidente ou, na Ásia inteira, contra a onipotência chinesa. Em todo lugar, e cada vez mais, contra as conspirações gigantescas que se imaginam tramadas por poderes ocultos. A hipótese, então, é simples: o frio chegou ao limiar em que começa a fomentar o quente, e não mais a esfriá-lo. O frio é o Estado no sentido estrito, mas também em sentido amplo, na medida em que o poder invisível da lei ou do mercado podem hoje ser sentidos por muitos, na forma vagamente estática desse "mais frio de todos os monstros frios", que Nietzsche usou para qualificar o Estado. E o quente é a política, no sentido geral de uma zona de enfrentamento coletivo, de um espaço para reclamar justiça pelos abusos sofridos, ou simplesmente o burburinho da ágora. O frio ficou cada vez mais frio, ao passo que o quente, de tempos em tempos, despertava. O Estado e a política, fundidos num só bloco de terror nos episódios totalitários do século XX, ou associados ao nome de um projeto social mais justo durante os episódios progressistas (a ascensão do Estado-provedor, o reconhecimento dos direitos dos mais vulneráveis, a reconstrução dos países descolonizados...), viam suas lógicas divergentes, mas historicamente compatíveis, se distanciarem cada vez mais uma da outra desde a virada neoliberal que tomou o mundo. É o que está na origem de uma rápida despolitização do Estado, inteiramente submissa a uma lógica independente de toda deliberação política, toda projeção imaginária, a uma razão mais forte que toda representação popular. Ao expulsar a política de suas instituições frigoríficas, a fim de melhor servir ao mercado e garantir sua segurança, o Estado corria o risco de sofrer um efeito bumerangue, o retorno do quente.

Convertido aos princípios do rendimento otimizado e do crédito todo-poderoso e concentrado em sua função prioritária de controle e policiamento, o Estado só evolui em função dessa dupla restrição, financeira e policial. Sem mais projetos políticos, promessas de eleição, menos ainda movimentos sociais, embora às vezes estes voltem temporariamente à atividade. Desde então, a política resta não assimilada, trancafiada pelo poder em sua cela: o momento da eleição, mas não o exercício do poder; os discursos inflamados, mas não nas "reformas" promovidas pelo Estado. Ela se torna, essencialmente, a denúncia desse cárcere, eminentemente retórica, já que não leva à vitória nas urnas, e demagoga, já que tudo imputa às forças que não são as dominantes – a migração, a concorrência dos países do Sul, a decadência dos costumes, a permissividade da mídia, a corrupção. Falsas causas que aparecem como salutares diante de um desastre sem causa tangível. O Estado e a política se entrecruzam cada vez menos, não têm os mesmos registros linguísticos, não têm medida em comum. É um pouco como um teorema matemático que os alunos deveriam aprender e as injúrias e piadinhas que estes disparam à professora, no momento em que ela vira-lhes as costas. O Estado e a política divergem irreversivelmente, e é isso que pode fazer de sua colisão excepcional particularmente devastadora: quanto mais o frio e o quente se distanciam em grau, mais o seu reencontro gera reações brutais, como bem sabem as vítimas de um furacão, formado na atmosfera por uma zona de diferença térmica muito acentuada.

Essa é talvez a conclusão política tardia da grande virada da modernidade delineada anteriormente por Norbert Elias: quando a frieza do Estado não é mais suficiente para esfriar os cidadãos ponderados, razoáveis, mas acostumados à violência, que retorna a um mundo do qual foi banida, então ela está novamente prestes a explodir. Ou então, para dizer em seus termos: quando o Estado legítimo e as autorrestrições individuais não conseguem mais conter a violência que deveriam reprimir e domesticar, ela está livre para agir por conta própria, por baixo da polidez de rigor ou em seu lugar – de*civilização*. Não que o longo processo analisado por Elias tenha aplicado um simples verniz sobre a vida social, ou uma demão de tinta de coloração mais amena sobre as fachadas das sociedades. De fato, tal processo teve, por muito tempo, o papel que o sociólogo alemão lhe atribui, mas, dessa vez, é a estrutura afetiva que rui. A máquina está constipada e a mecânica civil, disfuncional – e já faz um certo tempo. O Estado não tem mais o monopólio da violência legítima, mas divide-o, afinal, com o mercado, a quem auxilia e dá suporte, se mostrando incapaz, por falta de competência ou de interesse, de barrar a refluência sobre si mesmo das violências anteriores – a religião, o ódio identitário, as quadrilhas, as máfias extra ou paraestatais. Inapto a nos proteger, e desacreditado pelas violências sem igual do século XX orquestradas por ele mesmo, o Estado viu pouco a pouco se desintegrar seu modelo jurídico de regulação da violência. Vivemos, então, o Estado como arbitrário, o chamamos de injusto, incompetente, pensamos frequentemente que é desqualificado, não compreendemos seus impasses repressivos. Sua mutação interna, precipitada pelo crescimento em potência dos mercados financeiros e pelo capital globalizado, e acelerada pela recente virada securitária, dá a impressão de uma dupla imagem do Estado: simples aliado dos mercados e, ao mesmo tempo, uma instância de inspeção e de punição. Imagem injusta, dirão seus últimos defensores, ou seus altos funcionários que permaneceram honestos, mas que lhe fez perder, em pouco tempo, o essencial de sua legitimidade.

Quanto ao outro polo coletivo da regulação da violência, pela civilidade e suas normas interiorizadas, este se viu balançado ao mesmo tempo pela loucura produtivista e a selvageria consumista, que transmitem suas próprias regras e seu próprio *savoir--vivre*: mais do que a um comércio educado entre pessoas de bem, elas incitam a extravasar, a rivalizar, a lutar pela sobrevivência, ou simplesmente a se regozijar. E cindem ou clivam a estrutura afetiva, tomada entre a retração herdada e o desencadeamento promovido por toda parte, a distância polida e a tentação de acender o pavio. É que o capitalismo, como já notaram Deleuze e Guattari, tem esse duplo efeito de *reterritorializar* as subjetividades, lhes designando a novas regras, a todo um novo maquinário, e de *desterritorializá-las*, lhes arrancando das ancoragens tradicionais para deixá-las flutuando no éter, que embriaga ou sufoca, da globalização.[28] Em todo caso, a violência que permanece, e que escapa ao mesmo tempo à rede do estado e à peneira do supereu, pode agora se desdobrar e fazer a fortuna da política ressuscitada – gritalhona, transbordante, enquanto espera que esta chegue ao poder. Em suma, é o fim de uma tripla hipocrisia, mas também um triplo foco de incêndio: o consumo não tem mais o pretexto da necessidade ou da contenção; a sexualidade se desfez de sua máscara cortês; e a opinião política não está mais restrita ao espartilho da moderação e das fidelidades partidárias.

Esse *contra*-processo de civilização confere menos ingerência sobre os sujeitos políticos à pressão civil-estatal (que até agora manteve represada sua violência) e é em si mesmo bastante gradual, bastante progressivo. Como não é novo, pode muito bem ter coexistido desde o princípio com o que descreve Elias, como

28. Gilles Deleuze e Félix Guattari. *Mil platôs*, op. cit.

certos vernizes que se racham na primeira aplicação. Certamente que não começou "num belo dia", pela abertura da primeira agência de publicidade (1922) ou com a eleição de Donald Trump (2016). Ele vem do cerne da época moderna (séculos XIX e XX) e se reporta, mais profundamente, à relação constitutiva do Estado e da violência. O Estado moderno não era exatamente um anjinho: ele sempre esteve pronto a atirar nos pobres, a encarcerar sem limites, a devastar as colônias – sendo sua própria violência vista por ele mesmo como "a forma mais pura da razão e da razão de Estado",[29] dizia Foucault sobre a ascensão inicial dos Estados, nos séculos XVII e XVIII. Mas, na era moderna, ao longo de seu desenvolvimento, o Estado se resguardou de sua genealogia histórica para reduzir o poder dos senhores feudais, proibir as violências ordinárias, substituir os monarcas de antigamente por eleições democráticas e promover o vago projeto de defender os mais vulneráveis, de educar a todos, de amenizar e regular a vida social. *Vago* no sentido de por demais retórico e de intermitente, ao sabor dos maremotos da história.

De qualquer forma, o Estado tinha a função de *policiar*, e isso em nome de certa ordem social: herdada, mas meritocrática; hierárquica, mas formalmente igualitária. Hoje, cada vez mais armado de seu braço policial, o Estado não faz senão controlar, comprimir a rede de uma vasta vigilância contábil e comportamental superdeterminada pelas exigências do mercado. Ele não tem outro projeto a não ser o da solvência, não tem nenhum mundo de referência a não ser o do mercado e o da segurança e da securidade, nenhum liame social a propor a não ser o da coimpotência democrática. Quando o Estado educa para a empregabilidade precária, adapta suas regras às do mercado financeiro, oferece assistência ou informação segundo uma lógica contábil, encarcera preventivamente ou "faz gestão" dos fluxos migratórios, ele simplesmente deixa a política para os outros, para o bem ou para

29. Michel Foucault. *Segurança, território, população: Curso dado no Collège de France (1977-1978)*. Trad. Eduardo Brandão. São Paulo: Martins Fontes, 2008. p. 356.

o mal. Este último, novamente, nunca é certo, mas no presente estado, mais provável. Há ainda, mesmo nas velhas democracias, uma violência política de Estado que certamente é *quente*, como nos lembram a brutalidade racial da polícia e a repressão desproporcional a certos movimentos sociais nas favelas do Brasil, com toda a violência policial que nelas se exerce, e não somente nos expurgos sangrentos que precederam a Copa do Mundo ou as Olimpíadas. Sobretudo, o que se vê hoje é a culminação mundial da violência de Estado em tempos de "paz": seja na África, nas pequenas cidades na Rússia ou no México, nas centenas de cidadãos negros inocentes assassinados pela polícia americana todos os anos ou nos bairros muçulmanos da Índia e da China – até o genocídio rohingya no Mianmar. São diversas ocasiões em que o Estado discrimina e massacra friamente uma comunidade. Como diz a cantilena anarquista, sempre tomamos golpes *do* Estado, o que nunca está muito longe de um golpe *de* Estado. O mais frequente, no entanto, é a violência fria, que se exerce de forma contábil, fiscal, administrativa, avaliadora, penal.

O Estado passou, em algumas décadas, do objetivo moderno de regulação da violência, reservando para si seu uso legítimo, ao de um outro exercício, em nome dos benefícios do choque de competitividade e do ajuste ao desastre, das novas técnicas do imperativo securitário. O espaço público, na sequência, passou da distância civilizada e da discussão racional, antes promovidas pelas elites burguesas, ao caldo cada vez mais quente dos rancores contemporâneos, muito pouco arrefecido pela mediação do teclado. Além disso, toda a vida social passou de uma arena mais ou menos ondulante, mais ou menos temperada, a uma plataforma de descarga verbal incontida e de controle recíproco ininterrupto, onde, na falta do convencimento, há a perseguição. Os ideólogos, ao mesmo tempo, substituíram a velha máscara das convicções partidárias e dos projetos universais em favor dessa outra, mais fugidia, dos arroubos midiáticos, estrelas das redes sociais e ultraconservadores de TV. E a guerra, ao longo desse mesmo processo invertido, passou, de um monopólio estatal e de um conflito circunscrito no espaço e no tempo, à desmultiplicação das formas e dos motivos – guerras crônicas, onipresentes, guerras remetidas aos confins ou alojadas nos interstícios do sistema-mundo, mas ainda assim compatíveis, doravante, com a vida das sociedades modernas que Elias dizia "pacificadas". Todas essas linhas convergem e contrariam o processo descrito por Elias. A violência, impedida aqui ou ali pela civilidade, coberta pelo manto do Estado, proibida pela lei, retorna agora pela guerra e pela política. É uma aporia, como a quadratura do círculo.

A relação entre Estado e violência é o objeto de um debate muito antigo da teoria política, que talvez devesse ser reformulado. Será que o poder do Estado deve ser definido, por princípio, como aquilo que retém e domina a violência, como fazia Hannah Arendt, mesmo que isso nos faça concluir que um poder que não satisfaz a esses critérios é um poder impotente? Ou, por outro lado, será que ele deve ser visto como a instância que confisca a violência para melhor exercê-la, sendo sua racionalidade unicamente aquela da guerra e da vingança, como sugeria Pierre Clastres (quando distingue as sociedades primitivas e a "invenção" sociopolítica ulterior da violência)?[30] Ou então, como terceira opção, deveria o poder ser encarado como um agenciamento instável, em constante mudança, que se cristaliza apesar da violência, que se utiliza da violência, mas conquista o reconhecimento justamente quando consegue estancá-la – como supõe a tradição liberal? Para dizer de outra maneira: poder *contra* a violência, *pela* violência ou *apesar* da violência? Uma vez que a História se constitui como uma longa alternância entre essas três hipóteses, propor uma conclusão assertiva seria tão presunçoso quanto a configuração atual é incerta e, em grande parte, inédita.

Menos ambiciosamente, podemos ao menos colocar que o poder normativo sobre si e o poder democrático das instituições, esse duplo poder inerente ao "processo de civilização", não são mais capazes, hoje, de impedir a violência do mundo, sobretudo

30. Pierre Clastres. *Arqueologia da violência*, op. cit.

a dos mercados e dos interesses incompatíveis, quando estas lhes fazem oposição. Aqueles que detêm o poder aceitam um tal retorno da violência que justifica a intervenção do exército, enriquece as bolsas ou estimula os mercados paralelos. Sejam generais ou mafiosos, todos lucram com o caos e a incerteza. O "processo de civilização" fica subitamente datado. Ao retornar, no fim de sua vida, aos temas que não tratou em sua grande obra,[31] a violência nazista e a instabilidade política mais recente, Norbert Elias se torna mais sombrio: ele se interroga sobre a indiferença moral das elites burguesas na Alemanha do entreguerras, ou do Ocidente na Guerra Fria, constatando a dupla "desintegração" da consciência moderna e do monopólio estatal da violência. Erasmo e Rousseau, a civilidade dos modos cotidianos e a instituição da vontade geral parecem, dessa vez, ter pouco peso face à nova violência do mundo.

Os novos selvagens

Ao volante de seu carro novinho em folha, um homem acaba ultrapassando uma velha caminhonete, gesticula furiosamente e termina sendo alcançado por ela quando precisa trocar um pneu; ele vai, então, defecar sobre o capô do adversário, e a isso se sucede um corpo a corpo que termina com a explosão dos dois veículos – nada restando senão dois corpos calcinados e entrelaçados. A garçonete de um restaurante serve, sentado a uma das mesas que atende, ao funcionário público corrupto que levou seu pai ao suicídio; ela vai pedir conselho à cozinheira, que lhe diz para servir chumbinho na lasanha do homem; a garçonete hesita, mas a cozinheira termina por convencê-la e dar fim ao homem, a golpes de facão. Um engenheiro decide que é a última vez que seu carro é rebocado no lugar que frequenta todos os dias:

31. Ver principalmente as entrevistas de Norbert Elias dos anos 1980 (*Norbert Elias por ele mesmo*. Trad. André Telles. Rio de Janeiro: Zahar, 2001) e seu livro sobre a Alemanha no século XX (*Os alemães: a luta pelo poder e a evolução do habitus nos séculos XIX e XX*. Trad. Álvaro Cabral. Rio de Janeiro: Zahar, 1997).

ele coloca uma bomba no porta-luvas e, uma vez o carro rebocado, explode todo o estacionamento do reboque. Um músico amador, alvo do desprezo dos seus, consegue reuni-los, sem que saibam, no mesmo avião, que ele sequestra durante a decolagem e atira sobre a casa de seus pais. Um menino de família atropela uma mulher grávida e foge com o 4x4 do pai; o advogado sugere que se ofereça dinheiro ao motorista da família para que assuma o crime – o motorista aceita e termina assassinado a golpes de martelo pelo marido da vítima. Quando a recém-casada descobre o caso de seu novo esposo com uma colega, o casamento com pompa e circunstância vira uma barafunda: a noiva termina por quebrar um espelho atirando a colega sobre ele – no meio das listras de sangue e da pancadaria generalizada, os dois recém-casados fazem as pazes ao longo de uma dança indecente, bestial.

Seis histórias contemporâneas, com os finais só um pouco exagerados. Sua violência é reforçada para melhor explicitar o propósito, tão cômico quanto trágico. Essas seis histórias compõem o longa-metragem *Relatos selvagens* (2014), divertido e catártico. Seu diretor, o argentino Damián Szifrón, não por acaso começou sua carreira na publicidade. A cada vez, é o encavalamento diabólico de restrições do mundo atual e da vontade de potência individual, esta sempre temperada por aquelas, que põe em marcha a espiral da violência, da qual ninguém sairá intocado. Mais realistas ou mais graves, diversos exemplos similares nos vêm à mente, seja por termos visto ou ouvido falar. Anedotas, rumores ou histórias reais, que versam todos sobre a mesma ganância, sobre o mesmo flerte com a selvageria, na mesma medida em que desmoronam os anteparos e as promessas de poder absoluto feitas pela vida contemporânea, que sobem à cabeça de alguns: clientes de uma loja de artigos luxuosos se estapeiam pelas últimas peças na promoção; subalternos pressionados em seus últimos refúgios por pequenos chefes purgantes; empreendedores conquistadores que, a fim de se tornarem imperadores, sabem jogar no fogo seus empregados ou concorrentes; o jogador de um time que perdeu o campeonato e que, frustrado, agride os colegas e envia ameaças de morte anônimas aos produtores da rede de televisão que transmitiu o jogo. Ou simplesmente o caso edificante de Jdimytai Damour, vigia de um hipermercado Walmart de Long Island, perto de Nova York, que, apesar de seus um metro e oitenta e sete centímetros de altura e 125 quilos, não sobreviveu à multidão de dois mil clientes que o pisoteou em 27 de novembro de 2008 quando abriu as portas do supermercado, no primeiro dia de promoção. Sua morte foi uma *liquidação*, literalmente.

Quanto aos novos chefes de Estado autoritários da era midiática, já dissemos que eles não escondem mais suas reações impulsivas. Exibem seus desejos e perdem sua calma em público e, frente às mídias indignadas, fazem da selvageria que brota deles aos borbotões o signo de sua humanidade – eles são como nós, no fim das contas. Haja vista os insultos sexistas do candidato Donald Trump a uma jornalista que foi entrevistá-lo e a famosa réplica, imortalizada pelas câmeras, do então presidente da França, Nicolas Sarkozy, a um homem que o criticava (*casse-toi, pauv' con!*, algo como "vai se ferrar, seu babaca!"). Ou ainda a lamentável cena protagonizada pelo então deputado Jair Bolsonaro, em 2003, quando ofendeu, diante das câmeras, a também deputada Maria do Rosário, dizendo que, caso fosse um estuprador, "jamais iria estuprá-la" porque ela "não merecia" e terminando por chamá-la diversas vezes de "vagabunda". O episódio repercutiu enormemente na mídia e se arrastou por mais de dez anos anos em diversas instâncias do judiciário até que em 2019, já presidente, Bolsonaro foi finalmente condenado em última instância a pagar dez mil reais de indenização à deputada e a se retratar publicamente – ele o fez pelo Twitter, seu meio de comunicação favorito. Por mais descontrolados que pareçam, esses episódios não são deslizes, mas a expressão de uma verdade emocional que tais políticos reivindicam em alto e bom som. Em vista de sua estrutura afetiva, a fronteira entre certos eleitos pelo sufrágio universal e os ditadores clássicos é cada vez menos nítida, e seu caráter vulcânico ou cruel, regularmente demonstrado, garante o poder sobre os súditos. A diferença é que com os primeiros teme-se pela política do país c a imagem da nação, enquanto que com os déspotas de fato, teme-se pela própria vida – mesmo com os déspotas eleitos, como o presidente russo, Vladimir Putin, ou o presidente filipino, Rodrigo Duterte. Rugir, escrachar, insultar, não ter qualquer tato, bater na mesa, perder a cabeça: nada disso é suficiente para fazer um bom presidente, mesmo na era da personalização política e do voto de protesto, mas é o que faz um presidente autêntico e notável – algo que todos os esforços da comunicação política não conseguiram produzir. Junto com os tratados de *savoir-vivre*, antigamente, para os *happy few*, havia os tratados de educação para os príncipes, nobre tradição da primeira onda da modernidade em que se encontram Locke, Fénelon e Maquiavel. Os manuais de iniciação ao poder ensinavam todos a fleuma e o autocontrole, explicando que a compostura impecável do príncipe é o que faz (e diz) sua força suprema, e o que dá corpo a sua função solene. Esses tratados também caíram em desuso.

Mas, longe dos arcanos do poder ou dos esgotos da sobrevivência, é no seio das classes médias que a nova selvageria trilha, agora, seu caminho. Essa selvageria é provocada ou ditada, para um número crescente de cidadãos do globo, pelas leis desse mundo novo: os imperativos da produtividade, as exigências do consumo ostentatório, a força do desejo mimético, em que se inveja o que o outro tem, fala-se mal dele ou projeta-se nele, e se deseja cada vez mais. Essas leis correm o risco de transformar-nos, vocês e eu, em consumistas selvagens, trabalhadores selvagens, cônjuges selvagens, vizinhos selvagens, eleitores selvagens – e muitas vezes conseguem. No espaço social, que é precisamente o da medida e o da ponderação, entre as classes médias mal-ajambradas, mas numerosas, que a crise e a precariedade tornam cada vez mais enervadas, é um frenesi de um novo tipo que circula, ignorado, (ainda) raramente exprimido. Cada irrupção de fúria na cena do mercado, cada convulsão daquele que encarna vivamente o jogo da rivalidade, cada exemplo de destempero psicótico agita aqueles que menos se espera: a jurista cortês, o pai de família, os quarentões educados. E a cada vez podemos verificar mais claramente:

as pessoas razoáveis não são mais realmente razoáveis – se é que já o foram um dia. A classe talvez seja média, mas não o humor. Esses que estão no meio, que aspiravam, na melhor das hipóteses, a não serem nem governantes nem governados, se veem tomados num nó de relações elétricas de força, por signos interpostos de saída, e mais frontalmente à medida que tudo se desgasta.

Se os economistas acabaram de começar a duvidar da validade da categoria de "classe média", tendo em vista a faixa de renda e a desestabilização dos patamares adquiridos, os escritores, já há um bom tempo, exploram esse frenesi tão característico da *middle class*. As histórias são sempre tecidas jogando com a possibilidade de que a costura seja desfeita, de seus elos se desencadearem. Por exemplo, o comportamento cada vez mais curioso dos habitantes dos arranha-céus, em condomínios que oferecem os mais diversos serviços e uma vida em harmonia, que degenera até a bacanal da violência, no romance do inglês James Graham Ballard – *Millenium People* perfaz a mesma espiral sangrenta, na geração atual. Ou, com viés político mais acentuado, a atribulada emancipação a punhos cerrados imaginada em *Clube da luta*, o romance do americano Chuck Palahniuk que se tornou o cultuado filme de David Fincher, *Clube da luta*: um expert em seguros e um excêntrico vendedor de sabão (vividos nas telas por Edward Norton e Brad Pitt, respectivamente) começam um clube clandestino de luta livre que funciona à noite em um estacionamento, e cujos membros, insuspeitáveis e cada vez mais numerosos, se liberam no sangue e no suor das alienações da vida de classe média, o *middle class way of life*. E a literatura francesa dessa virada de milênio não fica de fora, de Richard Morgiève a Julia Deck, com seus personagens criminosos e seus novos obsessivos. Há aqui diversas figuras de cidadãos ordinários, nem ricos nem pobres, que estão muito bem, obrigado, mas que subitamente têm suas armaduras esfaceladas e perdem as rédeas das próprias vidas – romances sociais marcados pelo registro fantástico, para mostrar o funcionamento das diversas demências que fustigam nossos mundos familiares e seus habitantes irrepreensíveis. Assim, esses cidadãos enlouquecem: um filão narrativo inesgotável.

É que, na vida real, esses momentos de divagação, esses ínfimos acessos de loucura ou caprichos misteriosos acontecem com muito mais frequência do que acreditamos que aconteçam, e são em geral bem mais benignos que os casos extremos da literatura. Mas também são pontuais demais, ou secretos demais, para terem sido efetivamente patologizados. Pulsões estranhas, gestos impulsivos, manias incompreensíveis aparecem, geralmente sob a proteção da solidão ou do conforto do lar, e sempre sob a proteção do aparente decoro daqueles que os experimentam. Monólogos sem qualquer nexo. Faltas de pudor inesperadas. Vagar a esmo quando se tem compromisso em outro lugar. Delírios paranoicos no seio das famílias. Alucinações recorrentes. Agressividade súbita e fora de qualquer proporção. Ataques de fúria ao volante ou na multidão apinhada do transporte público. Ou então os mil e um problemas obsessivo-compulsivos que dão uma vida mágica aos acessórios e lugares do cotidiano. Algo cede, deixa solto e (re)coloca o sujeito em contato com a desrazão de suas pulsões e a intempestividade de suas emoções. Esse fenômeno geral de desregramento intermitente das percepções, de suspensão de qualquer autocontrole moderador, não é *a priori* bom ou mau. De fato, daí pode surgir algo de bom ou de ruim, desobstruir as inibições sentimentais ou desativar a proibição da violência física. O melhor pode ser um novo olhar, deslocado, sobre o mundo ordinário, na medida em que esses pequenos desatinos cotidianos dos afetos e dos perceptos fazem com que a atenção se volte para o que antes era anódino, e tornam surpreendente o que era familiar. E o pior, junto aos racismos e os sexismos simplificadores, é talvez o que as máquinas midiáticas fazem dessa matéria emocional, capitalizando às suas custas, trabalhando ativamente para desinibi-las, eletrizá-las – da publicidade, cada vez mais lasciva, à psicologia de capa de revista e os gurus da internet. E sobretudo a televisão, que encena ininterruptamente a ruptura dessa barragem afetiva e a desgraça ou a redenção que dela advêm, devassando-as na intimidade do lar ou liberando-as, em horário nobre, entre os participantes de *reality shows*.

Mas, no conjunto, o selvagem que surge aí, quer ele aja como um xamã em transe ou como uma pantera caçando, não provém de uma regressão primitivista, de um retorno improvável à lassidão dos afetos que o "processo de civilização" teria domesticado. Ele é uma emanação da história e da cultura – até mesmo na televisão, ainda que, aí, os personagens "reais" sejam também selvagens retocados, produtos da montagem, da encenação ou da *mise-en-scène*. Notoriamente mobilizado pelo pânico subjetivo e pela rivalidade da concorrência, o novo selvagem é de um tipo ainda pouco conhecido – em comparação com o qual, é necessário admitir, feiticeiros e panteras parecem agir de maneira mais lógica ou, em todo caso, mais elegante. Porque esse selvagem, principalmente quando está na classe média, está mancomunado com o consumismo sem limites e a guerra econômica, essas duas componentes que formam os contornos e a aparência externa (e deformam as subjetividades) do mundo contemporâneo, e que tanto solicitam os desejos, os apetites, os egos, os rancores, os instintos de sobrevivência. Portanto, não é um retorno, mas uma novidade, surgida no curso das últimas décadas. Trata-se muito menos de uma *regressão* à violência, cuja noção suporia que os primitivos ou as crianças fossem, mais que nós, escravos de suas pulsões, do que de uma *transferência* da violência: sua transferência do tabu estatal ao totem do mercado, das margens da sociedade para as classes médias e da interação social a toda a vida subjetiva, consciente e inconsciente. Deslocamentos decisivos. Por seu movimento sem objetivo, sua ganância em ato, o desejo consumista e a obsessão da otimização do rendimento produzem em cada um de nós uma violência vazia, a vácuo, a violência delirante e repetitiva ("sempre mais!") de um impulso sem objeto nem sujeito de fato. Eles desorientam a razão, impacientam subitamente o corpo e podem suspender as inibições mais enraizadas.

A singularidade dessa violência se deve tanto a sua lógica interna quanto à sua forma de propagação. Porque se o mercado captura os afetos, imanta as emoções, é para convertê-las em signos intercambiáveis, em valor monetário, quer isso tome a forma de estilos de vida, de tendências em voga, de técnicas de *management* ou de carreiras cobiçadas – em seu vasto espaço de convergência, essa espécie de feira total, delimitado pelo signo dos signos, o dinheiro. O mercado não se ocupa só de extorquir e produzir riqueza. Ele instaura entre os sujeitos, e também entre cada um deles e suas vidas reais, todo um mundo de signos, todo um jogo de espelhos, que em geral evitam o contato efetivo e comandam suas interações. No decurso da jornada de trabalho, há os organogramas, as mensagens incessantes, as avaliações, a cultura corporativa, as metas a atingir; no resto do tempo, as marcas e etiquetas a ostentar, os objetos trombeteados pela publicidade, as informações às quais prestar atenção, as palavras ou imagens do momento nas redes, os modos de existência a esposar ou a inventar. É sempre um combate de signos, mas que pode ser tão fatal quanto um combate armado. O mercado confisca da vida sensível algo com o que produzir o signo econômico, e assim ao infinito. O signo que valoriza, monetiza, sobrecarrega de intensidade para tirar um rendimento otimizado. Quem não joga esse jogo, quem não produz *signos*, se arrisca a ser dessocializado.

A violência em questão – na qual alguns veem o retorno a uma "barbárie" anterior à socialização e outros veem um simples desregramento "comercial" dos afetos – vem, em todo caso, desse registro simbólico, desse universo de signos sociais e de formas culturais, dos quais Elias fez, de maneira inversa, o grande dique, a grande barragem construída para conter a violência. Ora, sob a forma hipertrofiada que ele encarna na era do mercado-rei, o signo não aplaca mais a violência: dessa vez, ele a prolonga, renova, reedita. Agora, a violência passa amplamente pela representação, com suas imagens que proliferam, pela identificação e a projeção, entre docilidade e ressentimento, e cada vez mais pela comunicação. E principalmente depois que esta foi tornada instantânea, contínua, interativa, interminável. Mais comunicação, mais calor, mais imagens virais, mais obrigação de *fazer signos*, mais polos identificatórios – tudo isso quer dizer: mais violência. E não apenas seu adiamento, ou seu domínio relativo, como acreditaram talvez rápido demais os iluministas, persuadidos de que o *sim-bólico* da linguagem e da conversação esconjurariam o *dia-bólico* da rudeza e da hostilidade.

Em regime mercantil integral, os signos conduzem a violência, como a água conduz a eletricidade. Eles tornam a violência apresentável, imprimem-na diretamente em nossas percepções. Oferecem a ela, como difusores e às vezes como motores, os sujeitos mais pacíficos, as consciências dotadas das melhores intenções – sujeitos e mentes essas que transmitem e validam a violência. Tendo agora a otimização como horizonte, ao invés da aniquilação, os signos permitem contornar a proibição da violência. Quando há signos, tudo se passa como num jogo, nada tem um ar tão grave. A violência dessa vez comunica, circula socialmente, faz corpo com os signos, se instala de vez no espaço de nossas interações – em lugar de simplesmente se esgotar, como antigamente, uma vez que o golpe foi dado ou que o cartucho da metralhadora foi esvaziado. Tornada signo, a violência não recua mais. É o que compreenderam, melhor que todos nós, alguns personagens do início deste milênio: o jihadista que degola sua vítima no YouTube, o político que insufla as cóleras populares, o empreendedor da *web* que imagina novos terrenos para nossas disputas simbólicas, ou o pastor, de qualquer religião, que submete seu rebanho a um Texto. Todos concedem à violência a dupla vida dos signos – é quase a vida eterna.

* * *

As novas guerras, a comunicação generalizada e o mercado todo-poderoso modificaram, portanto, amplamente essa “economia afetiva [...] das pulsões que devem ser refreadas, singularizadas ou transformadas”.[32] Ao fim do livro de Elias, ao fim desse breve

32. Norbert Elias. *La Civilisation des mœurs*, op. cit., p. 327.

entreguerras ao qual ele consagrou sua longa investigação histórica, o sujeito moderno foi deixado em uma etapa transitória, em vias de se desfazer de seus restos de honra, sua civilidade obrigatória, sua repressão interiorizada, os supereus variados da religião ou da moral pública que o vigiavam – mesmo se esse sujeito sabia, aqui e acolá, passar-lhes a perna. Quase um século mais tarde, ele se tornou irreconhecível. Apanhado em fluxos de signos, em batalhas econômicas pela sobrevivência ou para se destacar, vivendo nas redes "sociais" em informalidade completa, na atenção intermitente, no declínio dos laços afetivos, na desilusão irônica, ele se assombra ao sentir crescer em si mesmo, em alguns episódios, a inconveniência ou a bizarrice, e de ver a distância civil ceder cada vez mais terreno ao desatino relacional generalizado, na medida em que a depauperação bate à porta. A crença obrigatória na "felicidade" como valor único ou meta acessível se tornou sua neurose e, levando em consideração a mentira que nisso se encerra, a fonte de um ressentimento explosivo. Tudo passa. Que o sujeito fale em "superação", seja em êxtase ou em seu último suspiro, não carrega mais a constância emocional ou a prudência contida exigidas, mesmo que às vezes em vão, pelo mundo de antigamente. Claro, o sujeito não recorre às vias de fato instantaneamente, diante do primeiro obstáculo; mas ele quase nunca o fazia, cem anos atrás.

Tudo isso, sem dúvida alguma, delineia um novo circuito da violência, uma nova relação do desejo com a frustração, do signo com o afeto e da repressão com a transferência. Trata-se de toda uma energética inédita, que ainda precisa ser investigada enquanto tal. É o que tentarão os dois capítulos seguintes: primeiro compreender seus mecanismos, e, em seguida, repolitizar essa energética, reconectá-la às resistências de hoje – se é que elas chegarão a modificar esse circuito infernal.

Capítulo 4

Um circuito energético saturado

> Diz-se frequentemente da violência que é "irracional". Mas à violência não falta qualquer razão; ela sabe muito bem encontrar uma razão quando quer se desencadear. [...] A violência que não foi totalmente satisfeita procura e sempre termina por encontrar uma vítima substituta.
>
> RENÉ GIRARD

Com a nova "selvageria" do delírio produtivista e da autovalorização consumista – aparentemente distantes das guerras sanguinárias e das injustiças pós-coloniais, mas não de seus alicerces profundos –, atingimos os circuitos sociais e psíquicos principais da violência contemporânea. Para poder esboçá-los e atualizar a lógica do conjunto, é necessário abordar frontalmente a "hipótese energética" pela qual se interessaram, cada um a seu tempo, autores tão diferentes quanto Georges Sorel, Freud e Bataille. Mas é talvez na (e pela) ideia de "violência do consumo" de Jean Baudrillard que se passe o essencial: se o desejo é sempre desviado e jamais satisfeito, a que isso nos submete, daqui em diante, visto não haver qualquer derivação simbólica ou distância das próprias pulsões? A uma frustração sem fim? À angústia da falta? Sempre ao esgotamento, do espírito e dos recursos? E no dia a dia, ao famoso estresse, essa forma neurofisiológica interiorizada da violência, tão típica dos nossos tempos? É o paradoxo da abundância, cuja promessa enganadora nos deixa desassossegados, exangues, inconsoláveis. Ao mesmo tempo, o que fazer do "resto" que permanece em nós, violência retornada ou desejo não consumível? Onde isso pode ser investido, colocado em circulação, sublimado? Por quais circuitos seguir?

É o momento de investigar o desvio esportivo, o expurgo narrativo (histórias que desde a *Ilíada* nos aliviam de alguma coisa) e a pulsão escópica das telas onipresentes, inerente ao narcisismo neoliberal do sucesso ostentado – toda a tirania contemporânea da visibilidade que tem uma violência própria. Ora, dos *hooligans* aos números de curtidas, dos romances neogóticos às mais sombrias séries novas, parece que é a velha catarse que hoje nos tira dos eixos e que aloja, no seio de nossas psiquês, as brutalidades do presente que ela deveria deslocar e nos ajudar a atravessar. Dessa vez, é todo o circuito energético da violência que parece hipertrofiado, explosivo, amplamente descontrolado. A violência é proibida, mas promovida em toda parte. Está de volta, mas agora transborda os enquadramentos de seu gerenciamento. Essa descarga energética ordinária, indispensável ao alívio de nossas frustrações, é certamente menos tangível que as violências políticas e sociais diretas exibidas sucessivamente pelas mídias ou canais de informação. É menos patente que as torturas, os êxodos ou as sórdidas manchetes de jornal. Mas ela constitui, no entanto, o plano de fundo do cotidiano, subjetivo e mundial. Se a violência procede não somente de um golpe pontual ou da emersão do acontecimento, mas de um vasto circuito de energia, ei-la aqui. E é aqui, de fato, que a encontraremos mais vivaz, mais complexa e muito mais ameaçadora do que dizem os partidários da direita, da esquerda ou da hipótese da "pacificação". Essa violência não aparece em nenhuma estatística, em nenhuma fatura mórbida, mas é ela que orna os dias e as noites de nossas vidas contemporâneas.

As promessas insustentáveis da abundância

"Wentworth estava sentado numa pedra grande e plana, cercado de doces. Muitos eram maiores que ele. Os menores estavam empilhados, e os maiores jaziam no chão feito toras. Tinham todas as cores que os doces podem ter, tais como: Vermelho Não-Exatamente-Framboesa, Amarelo Limão-Falso, Laranja--Curiosamente-Químico, Verde-Um-Tanto-Ácido e Azul Vai--Saber. Lágrimas caíam pelo queixo dele aos montes. Como caíam entre os doces, a situação já estava seriamente pegajosa. Wentworth berrava. Sua boca era um grande túnel vermelho com aquela coisa trêmula cujo nome ninguém sabe pulando no fundo da sua garganta. Ele só parava de chorar quando a situação era respirar ou morrer, e, mesmo assim, aquilo se tornava apenas um momento de grande sucção, antes de recomeçar o berreiro. Tiffany soube imediatamente qual era o problema. Ela vira aquilo antes em festas de aniversário. Seu irmão sofria de privação trágica de doces. Sim, estava cercado por eles. Mas, dizia seu cérebro estragado pelo açúcar, no momento em que comesse absolutamente qualquer doce, significaria que ele *não estaria comendo todos os outros*. E havia tantos doces que *ele nunca seria capaz de comer todos*. Era demais com o que lidar. A única solução era deixar as lágrimas rolarem. A única solução, em casa, era colocar um balde na sua cabeça até ele se acalmar e retirar quase todos os doces de perto. Ele conseguia lidar com apenas alguns punhados de cada vez."[1]

Assim começa o episódio que poderia se chamar "Quero, quero, *quero* docinho!", de um dos romances infantojuvenis do escritor inglês Terry Pratchett, conhecido por sua obra de fantasia na qual figura uma sátira da sociedade contemporânea, não só a britânica. Essa é a nossa cena. Todos nós somos o pequeno Wentworth. É a profusão de negócios nos sites de revenda, como o eBay. A perplexidade dos clientes de um supermercado diante das centenas de iogurtes nas prateleiras de laticínios. Os mosaicos diários, nas telas, de milhares de modelos de roupas ou de móveis. Abertura máxima de possíveis e invasão de vistas paradisíacas, destinadas a todos os amantes de turismo, cujas viagens começam online. Pletora de funções e opções, de vantagens e paletas, tanto para

1. Terry Pratchett. *Os pequenos homens livres*. Trad. Ludimila Hashimoto. Rio de Janeiro: Bertrand Brasil, 2016, modificada.

comprar um telefone quanto uma motocicleta. Profusão incalculável de músicas, filmes e séries em aplicativos e sites específicos. Acesso instantâneo, para quem quiser procurar, a objetos raros ou à peça que falta a um aparelho. Mesmo as lojas de armas, em certos centros comerciais, parecem uma grande loja de brinquedos. Ou as lojas de drogas leves, em Denver ou Rotterdam, cujos designers e vendedores, com tablets na mão, fazem lembrar a Apple Store.

E mesmo fora das transações comerciais, as notícias do dia, os estranhos que encontraremos, os escambos astuciosos de competências, os horóscopos ou os detalhes da previsão do tempo desfilam, também, interminavelmente. Ao ritmo de uma renovação permanente que torna aleatória até a menor escolha, sob o registro de uma superabundância que prolifera indefinidamente – e que torna cada vez mais indistinguíveis o necessário e o supérfluo, o desejo e a tentação, o popular e o original. Porque a própria gratuidade é falsa. É interesseira, estratégica, cronófaga, sem que haja a necessidade de gastar dinheiro para que cada usuário se torne, por trás do argumento lúdico ou do impulso de colaboração, ele mesmo "moeda viva". Esse balcão de negócios sem fim que é o mundo, com sua segmentação em ínfimas diferenças, a velocidade de sua renovação e os chamados que nos lança incessantemente para aumentar nosso ser, mas, por outro lado, também rarefaz o nosso prazer e extingue nossa potência, nos esgota, nos desencoraja e, no fundo, nos dá medo. Um medo que não ousa dizer seu nome e porta a máscara reconfortante da promessa da felicidade.

Sentimentos familiares e, não obstante, tão pouco conhecidos: o pânico diante da abundância, a angústia face às possibilidades desmultiplicadas da saciedade, o medo diante da necessidade de uma satisfação otimizada. Porque a *satisfação ótima* ou *otimizada* é uma contradição em termos, o começo de uma inversão de desejo em aversão, de prazer em dor. As tradições budistas sabem muito bem disso, e desaconselham a plenitude da sensação, a se servir mais de uma vez à mesa. Também os filósofos se interessam por esses exemplos de buracos negros do corpo que são os bufês generosos demais, que transformam o apetite em náusea, ou a estranha síndrome do copo d'água que não mata a sede. Não só o desejo acometido do pânico da abundância é uma armadilha, fonte de infinita ansiedade. Do outro lado da saciedade, outros problemas começam a surgir: refeições industrializadas com embalagens atraentes, mas cuja ingestão regular destrói o sistema digestivo; o elegante carro esportivo alemão, um sonho de consumo, mas cuja potência será desperdiçada em longas horas de engarrafamento; o último modelo da tela *widescreen*, instalada no meio da sala, para assistir única e exclusivamente a séries medíocres e programas de televisão com cenários pavorosos.

Essa violência interior da abundância impossível aparece mais nitidamente em épocas de penúria. Na crise de 1929 e na Grande Depressão que a sucedeu, o economista inglês John Maynard Keynes, mais conhecido por sua doutrina da reativação pela demanda (que, dois anos mais tarde, inspiraria o *New Deal* do presidente Roosevelt), já tinha compreendido que a chave não estava na economia material ou financeira, mas na economia psíquica ou afetiva: "Não vivemos uma crise de escassez, mas uma crise de abundância; ora, não sabemos gerir a abundância; é o que provoca uma depressão nervosa universal". E completa, em termos pouco keynesianos, que "o problema número um da economia, doravante, é que não nos ensinaram a gozar".[2] Keynes vislumbrou que a ligação entre excitação e depressão, cujo enlace é estreitado pela abundância, é a causa de infortúnios mais profundos, no fim das contas, do que a espiral da crise e da depauperação acionada pela penúria. Ele antecipou, em suma, o que faria o pequeno Wentworh chorar. É essa inversão fóbica do tudo e do nada que faz da abundância a máscara enganadora que esconde uma escassez essencial: escassez do tempo livre, do trabalho satisfatório, do reconhecimento, do presente efetivamente vivido, escassez inclusive da moeda, esta sim inerente à economia – e isso ainda em 1930.

2. John Maynard Keynes. Possibilidades econômicas para os nossos netos. In: T. Szmrecsányi (org.). *Economia*. São Paulo: Ática, 1984, modificada.

Nesse mesmo momento, na aurora de uma década sombria e dessa aceleração da história que verá acontecer a pior guerra de todos os tempos e depois a revolução mundial do consumo, dois outros autores se debruçaram sobre o paradoxo da abundância – seja a fuga adiante mortífera ou a birra que paralisa a criança mimada. Georges Bataille, em um artigo que se tornaria *A parte maldita*, lança as bases de uma "economia generalizada" que leva em conta todos os fluxos de energia e a própria vida (tanto individual quanto coletiva) como circulação de energia. O dispêndio, nesse contexto, é mais determinante do que a produção, que foi sempre a prioridade da economia clássica. Da mesma forma que a energia, como no modelo da energia solar, sempre dá mais do que recebe, o dispêndio é excesso, sua abundância é excedente e, portanto, parte maldita. Esse excedente, mostra Bataille, é dispendido tanto na "extensão", a das conquistas e das guerras, quanto no luxo ostentado e improdutivo. Se a falta caracteriza a escala particular ou individual, o excedente é próprio do conjunto, do "nível geral". A questão é, portanto, a de saber como destruir esse excedente a fim de que ele não nos destrua. Para fazê-lo é que há o *consumo*, necessário à conservação da vida, ou seja, da continuidade da atividade produtiva, e a *consumação*: luxo ou guerra, portanto, mas também cultos, sacrifícios, jogos e espetáculos – o mundo asteca, por exemplo, sacrificava um inocente e queimava ritualmente todo o excedente da produção, fundando assim uma "sociedade da consumação". Podemos adicionar às hipóteses de Bataille que o capitalismo contemporâneo, com sua obsessão do crescimento *por si mesmo*, impôs, às expensas dos outros dois, um terceiro modo, ainda mais perigoso, de dispêndio do excedente; um modo tirânico que sequestrou do desejo o excesso e dissolveu, paulatinamente, o que para Bataille é a fundação de toda comunidade – a convergência das energias no sacrifício, no dom e na improdução.

Em 1930 também foi publicado um dos livros mais ambiciosos e discutidos de Sigmund Freud, *Mal-estar na civilização*. Esse livro estende ao coletivo humano e a toda a vida social as hipóteses da psicanálise sobre a pulsão de morte, o princípio do prazer, a neurose e a depressão. Ele descreve a vida das sociedades como "um combate entre a pulsão de morte e a pulsão de vida", entre o "isso" e o "supereu", entre dispêndio narcísico ou erótico e a "renúncia pulsional". Mas trata-se de um combate, insiste Freud, cujo resultado é sempre incerto, e que jamais exclui a autodestruição geral - era o que, ao mesmo tempo, ilustrava a ascensão do nazismo. Sob o verniz civilizado, sugere Freud, há um lobo adormecido em nós, cuja interpretação foi motivo de disputa por sucessivos leitores - necessidade de instâncias repressivas para domá-lo, segundo os exegetas mais conservadores, ou paradoxo da inibição que redobra a violência no esforço para dominá-la, para os comentadores mais progressistas.

A aproximação entre "dispêndio" e "consumo", e o avizinhamento da violência a esses dois, agora em termos energéticos e não mais econômicos, se inscrevem em uma filiação muito antiga. Ela remonta aos estoicos do mundo antigo, que já recomendavam limitar esses fluxos; a Spinoza e sua teoria dos afetos, segundo o qual a alegria e a tristeza dependem da circulação do desejo; e a um grande número de autores modernos - como o socialista Georges Sorel, que fazia da política uma verdadeira ciência física, na qual a exploração capitalista liberava um fluxo de energia destrutiva que só a violência revolucionária poderia reverter. Mas a psicanálise, que também se inscreve de sua própria maneira nessa tradição energética, é a mais apta a jogar alguma luz sobre essas antinomias e ajudar a pensar a violência contemporânea. A respeito da violência, no entanto, a tradição psicanalítica se vê dividida notavelmente entre os "instintivistas", que a veem como pulsão original, e os "ambientalistas", que a imputam aos afetos do meio em que se vive. É claro que a psicanálise também tem seus próprios limites, sobretudo em sua concepção do desejo como negativo, que consiste, como apontaram Deleuze e Guattari, em "reduzir a organização múltipla do desejo à lei binária da estrutura e da falta".[3] Mas ela tem a dupla qualidade, para o que nos interessa, de sempre reportar a violência ao desejo, demonstrando assim que a violência é inerente ao liame social, e de permanecer aquém de toda consideração moral, sugerindo inclusive que talvez houvesse ocasionalmente um "bom uso" da violência.

E, sobretudo, para voltarmos ao pequeno Wentworth, a psicanálise mostrou que a plena constituição do sujeito supunha que ele pudesse se representar a ausência, colocar a pulsão a certa distância, tomar sobre si a insatisfação do desejo e sua ambivalência necessária, constitutiva. O sujeito se forma no intervalo entre os desejos e seus objetos, mas também entre o presente da pulsão e a consciência de seus efeitos. É o bebê aprendendo a aceitar o afastamento da mãe, ou o adulto tentando sopesar em si o princípio do prazer e o princípio de realidade. A cada vez, trata-se de admitir o limite, de confrontar-se com ele e de incorporá-lo, condição *sine qua non* da autonomia psíquica e da regulação da violência. É o encontro de Freud com as prescrições do bom senso: aceitar que não se pode viver tudo, e viver o que se vive da forma mais presente possível, passando o mais longe possível dos arrependimentos e das fugas e tergiversações. Ora, o mercado – com as novas tecnologias, que são seu cavalo de Troia ubíquo – não se contentou em afastar esse limite: ele o pulverizou. É o carro com motorista disponível imediatamente. O parceiro sexual instantâneo a menos de um quilômetro. É assistir ao espetáculo cômico ou ao chefe de cozinha premiado, no conforto do lar, a qualquer momento. Técnicas e saberes transmitidos ou ensinados em um só clique. É, para uns petiscos depois do expediente, uma plataforma de *happy hour* que "organiza os imprevistos" – algo de um oxímoro que diz muito bem o fim do acaso e da incerteza, o tempo otimizado até o limite em que de-

3. Trata-se da fórmula de Michel Foucault, no prefácio da edição americana de O *anti-Édipo*. Cf. Michel Foucault. Anti-Édipo: uma introdução à vida não fascista. Trad. Fernando José Fagundes Ribeiro. *Cadernos de Subjetividade*. Núcleo de Estudos e Pesquisas da Subjetividade do Programa de Estudos Pós-Graduados em Psicologia Clínica da PUC-SP. Número especial, jun. 1996 (Dossiê Deleuze). São Paulo, 1993. pp. 197-200.

saparece enquanto efetivamente vivido. E, para quem tem meios para isso, a renovação das células do corpo ou a estadia em uma estação especial. Tudo está acessível imediatamente, otimizado de acordo com as circunstâncias, *customizado* para que seja só para si, ao ponto de não ser mais capaz de compreender quando algo não acontece imediatamente ou exatamente da forma como foi pedido – mas que escândalo. Falta ainda lembrar que, antes de ser facilitado pela revolução digital, esse acesso generalizado de todos a tudo é fundado sobre o crédito: o microcrédito dos bancos locais, que permite aos proletários dos países emergentes comprarem coisas com as quais seus pais nem podiam sonhar; o crédito para o consumo que serve, dessa vez para os pobres dos países ricos, para alavancar o poder de compra, mas também como instrumento de revestimento financeiro das populações; ou mesmo o cartão de crédito, sem contato e inteiramente biométrico, carta de admissão indispensável na sociedade.

Resta que, na era da abundância terminal, nada deve esperar, faltar, nem acontecer por acaso, atrasar ou ser improvisado. O que podemos chamar de "síndrome Tinder", baseado no nome do famoso aplicativo de encontros por localização GPS – que permite traçar precisamente um perfil e obter sem espera um parceiro sexual ou afetivo –, é ainda uma contrapartida ao consumo, ou ao "dispêndio", disso que é a ideologia produtivista para o trabalho ou o lucro: não deixar entre si e o valor (o do objeto cobiçado ou da empresa que o produz) nenhuma perda de oportunidade de ganhar, nenhum espaço vazio, nenhum tempo morto, nenhuma margem de erro. De uma tal demência, porque é isso que é, procede inevitavelmente a *forclusão* do desejo, como chamam os psicanalistas: sua aniquilação pela superssolicitação, sua perda, sua rejeição fora da esfera simbólica do sujeito, porque o regime simbólico supõe precisamente essa distância, essa ausência, esse intervalo de vazio que o mercado propõe suprimir. Eu quero, ou eu acredito querer, o que parece me ser destinado: e o que me impede de obtê-lo? Tudo se passa como se o conflito, a restrição, o negativo, declarados pelo mercado como nulos e inexistentes, não fossem mais passagens necessárias, pontos de partida de uma emancipação possível, mas terminassem por constituir, secretamente alojados no seio de nossa subjetividade, todo o horizonte de nossas vidas. O negativo, aqui, não é somente o do desejo, esgotado por sua promessa, sequestrado pela perda da distância, mas também (algo que o mercado encobre ainda mais) o de uma desigualdade de princípio face a tal profusão – que é inacessível à maior parte, e abandona à própria sorte todos aqueles a quem um banco não conceda crédito ou a quem o Tinder não encontre parceiro.

Em 1970, o obscuro Jacques Lacan, a quem se deve o conceito de forclusão (sua tradução do termo freudiano *Verwerfung*), evocava, em um de seus últimos seminários,[4] o "discurso do Capitalista" e o "mais-gozar" consumista, interrogando efetivamente sua relação com o slogan de 1968, "tudo é possível, tudo é permitido": "O objeto de consumo", explica Lacan, "forcluiu a castração". Poderíamos dizer: impediu o impedimento. Ele "deixou de lado as coisas do amor" e as substituiu por uma outra relação, ou, ao menos, substituiu esse objeto inconsumível e sempre faltante que Lacan chamou "objeto pequeno *a*" – e que alguns, menos esotéricos, traduzem como objeto do desejo, pessoa presente ou, simplesmente, amor. Podemos dizer de forma mais trivial: o desejo é *enganado* pelas mentiras da plenitude, da pletora e da fusão imediata – e não consegue se livrar delas.

Mal compreendido pela filosofia, que trata sobretudo de sujeitos, o consumo é principalmente uma questão de objetos e, mais ainda, de objetos enquanto signos, mas não por eles mesmos ou por seu valor de uso. Signos manipuláveis, intercambiáveis, frenéticos que, com a revolução digital, perderam seu último liame com o objeto material e as referências exteriores – uma vez online, os signos, privados de uma validação externa, inflam, se imitam e, como num leilão, disputam uns com os outros quem cobrirá a maior oferta. A abundância, de qualquer maneira, propõe obje-

4. Jacques Lacan. *O seminário, Livro 17: O avesso da psicanálise, 1969-1970*. Versão brasileira de Ary Roitman; consultor, Antônio Quinet. Rio de Janeiro: Jorge Zahar Ed., 1992.

tos ao infinito, entre os quais um amigo conectado, um colega de infância e um parceiro de vida são também objetos. Objetos pulsionais, substituíveis, suscetíveis eles mesmos à obsolescência. Mas a obsessão do objeto se coloca mais frequentemente, é verdade, sobre os objetos inertes, as coisas, mesmo se seu modo de usar as descreve como personagens – contra a solidão sexual, não temos mais apenas a boneca inflável, mas um namorado-robô, com boa conversa e estratégias de sedução incorporadas. Porque os objetos, tanto de colecionador quanto de sucesso ostentado, das nossas vidas online ou de nossos corpos com próteses, o dos jogos e o de todos os universos paralelos, são certamente mais confiáveis que as pessoas. E bem menos ingratos: eles ajudam, de maneira muito mais eficaz que um amigo distraído ou um cônjuge enfastiado, a suportar a violência socioeconômica, essa negação da existência da qual somos vítimas, todos os dias, no teatro do mercado. Para o meu *smartphone*, meus móveis escandinavos, meus legumes orgânicos, meu gato ou meus amigos de Facebook, eu existo. No entanto, uma tal relação de objeto, animista ou mesmo fetichista, recoloca evidentemente a negação da existência muito mais frequentemente do que a alivia, já que nenhum objeto pode nos dar o *reconhecimento*. É esse o retoque final, que coloca os sujeitos nas fronteiras da inexistência. São eles que se tornaram coisas, e não mais os objetos que tomaram vida, como nos havia prometido a grande prosopopeia das novas tecnologias.

Eis as vicissitudes da abundância: perda da experiência efetiva da vida, objetos-companheiros, desejo forcluído, acesso a tudo o tempo inteiro e seus efeitos sobre as relações sociais e o futuro do mundo. É toda a "violência do sonho", para retomar a fórmula do jornalista Ta-Nehisi Coates, que compreende aí sobretudo uma sociedade, na circunstância americana, "construída sobre cadáveres e escravos", os dos negros e ameríndios, do presente e do passado. Mas, para qualificar a agressão da abundância, seu sonho brutal, é necessário complementar e acrescentar a esses cadáveres tudo o que os tornou possíveis, toda essa morbidez suplementar, ou seja, de outras pilhagens, indissociáveis desse pedestal de mortos, assombradas sem dúvidas por seus fantasmas: a angústia difusa do bem-estar, a destruição do meio ambiente, a dissolução gradual da vida social, a extroversão apavorante do signo, destacado de qualquer referencial. É nesse enquadramento mais amplo que é preciso inscrever a perda da falta, essa "falta da falta" que desatina o desejo, o vazio de sua substância – e nos condena à prisão de nossas cidadelas interiores. É essa sombra que, decididamente, está sob a saciedade mercantil. Se o sonho parece realizado, para ficar em suas aparições espetaculosas, é porque a violência está plenamente consumada.

E o que sabemos por outras vias, e que tanto ressentimos, é que uma tal abundância, que isola cada um de nós, esvazia o desejo e se constrói sobre cadáveres, *nos fatiga*. De uma fadiga sem causa, da mesma forma que a abundância é sem objeto. Mas profunda. E talvez seja este seu único limite: a fadiga como freio a seu impulso, como contestação passiva da abundância. Nosso esgotamento geral como único limite à loucura otimizadora. A palavra *esgotamento*, aliás, diz muito bem: a abundância, com seu dispêndio obrigatório e sua fusão mentirosa, esgota as forças de trabalho na mesma medida em que esgota os corpos que consomem, esgota os recursos naturais na mesma medida em que esgota as psiquês, as fontes de energia tanto quanto os fluxos de energia social. "Os heróis do consumo estão cansados", escreve Jean Baudrillard em belas palavras, depois de afirmar que "a abundância e a violência andam sempre lado a lado, e devem ser analisadas em conjunto".[5] Essa fadiga nos violenta: *burnout*, esgotamento, depressão, drenagem dos nervos e dos corpos.

Estresse, furor difuso

Uma força misteriosa convulsiona nossos corpos. Acelera o coração, aumenta a pressão arterial e comprime os vasos sanguíneos, agravando o risco de ataque cardíaco ou AVC. Ao monopolizar o

5. Jean Baudrillard. *La Société de consommation*, op. cit., pp. 292 e 280.

organismo, essa força enfraquece o sistema imunológico e as defesas naturais contra as doenças. Com frequência, desregula a atividade intestinal e aumenta a acidez do estômago, provocando problemas digestivos, úlceras, queimaduras, refluxos ácidos. Além disso, dispõe de um hormônio específico, que envia ao cérebro um sinal que estimula a fome, mecanismo essencial para a reconstituição do corpo em caso de agressão, mas que, aqui, tem um papel importante no ganho de peso. O mesmo hormônio corrói o hipocampo, zona do cérebro voltada para a memória e a orientação, o que explica os esquecimentos súbitos e a perda de concentração. Quando essa força ocupa toda a atenção e impede ao sistema nervoso simpático de se colocar em repouso, ela perturba também o sono e, portanto, a saúde durante o dia. Ao dirigir o sangue dos vasos superficiais para os músculos, deixa a epiderme desabastecida, menos nutrida, e a pele fica sujeita a urticária e psoríase. Essa força se volta contra o hipotálamo, centro do cérebro ligado à libido, e esmorece a atividade sexual. Ela chega mesmo a desacelerar o crescimento dos cabelos, deixando o couro cabeludo dolorido. Esse conjunto tem consequências diretas sobre o ciclo menstrual e a produção de espermatozoides, ou seja, sobre a fertilidade e a reprodução. Uma força obscura e destruidora, certamente.

Um incômodo súbito, um som alto, um interlocutor hostil, um atraso de pagamento, uma reunião atrasada, um episódio de ciúmes, um transporte lotado, um patrão ameaçador, a promiscuidade excessiva entre os espaços de trabalho e da vida... – uma série de situações que deixam o campo fortuitamente livre para que essa força possa agir. Para destruir nossas relações, violentar nossos corpos, dividir nossas sociedades, encurtar as expectativas de vida. Essa força é menos gloriosa do que a cólera divina que inflamava os heróis antigos. Menos inquietante que o demônio dos tempos ancestrais, que submetia seu hospedeiro a convulsões e à loucura, e submetia todos os clérigos ao dever de exorcizá-lo, nem que fosse pelo fogo. É menos familiar do que a luxúria ou a cobiça, que autoriza alguns a saquear o mundo a seu entorno. É menos impressionante que a loucura sanguinária das ditaduras ou as ambições imperialistas e, portanto, não tem o mesmo prestígio histórico. Sem glória nem existência tangível, ela mal e mal dispõe de um nome, curto como um soluço, dado na falta de outro melhor: *estresse*.

Sua versão intensificada, mais especificamente ligada ao trabalho, leva suas vítimas à beira da morte ou da loucura e faz desabar carreiras meteóricas: o *burnout*, que conta agora com um manual oficial.[6] O estresse sempre existiu, mas nunca nessa escala tão sistemática, tão no seio de nossas vidas ordinárias. Ele atinge hoje, segundo levantamentos de saúde feitos na Europa e na América do Norte, ao menos três em cada quatro pessoas, e ao menos uma em quatro de forma diária.[7] O estresse, agressão exógena que o corpo volta contra si mesmo, é agora a violência mais ampla, mais constante, a menos visível e, portanto, a mais devastadora. Com o estresse, nossos corpos, cobertos de cortes e mutilações, não portam mais sobre si as cicatrizes da violência; eles as incorporam, as escondem da vista, as disseminam no organismo. Essencialmente socioeconômicas, suas causas, por outro lado, são mais tangíveis do que suas manifestações corporais – não há qualquer surpresa no fato de que o único país da União Europeia cujos habitantes se declaram mais "estressados" que a França seja... a Grécia.

A noção de estresse se deve ao endocrinologista Hans Selye (1907-1982), que, tendo nascido na efervescente Viena da *belle époque*, estudou em Praga e fez a maior parte de sua carreira na Universidade de Montreal. Sua abordagem da violência foi ecológica (no sentido dos efeitos do meio) e neurofisiológica.[8] Logo após e no decurso da Segunda Guerra Mundial, as pesquisas sobre etologia humana progrediram rapidamente, explorando os porões biológicos de nossos comportamentos: estava-se procurando a articulação entre o cérebro reptiliano, aquele responsável

6. Marie Pezé. *Le Burn-out pour les nuls*. Paris: First, 2017.

7. Segundo relatório do grupo Stimulus (disponível em: *https://www.stimulus-conseil.com/*), publicado em novembro de 2017, 24% dos assalariados franceses se encontram "em estado de hiper-estresse" e 29% "em estado depressivo avançado".

8. Hans Selye. *Stress: A tensão da vida*. Trad. Frederico Branco. São Paulo: Ibrasa, 2018.

pelos reflexos de sobrevivência, e o neocórtex, o responsável pelas escolhas e regulações; comparava-se a agressividade originada no sistema límbico, bem localizada, à agressividade originada no córtex, disparada por elementos simbólicos; tentava-se precisar o papel dos mediadores químicos do cérebro, como a serotonina, que inibe os impulsos agressivos, ou a testosterona, que os estimula. Mas o conhecimento da agressividade reptiliana, sobretudo feita de um medo e um nervosismo difusos, deu um passo importante com as descobertas de Selye nos anos 1950. Foi quando ele identificou os vários agentes do estresse (*stressors*), microbiológicos, térmicos, sonoros ou sociais, e a dupla reação do organismo a seu ataque e a todas as tensões vindas do ambiente – a síndrome *geral* da adaptação (SGA), modificação global do estado do corpo (febre, arritmia cardíaca, alterações metabólicas...) e a síndrome *local* da adaptação (SLA), caracterizada por inflamações mais pontuais (cutânea, ulcerativa...). Em seguida, mostrou como a ação conjunta dessas duas síndromes produz um desgaste difuso e um medo surdo, que por sua vez irrompem por todo o organismo, fazendo seus efeitos proliferarem. Em outras palavras, ele foi o primeiro a apontar o ciclo infernal do estresse: enquanto adaptação às agressões do ambiente, o estresse regula a violência no interior do corpo; mas as modificações que ele induz são, elas mesmas, violências feitas ao organismo, com inflamações irreversíveis e ciclos de autoengendramento. O estresse produz, simplesmente, mais estresse. Da mesma forma que a gestão química e farmacêutica do estresse, que logo se estabelece ubiquamente, o contém *e* o perpetua ao mesmo tempo, alivia em parte o organismo *e* o desarma contra o próximo ataque.

Mas é esse também o limite de uma abordagem estritamente neurofisiológica: ela não explica o contágio social do estresse, sua disseminação nas atmosferas de nossas vidas; nem a inércia das forças agressivas que o disparam – que não são mais contidas pelos anteparos de antigamente (voltaremos a isso) e que excitam, constantemente (como vimos), o trabalho em vista do rendimento e o espelho mercantil. São todos produtores do estresse: o trabalho, o desemprego, a socialização, a família, até mesmo o lazer. Na medida em que a crise econômica se instala de maneira duradoura e que a virada neoliberal generaliza a angústia e o esgotamento, o estresse contamina as subjetividades e as sociedades. No Ocidente, mas também, sob outras formas, nas regiões menos favorecidas do mundo, politicamente mais instáveis ou recém-liberadas do jugo soviético, sua prevalência enriquece os gigantes farmacêuticos e os psicólogos do comportamento, e faz o sucesso das academias de ginástica e dos fins de semana dedicados aos esportes radicais, dos *laser games* e do *paintball*, ou então da moda dos *Fury Rooms*, cuja filial em Paris abriu em outubro de 2017. Ali, o cliente pode desopilar a golpes de marreta, protegido por uma roupa especial e capacete, e estraçalhar louças, eletrodomésticos velhos ou materiais de escritório obsoletos: "pane no metrô?/teu chefe te deixa louco?/estressado?/cansado?/está com vontade de se aliviar ou só de se divertir?", diz, sobriamente, o panfleto. Para evacuar a violência interior do estresse, experimentem então a violência da marreta.

A prevalência do estresse inspira também o surgimento ou a reemergência de outras formas de sua regulação mais amenas, um pouco mais coletivas: espiritualidade *New Age*, pregações de desapego, *amor fati*, yoga e meditação, artes marciais, medicina alternativa, evolução dos hábitos alimentares, mas também despertares associativos ou solidários, e até mesmo iniciativas de ressocialização mais ou menos artificiais – não é certo, de fato, que a "festa dos vizinhos" anual seja tão eficaz quanto um comprimido de Frontal ou um tratamento com lítio. Mas, de qualquer maneira, ligações comunitárias mais estreitas e protocolos de apaziguamento herdados de tradições culturais mais tenazes favorecem a regulação coletiva do estresse mais na Ásia, na África e na América Latina do que no Ocidente – cujo famoso "declínio", no fim das contas, é um misto de desclassificação, má consciência e decadência psicossomática com tendências mórbidas. É também nas regiões fustigadas pela guerra e pela pobreza que as forças vitais são maiores, ou mais constantemente solicitadas e a rotina, por consequência, nem tanto.

Um percurso começa a se delinear. Entre violência sistêmica, perecimento dos anteparos (o Estado, a família, o exército...), falência da autorrepressão da agressividade e o ciclo neurofisiológico do estresse, o que se coloca é toda uma lei de circulação da violência. Ela tem seus difusores de influência, seus vetores midiáticos; suas lógicas atmosféricas, sua vibração afetiva; seus nós de congestão social. Mas essa lei de circulação tem, sobretudo, em todas as épocas e em todas as sociedades, seus canais de derivação, suas sublimações imaginárias e seus fenômenos de compensação – sem os quais seria simplesmente a lei da destruição. Porque os circuitos socioeconômicos e fisiológicos da energia violenta não a evacuam completamente. Eles sempre deixam subsistir, de maneira mais ou menos anódina, mais ou menos ameaçadora, um resto não expelido – individual e coletivo. Um resto, mais do que um instinto, de violência. Um resto trazido do campo de batalha, da jornada de trabalho, da história familiar ou simplesmente do burburinho da rua sob nossos apartamentos.

É esse resto de violência que, desde sempre, fazemos submergir nas águas efervescentes da cultura humana, onde pode ser reciclado, lavado, despejado no esgoto ou, pelo contrário, lapidado, irrigado, fertilizado. Na extremidade do circuito, em outras palavras, encontramos o que a cultura, as práticas rituais e as representações *fazem* com a violência, o que elas fazem precisamente desse resto de violência – saciá-lo no esporte, sublimá-lo esteticamente, vencê-lo nas ficções, invocá-lo nos sacrifícios, convertê-lo politicamente etc. A história humana é marcada pela série dessas operações, de espaços em que elas tiveram lugar, dos ritos que elas requereram. Sabemos o papel do teatro trágico na Grécia antiga; do sacrifício na América pré-colombiana; das justas de cavaleiros na Idade Média; ou mesmo dos folhetins da imprensa europeia na virada do século XX. A pirâmide, o anfiteatro, o campo ou o lugar público foram os lugares de uma descarga simbólica da violência, uma descarga ritualizada, que evacuava emocionalmente e, quando obtinha sucesso, a superava coletivamente. O expurgo das paixões, como dissemos, sempre tem lugar; é ele que está no princípio de toda cultura. E hoje, onde está exatamente?

O pouco que nos resta ou *a catarse engasgada*

Estádio Olímpico de Berlim, 9 de julho de 2006. Nos últimos minutos da final da Copa do Mundo, disputada entre a França e a Itália, Zinedine Zidane, capitão do time da França, que jogava sua última partida antes de sua já anunciada aposentadoria do futebol, dá uma cabeçada no peito do jogador italiano Marco Materazzi, que lhe insultava copiosamente. Expulso, Zidane deixa o futebol com um cartão vermelho. Minutos depois, a França perde a partida para a Itália, nos pênaltis. O arroubo de Zidane, o homem que levou a França à vitória em 1998 e foi considerado pelos especialistas como o melhor jogador europeu de todos os tempos, não atingiu apenas Materazzi, mas todo o público francês, dividido desde então entre defensores e detratores da cabeçada mais famosa de nossa época. Aimé Jacquet, ex-técnico da seleção francesa, explica que "Zizou é muito reativo e, infelizmente, não soube se controlar". Gérard Houllier, outro ex-técnico da equipe francesa e comentador da partida em questão pela emissora TF1 estima, por sua vez, que "alto nível também quer dizer o domínio de seus próprios nervos". Pressionado a se explicar, Zidane só o fez uma vez, pela televisão, dois dias mais tarde, em meias-palavras: "Materazzi me dirigiu palavras muito duras, mais duras que um gesto, sobre a minha mãe, minha irmã, e repetiu essas palavras diversas vezes. Daí em diante, foi tudo muito rápido [...]. Antes de tudo, eu sou homem. Eu preferia levar um soco na cara do que ouvir isso. Certamente o que eu fiz não se deve fazer, e eu me desculpo em alto e bom som para todas as crianças que viram o meu gesto, para todos os educadores que nos dizem o que deve e o que não deve ser feito. Mas eu não posso me arrepender desse gesto. Isso seria equivalente a dizer que ele [Materazzi] tinha razão, e ele sobretudo não pode ter razão. O que eu detesto é que sempre se pune a reação. Mas, sem provocação, não há reação. Vocês acham que a dez minutos do fim da minha carreira eu iria fazer um gesto desses só por diversão?".[9]

Das discussões de mesa de bar aos editoriais da grande mídia, as opiniões se dividem. Entre os que acreditam ser imperdoável o gesto do jogador multimilionário e os que julgam os insultos pessoais em voz baixa mais violentos que apenas uma cabeçada. Entre os que o imputam a tudo o que estava em questão naquele momento, num esporte hiper-midiatizado assistido por bilhões de pessoas, e aqueles que veem nesse gesto a herança indomada de uma infância nos bairros pobres de Marselha, o peso de determinismos mais importantes que o dinheiro – e com isso se entristecem ou, igualmente, se alegram. Ou, ainda, entre aqueles que se atêm unicamente às regras do jogo, fazendo da infração o limite que não deve ser ultrapassado, e os que integram esse deslize à dramaturgia espetacular do esporte mais popular do mundo, e que não seria surpresa que se pareça, às vezes, com os combates dos gladiadores do Coliseu. A cabeçada de Zidane, que ficará por muito tempo na memória da "geração de 2006", se vê declinada em mil formas. Criou-se um joguinho online, em que o jogador deve bater em vários Materazzi antes de ser expulso. O single *Coup de boule* ["cabeceada"] esteve entre os mais vendidos na França em 2006. Os Webcomics, quadrinhos online, utilizaram copiosamente a referência. Uma peça de teatro satírica se inspirou no episódio. Camisetas e canecas que retratam o ocorrido venderam como água e isso se tornou tema de *talk-shows* na televisão, dos dois lados do Atlântico. Em 2012, o escultor Adel Abdessemed transformou a cena em uma escultura de bronze de cinco metros de altura, que foi colocada na explanada do Centre Georges-Pompidou, em Paris. No começo do mangá *Space Brothers*, criado em 2007 por Chuya Koyama (cuja adaptação para anime foi ao ar de 2012 a 2014), a cabeçada tem um papel-chave: é reproduzida por um dos protagonistas

9. Mon geste n'est pas pardonnable (entrevista). *Le Figaro*, 12 jul. 2006.

contra seu chefe, o que provoca sua demissão e o lançamento de sua candidatura à Agência Japonesa de Exploração Aeroespacial (JAXA). A virada emancipadora desse gesto icônico se vê, aqui, manifesta: graças a ele é que o personagem se livra do patrão e pode partir para conquistar o espaço.

Por trás dessa retomada pop-cultural há, nesse instante único, transmitido ao vivo para o mundo inteiro, um bom número de ingredientes da velha questão do expurgo das paixões. Temos a lógica energética que circula no esporte-mercado, da qual parece que Zidane sai por alguns segundos. Há a ambivalência inédita do esporte em geral na sua relação contemporânea com a violência: ele a recanaliza sobre o campo, mas também dialoga com ela, fazendo da rivalidade o horizonte obsidente do jogo, permitindo que a violência seja saciada pelo espetáculo televisivo, mas também que seja reinventada em seus transbordamentos furiosos – em alta contínua há quarenta anos. Os *hooligans*, que espancam seus "inimigos" depois dos jogos e conseguem penetrar as teias das redes securitárias, tinham como primeiro slogan, na Inglaterra dos anos 1980, um grito niilista que não sabemos a que tradição filiar, algo entre a provocação punk e a extrema direita enervada de ódio: *We Hate Humans!* (Odiamos humanos!). Porque, junto com um hooliganismo nazistinha rasteiro, também nasceu um hooliganismo autônomo ou antifascista, especialmente na Itália. No decurso da história moderna, o poder pouco a pouco instituiu o esporte como substituto às festas juvenis e aos carnavais populares, tidos como incontroláveis; parece, no entanto, e sobretudo com a violência esportiva, que ainda há muito a ser feito, tanto com a violência que o poder tenta enquadrar quanto com aquela que ele mesmo desencadeia. Por sua vez, os expurgos – diretamente sociais – não são desvinculados dos desígnios do Comitê Olímpico Internacional, a quem interessa que os Jogos Olímpicos tenham lugar em países do Sul, desde as centenas de estudantes mortos pela polícia em 1968 no México até as favelas cariocas ocupadas pelo exército em vistas das Olimpíadas de 2016 no Rio.

Ainda na cena da cabeçada, há a contradição entre o mito heroico da vitória, que supostamente apagaria um passado doloroso, e a persistência vital daquilo que constitui um homem – infância difícil, lições de vida, autonomia pessoal, honra e dignidade. Ou, de forma ainda mais simples, nos termos do psicanalista Erich Fromm, que há cinquenta anos distinguia, na busca da emancipação, a liberdade "positiva" de fazer (*freedom to*, "liberdade para") e a liberdade "negativa" como desconfiança e extirpação (*freedom from*, "liberdade de", "liberdade em relação a"). O autor de *A anatomia da destrutividade humana* enxergava melhor do que muitos a violência como circulação: a "impotência" face à agressão provoca, em dado momento, um "impulso compensatório" que é, ao mesmo tempo, um desejo de vingança e o gesto salutar de retomada do "controle de sua própria vida".[10] Fromm é o melhor advogado de Zizou – para o psicanalista, este teria agido por si mesmo, e não como modelo, referência ilibada ou novo patriarca da nação.

Mas a psicanálise, sobretudo, sempre colocou no cerne de um tal circuito a presença necessária de uma mediação ternária. Sem ela, nada impediria os enfrentamentos diretos, nada limitaria a contradição nem desativaria o antagonismo do cara a cara. Do rei Salomão do Antigo Testamento ao mediador conjugal de hoje, esse terceiro tem menos a função de resolver o conflito, de julgá-lo bom ou mau do que de oferecer um enquadramento, e, portanto, um limite exterior ao enfrentamento. Um espaço fora das paixões, no qual este poderia se dissolver, ou ao menos se atenuar. Poderíamos dizer, bem rapidamente, que desde o começo da era moderna essa função de terceiro espaço, ou de enquadre exterior de mediação, foi desempenhada por duas instâncias: na escala da sociedade, pelo poder público, sobretudo o Estado e a justiça e, na escala privada, pela célula familiar. Vimos que, entre seu descrédito generalizado e sua virada punitiva recente, o poder público encontra agora dificuldades em desempenhar esse papel. Quando

10. Erich Fromm. *La Passion de détruire: Anatomie de la destructivité humaine*. Trad. fr. Théo Carlier. Paris: Robert Laffont, 1975. [Ed. bras. *Anatomia da destrutividade humana*. Trad. Marco Aurélio de Moura Matos. Rio de Janeiro: Edição Guanabara, 1987].

a votação de uma lei faz os cidadãos descerem às ruas, quando a burocracia é ressentida por aqueles que administra como sendo um polo de poder e de restrição, e não mais de proteção, e quando a absolvição concedida a um grupo de policiais inflama o bairro em que cometeram suas infrações, isso quer dizer que esse papel de terceiro não está mais sendo desempenhado – e que sua ação é agora mais suscetível a desencadear a violência do que contê-la.

Quanto à família, sua delimitação cada vez mais fluida, entre separações e recomposições, e sua crise enquanto instituição de autoridade a colocam num lugar em que desempenhar esse papel é cada vez menos possível. Para o bem ou para o mal, a família permanece como um lugar de aconchego, muitas vezes de uma imersão afetiva vital, mas funciona cada vez menos como mediação entre cada subjetividade e, em relação ao exterior, os rigores da sociedade. Observa-se agora, aí, uma desmultiplicação das fontes de influência, online e offline. Uma individualização das práticas, à medida que as redes sociais substituem a saída do domingo e a televisão substitui a conversa do jantar. Uma menor ascendência dos pais sobre os filhos, que, agora, não precisam mais "matá-los" simbolicamente e nem, finalmente, reconhecer sua autoridade. E uma divisão menos nítida do trabalho parental, no qual, tradicionalmente, a mãe encarnava o vínculo incondicional e o pai, a lei simbólica, o papel da palavra como liame com o exterior. Daí decorre uma menor transmissão vertical, mas também uma menor oposição, que permitia a certos filhos não reproduzirem o destino de seus pais. Em vez de desviar a violência, de recusá-la ou ainda de retomá-la conscientemente por sua própria conta, e, em todo caso, de se tornarem os protagonistas de suas próprias narrativas, cada vez mais os filhos se veem destinados a "*exercer* uma violência que é a de seus pais", ou a "reparar", compensar, fazer o que eles não puderam fazer – como dizem os psicanalistas, para assinalar que a família em crise de hoje é prejudicial aos filhos. Ela é cada vez menos esse terceiro que faz a mediação, vetor de sua autonomia futura; e cada vez mais essa cena mutilada, o condutor direto das violências exteriores.

Sobra a política, com afinidades ardentes e engajamento deliberado. A política, para gerações inteiras, forneceu uma outra forma de mediação, um outro polo de referência, que não é nem o do Estado, desqualificado, nem o da família, ridicularizada. Ora, aqui também o circuito energético se encontra hipertrofiado, ou orientado na pior das direções, na falta de uma relação com o futuro que permita que aí se projete positivamente, e suscetível a reunir os descontentes, arrebanhar os engajados. Quando a política extraestatal é sobretudo a dos ódios etnoculturais, dos bodes expiatórios vilipendiados nas redes, das iras fúteis em busca de um objeto, ela provoca um aumento geral da violência. Parece que retornamos a Frantz Fanon, o psiquiatra martinicano que investiu suas últimas forças na luta pela Independência da Argélia, e morreu cinco meses antes de vê-la livre. Fanon chamava de "círculo do ódio" essa espiral energética desatinada ao longo da qual a brutalidade dos dominadores e a violência reativa dos dominados só fazem reforçar uma à outra, se estimulando reciprocamente.[11]

Hoje, talvez esse papel de mediação por afinidade dependa menos das novas facções políticas, por demais excludentes, e mais, sobretudo para os mais jovens, de uma certa forma de *fazer corpo*: em conjunto, mas aquém da política - numa lógica subversiva e não programática, mais semelhante ao Carnaval e às festas do passado distante do que dos engajamentos partidários do passado próximo. O festival americano do *Burning Man*, em que tudo é possível por alguns dias em torno de uma grande efígie em chamas; as *raves* e outros festivais *techno* europeus antes de sua normalização comercial; os *flashmobs* instantâneos, mobilizações-surpresa que acontecem em poucos minutos, que acontecem por uma causa simbólica; os canteiros comunitários de obras feitos por coletivos rurais, nesta ou naquela vizinhança, e que contam com a presença de milhares de jovens colaboradores. Com seus transes e suas representações, esses fenômenos ocupam o lugar da política co-

11. Frantz Fanon trata da "reorientação e descarga" da violência do colonizado em *Os condenados da terra* (Trad. Enilce Albergaria Rocha e Lucy Magalhães. Juiz de Fora: Editora UFJF, 2005).

mum, são coletivos em ato – mesmo que só muito raramente. Mas salvo esses novos rituais, que têm sua origem numa autogestão coletiva da violência, resta que nem o Estado, nem a família, nem o engajamento político sob suas formas "tradicionais" são capazes de recanalizar, e menos ainda apaziguar, as paixões. É necessário, então, apostar tudo no expurgo cultural dessas paixões: ficções, mitos, debates públicos, espetáculos e, mais do que tudo, imagens.

Tudo nos remete, no fim das contas, ao enigma milenar da *catarse*. O termo vem do adjetivo grego *katharos*, que designa uma relação com as paixões que consiste em separar o bom do mau. Na religião, se aplica aos ritos de purificação. Na medicina, próximo da lógica homeopática, a apresentar a cura como injeção mínima do que é mau – só o suficiente para nos curar de verdade. Como princípio político, tem a ver com a derivação do infortúnio coletivo em uma causa ficcional, detestável ou reconfortante, que aliviaria aqueles que aderem a essa causa. E tem a ver, sobretudo, com a poesia e a música ou, em sua origem, com o teatro (mas também, já há cem anos, com o cinema e a televisão): a catarse consiste no alívio da alma, que será liberada de seus tormentos pelo espetáculo de tristezas imaginárias ou de impressões avassaladoras, fazendo-a sair de si mesma. A catarse é, para a alma, "um alívio acompanhado de prazer", define Aristóteles na *Poética*.

Podemos lembrar ainda que, se a tragédia, conforme Aristóteles, previne o mal ao suscitar em seus espectadores "o terror e a piedade", a comédia pratica uma catarse mais direta, embora menos valorizada pelos tratados gregos ou posteriores: o cômico é sem dúvidas mais eficazmente catártico que o trágico e, *a fortiori*, que o sentimentalismo hollywoodiano. Altamente contagioso e dotado de motivos pouco racionais, o riso é ele mesmo indissociável da violência – que pode iniciá-lo ou inspirá-lo e permanece, como o sentimento mesmo da existência, o fundo obscuro de onde ele surge –, e constitui uma descarga passional e pulsional muito mais física, nitidamente menos simbólica, com suas arfadas respiratórias, a dilatação das vias respiratórias, o relaxamento dos outros músculos. E é menos uma compensação, então, do que uma derivação interna da violência – é como se ela passasse, literalmente, por outras vias. Rir – e aí compreendido o riso nervoso da fadiga, o riso lacrimejante do medo afastado ou quando se ri até babar ou se torcer – é e sempre foi, face à violência, o melhor remédio. A mais benigna e a mais eficaz de suas derivações. Mas rimos menos abertamente, hoje, do que debochamos, ironizamos, zombamos, escarnecemos ou nos divertimos: estas são modalidades menos congregadoras, e por isso menos apaziguadoras, do riso imemorial. Rimos de maneira mais quadrada, mais amarela, quer dizer, mais triste.

Podemos repartir, dessa vez sem rir, a catarse cultural em três modalidades principais, que se cruzam: o narrativo, ou as histórias que nos contam; o enunciativo, quando somos nós que tomamos a palavra (para contar histórias ou afirmar um ponto de vista); e o escópico ou visual, vasto contingente de imagens que vai do cinema à foto de imprensa, das artes plásticas a tudo o que se exibe sob a forma de pixels em nossas telas.

O expurgo narrativo, para começar, é uma questão ancestral, desde a Bíblia e suas histórias terríveis com milhares de massacrados. É Moisés, em sua fúria contra o culto ao Bezerro de Ouro, que manda os israelitas matarem uns aos outros durante o êxodo; ou o inimigo babilônio, a quem é lançada a doce diatribe: "Feliz aquele que se apoderar de teus filhinhos para os esmagar contra o rochedo!". As epopeias que se seguem não são também um mar de rosas, da *Ilíada* de Homero ao Cavaleiro Lancelote do Lago e seus feitos de bravura, ou então o *Mahabharata* hindu, a "grande guerra dos Bharata", as mitologias astecas dos cinco mundos, que contam cinco apocalipses apavorantes. E, se a virada do Renascimento vai pouco a pouco adicionar a essas carnificinas épicas as escritas autobiográficas e os romances de amor, será sobretudo para contar em primeira pessoa o sofrimento de viver, ou detalhar os tormentos devastadores da paixão amorosa. Uma longa tradição que prolonga, assim, estimulada pela violência midiática do entorno, nossa autoficção contemporânea, tão rica em estupros, incestos, memórias de guerra e fantasmas de psicopatas. É claro que é difícil julgar de uma só vez as dezenas de milhares de títulos anuais da literatura de ficção pelo mundo. Mas, em vista de seus *best-sellers*, parece que o público concede sua anuência à boa e velha catarse do antídoto: o sortilégio que se volta contra a violência – uma violência magicamente derrotada por novos heróis, quer se utilizem de magia e bruxaria, da decifração de enigmas ou do rito sexual. Não é por acaso que *Harry Potter*, Dan Brown (de *O código Da Vinci* a *Inferno*...) e a trilogia *Cinquenta tons de cinza* são os campeões de venda desse início de milênio. É o retorno, nas livrarias, de uma atmosfera criptogótica de magia negra e sortilégios diabólicos, que estava fora de moda havia mais de um século. Exceto que hoje nos ocupamos menos dos livros que das inúmeras imagens, elas também sombrias, e temos mais pressa de nos exprimir do que de ler uma história.

Com a revolução digital, uma nova pulsão apareceu, que poderíamos denominar *enunciativa*: a catarse, dessa vez, consiste na liberação da palavra, expressão de afinidades codificadas, o alívio de poder finalmente fazer com que se entenda o seu ponto de vista – mesmo se não há resposta outra, em blogs ou fóruns, que o silêncio eterno dos espaços infinitos da Rede. Psicólogos e cognitivistas ainda estão debatendo as virtudes e os vícios da palavra no meio virtual para a nova energética social da violência. O que já sabemos, por outro lado, é que para além das querelas de opiniões – que continuam a ser violências ao teclado –, rumores e fofocas, ecos e maledicências, ou seja, uma boa parte do fluxo verbal nas redes sociais, têm suas consequências IRL (*in real life*, na vida real), para dizer nos termos dos internautas que designam o mundo palpável que persiste ao lado das redes. Subestimada e ainda pouco conhecida, a violência virtual explode, e consiste sobretudo em assédios maliciosos nas redes sociais. O *cyber-bullying*, no original em inglês, vai do *slutshaming* (algo como "tachar de vadia", a humilhação feita a uma mulher por ser sexualmente ativa) aos deboches em série tendo todos o mesmo alvo, e atingem principalmente os adolescentes. Nesse grupo, os casos de suicídio que se sucedem a um episódio de assédio virtual são cada vez mais frequentes.

Quer tenha sua origem numa necessidade de reconhecimento nas redes, em uma romantização do sofrimento adolescente ou no velho acerto de contas entre turmas e colegas, essa violência enunciativa faz estragos – em 2014, 12,5% dos adolescentes franceses relataram ser ou já terem sido assediados virtualmente, segundo uma pesquisa alarmante da UNICEF.[12] E, para além da juventude, esse extravasamento verbal é também mortífero quando opõe entre si, nas redes, comunidades norte-americanas e categorias sociais chinesas ou africanas.

Ou então quando é manipulado pelos trolls do BJP, o partido nacionalista indiano de Narendra Modi, um primeiro-ministro que conduz virtualmente, pela infiltração de suas zelosas facções, uma guerra feita com mentiras, delações e injúrias pessoais contra seus numerosos adversários, a esquerda ou os muçulmanos: "estamos normalizando o ódio", conclui um deputado em Nova Délhi.[13] Das redes adolescentes aos fóruns políticos, a vítima é, em todo caso, a mesma: a verdade, aquela das vidas reais ou dos fatos atestados, substituída pelo dilúvio inquietante de *fake-news* e da "pós-verdade".

Violência escópica e tirania da visibilidade

Você já tentou correr o mais rápido que pode na direção de um muro, para se chocar contra ele com todas as suas forças? Já tentou nadar no meio dos tubarões com roupas de banho recheadas de camarões? Cheirar *curry* até vomitar? Pular de um avião sem paraquedas? Enfiar fogos de artifício no ânus e acendê-los? Já tentou acordar alguém enfiando insetos em sua boca? Ou urinando em cima dessa pessoa? Já tentou fazer um concurso de socos na cara? Oferecer suas nádegas como alvo de dardos? Ou só a tortura elétrica com estimuladores musculares no rosto?

Os palhaços suicidas com tendências masoquistas que praticam esse tipo de atividade não são candidatos ao *Guinness*, o livro

12. Près d'un tiers des ados français a déjà pensé au suicide. *Libération*, 23 set. 2014.
13. Narendra Modi, maître des trolls. *Le Monde*, 22 ago. 2017.

dos recordes, nem encarregados de criar torturas inéditas para o Exército americano. São a equipe da revista *Big Brother*, publicação sobre *skateboarding* surgida na Califórnia: Jeff Tremaine, David Carnie, Rick Kosick, Chris Pontius e o chefe, Johnny Knoxville. Um dia, em 1998, este último teve a ideia de testar em si mesmo e em Tremaine dispositivos de defesa pessoal, filmando tudo. Um episódio piloto foi produzido pouco depois e vendido a diferentes mídias alternativas graças à ajuda de um amigo de longa data, o diretor Spike Jonze. Em 1999, o canal de TV por assinatura *MTV* adota a produção: nasce o célebre programa *Jackass* (gíria norte-americana que significa "babaca", "idiota"). Em 2001, o senador Joseph Lieberman tentou proibir o programa, sem sucesso, e este se tornou, em 2004, a atração mais assistida na TV a cabo pela faixa etária de 15-24 anos, antes de surgirem os concorrentes *Fear Factor* e *Dirty Sanches* ou, no Reino Unido, *The Hurting*. Apesar da advertência clara no início de cada episódio de *Jackass*, que lembra que esses feitos são obras de dublês profissionais, assistidos por uma equipe médica, diversos adolescentes tentam imitar suas "proezas", multiplicando os acidentes, às vezes fatais. Mas a novidade do programa se deve menos a sua inventividade admirável e contagiosa, no âmbito das idiotices perigosas, que sempre existiram, do que ao fato de serem filmadas. E são filmadas justamente para o reconhecimento dos pares, para o êxtase de revê-los juntos e, em pouco tempo, com a internet, para a difusão viral das melhores travessuras.

Jackass ao mesmo tempo escarnece e celebra o corpo que se põe em perigo. Mas, ao aplicar esse tom satírico e o viés documental de reality show, o programa captou uma dimensão capital da atmosfera dessa virada de milênio: a fascinação assumida dos corpos passivos diante de uma tela pela violência supostamente *realista* que ali se expõe, se explode, contrasta com a violência épica dos mitos e a violência histórica dos massacres, contadas até agora pelas narrativas milenares da cultura humana. Em geral muito menos engraçadas que as travessuras de *Jackass*, a brutalidade exposta e a crueza da imagem caracterizam a nova violência escópica. É como se estivéssemos lá, com o corpo agitado por um tremor fugaz, só que com o conforto regozijante de não estar realmente. Em um dia como outro qualquer, nossas telas exibem corpos despedaçados, torturas jamais vistas, assassinatos selvagens, pilhagem de cidades inteiras, furiosos embates corpo a corpo, catástrofes naturais de grandes proporções. Para além da ficção, em que esses banhos de sangue são o lugar comum, há também os cadáveres que formam o pano de fundo das imagens da atualidade e da guerra ou da migração, os debates de palanque que terminam em pancadaria, mas também a profusão da pornografia online, cada vez mais brutal.

Estamos longe das carnes afrontosas de Rubens, dos desenhos de guerra de Goya, das rixas e dos impudores da rua. E, ainda mais longe, para ficar na pintura enquanto imagem, do que um jogo de luz como o de Caravaggio, com seu *chiaroscuro*, poderia sugerir sobre a verdade da violência – ele, que pintava a violência como algo que espera nas sombras, e que saía aos tapas nas ruas de Nápoles aos trinta e cinco anos de idade, como um adolescente teimoso (morreu aos trinta e oito). Sobre nossas telas de hoje, por outro lado, a violência acende em neon, é literal, frontal, continuamente desencadeada. Nossos ancestrais, mesmo nossos avós (sabemos disso, mas esquecemos rápido demais), jamais viram e sequer podiam imaginar tais violências, e menos ainda seu desfile constante – algo que, por sua regularidade, nos dessensibilizou: é preciso muito para nos chocar.

Esse superconsumo de imagens hostis tem, portanto, o efeito da banalização da violência que, sob essa forma puramente escópica, parece menos dubitável, e, ao fim das contas, aceitável. A imagem contínua não só empalidece as emoções e o senso moral, mas pode também justificar diretamente a violência real, política ou militar. Ou então suscitar uma emoção modulada, construída, artificial, em que se acomoda muito bem a violência em questão. Quando Jack Bauer, herói da série *24 horas*, tortura suspeitos de pele escura para tentar impedir o próximo atentado terrorista, ele faz, ao mesmo tempo, com que Guantánamo – a prisão invisível aberta ao mesmo tempo pelo governo americano na "guerra contra o terror" – se torne um mal absolutamente necessário. Quando, de repente, fotografias revelam as práticas do Exército americano nas masmorras de Abu Ghraib, em Bagdá, suscitando o opróbrio unânime, é como se o cidadão global tivesse se tornado um pouco mais difícil de se comover. E, em 2015, a foto do menino sírio Aylan Kurdi correu o mundo – o menino, de três anos, foi encontrado afogado numa praia turca – e despertou as indignações, isso era em si um dispositivo: "Quando queremos fazer de uma imagem um símbolo, vamos sintetizá-la, simplificá-la, ou seja, estereotipá-la",[14] disse André Gunthert, historiador da cultura visual, a respeito da "produção" midiática dessa foto, na semana em que suscitou uma comoção mundial. Porque a violência do visível, e hoje ainda mais do que antigamente, não é propriamente a do conteúdo, mas está relacionada a seu dispositivo, seu enquadramento, sua montagem, seus usos, que sugerem uma visão de conjunto, escondendo o que há aí de transgressor, designando papéis preestabelecidos: os poderosos no papel da violência necessária, as médias no da exposição corajosa, os espectadores no da passividade que se indigna – como também lembra a filósofa Marie-José Mondzain, para quem uma imagem de carnificina não fabrica criminosos, mas reforça a ordem do mundo.[15]

Alguns duvidam da tese segundo a qual, por suas imagens violentas, esse novo "império do visível", como o denomina a mesma filósofa, asfixie a resistência mas não crie comparsas. Depois que um tal desfile sangrento começou sobre nossas telas, a ele se seguiram estudos e pesquisas. Albert Bandura, e depois Leonard Eron, ambos psicólogos americanos, estabeleceram, desde os anos 1970, uma correlação entre violência televisiva e agressividade juvenil. Nos anos 1990, o *National Television Violence Study* da Universidade de Santa Barbara, na Califórnia, que analisou 2.500 horas de programação, mostrou que mais de

14. La violence de l'image sert de levier pour agir sur la sensibilité du grand public (entrevista). *Les Inrockuptibles*, 4 set. 2015.

15. Marie José Mondzain. *L'image peut-elle tuer?* Paris: Bayard, 2002.

dois terços das violências exibidas não eram punidas, e frequentemente recompensavam-se seus perpetradores, convencendo uma parte variável dos espectadores da impunidade e dos benefícios da violência. Deveríamos concluir que um tal espetáculo de morte leva à perda da infância? Ou então, como no filme epônimo de Oliver Stone (1994), na formação de uma nova geração de "matadores natos" (*natural born killers*)? Certamente a questão é mais complexa. Ela tem a ver, como insiste Mondzain, com a distribuição dos papéis em ambos os lados da tela, e com o artifício estratégico dessas imagens. Mas também, nessa mesma lógica, com o funcionamento mesmo da televisão, uma mídia canibal que vende seus telespectadores, ou seu tempo de atenção, aos anunciantes que a financiam – da mesma forma que os gigantes da Web, com seus sites gratuitos, revendem os dados pessoais de seus usuários a fim de refinar os alvos do marketing.

Mais que a imitação direta do que é visto na tela, a violência escópica é uma questão de construção social, de dispositivo cênico, de interpassividade generalizada (da mesma forma que falamos de interatividade), que nos faz os coespectadores impotentes de uma brutalidade sempre reinventada, com a qual consentimos. Mesmo que existam, é claro, casos em que uma violência na tela é finalmente consumada fora da tela. Como a dos jovens de Toulouse, traficantes de anfetaminas que, em julho de 2015, depois de assassinar uma estudante que lhes devia dinheiro, tentaram dissolver seu cadáver em ácido, "como na série *Breaking Bad*", segundo sua própria confissão.[16] E, mais comuns, as carnificinas com fuzis nos Estados Unidos, perpetradas a seus colegas por um aluno ou estudante sem história, cuja solidão, timidez e o "vício" banal em videogames e séries violentas serão revelados por uma investigação posterior. É muito mais frequente reproduzirmos a violência do que a des-realizarmos, tomados entre a apatia e a superexcitação, a atitude de zumbi e o pavor dos fantasmas vistos na tela.

16. Meurtre inspiré de "Breaking Bad" à Toulouse: quatre personnes mises en examen. *Libération*, 8 ago. 2015.

O que se coloca, novamente, é a questão do *resto*. O resto dessa explosão de adrenalina fabulosa injetada pela prática dos videogames violentos, e que persiste depois que a tela é desligada, na ponta dos dedos, no fundo dos olhos. O resto desse gozo escópico da crueldade, dessa vingança do herói na série, gozo que sabemos ser ficcional, mas cujos traços nervosos e afetivos duram mais em nós do que a memória precisa do episódio assistido. Ou o resto desse desejo sexual desatinado, tornado histérico, solitário e todo-poderoso, que alimenta a inundação das imagens pornográficas, mas que sempre sobrevive, insatisfeito ou envergonhado, ao alívio masturbatório. Algo perdura, nas terminações nervosas ou imaginárias, e faz da frustração um ingrediente-chave da nova relação com a violência. É o que faz da retenção corporal e da remanescência visual os modos de existência ordinários da violência contemporânea. Não posso punir o vilão na tela, meu corpo amolecido está congelado pela imagem, impossibilitado, incapaz; o mocinho-justiceiro (em geral um policial) vai puni-lo por mim. No jogo GTA (*Grand Theft Auto*), meu personagem bandido passeia por Liberty City roubando carros, confrontando gangues, subornando a polícia; ele libera meu corpo, pendurado na extremidade do controle, de seus entraves. As formas voluptuosas, obscenas, oferecidas aos olhos pela câmera de um site pornô – não posso fazer nada com elas, estamos separados pela barreira dos pixels; mas o ator x o fará por mim, eu delego a ele essa missão, desejo mimético que me faz desejá-lo tanto quanto desejo a mulher-objeto. Frustração, alívio, projeção, frustração.

Para o período moderno que estudou, Norbert Elias antecipou essa frustração. Ele viu uma passividade nova na recanalização da violência para os jogos da socialidade e da sublimação visual. Ele via todo um "deslocamento do prazer da esfera da ação para aquela do espetáculo": deveríamos "aprender a não tocar senão com os olhos", e pouco a pouco "transformamos os prazeres de uma agressividade ativa em prazer passivo, codificado, simples 'prazer dos olhos'",[17] lesamos a capacidade de ação e os outros sentidos além da visão. Assim, deixamos a vida se distanciar nas imagens e a violência frustrada se alojar entre as duas, conectá-las. Ora, por menos que a vida social lhe faça violência – violência etnocultural nas estigmatizações, violência sistêmica do sofrimento no trabalho, violência afetiva nos *cyber*-encontros... –, o sujeito poderá sentir despertar esse resto de violência não saciada. Ele percorrerá, então, em outro sentido, a distância entre sua vida e as imagens, e toda a violência que as liga. Ele não vai necessariamente estuprar ou matar, ou só raramente, mais o fracasso nele da autorrepressão e a vitória da frustração sobre a civilidade lhe destinarão ao ressentimento, à desconfiança social e à violência interior, voltada contra si. Dito em outras palavras, ele será destinado a imagens mais e mais violentas, violência acrescida de frustração. À incapacidade de agir será acrescida a virulência maior, em geral despercebida, do ressentimento. E, a tudo isso, será acrescentado o *marketing* cada vez mais espetacular, com cada vez menos matéria e mais representação – "violência puramente espetacular", dizia Guy Debord em *A sociedade do espetáculo*.

Mas, aqui, estamos no imperceptível. A frustração do telespectador ou o ressentimento do discriminado, despertados subitamente nas telas, permanecem socialmente invisíveis, e frequentemente não são percebidos como tais pelo sujeito do olhar, esse ator escópico de sua própria vida. É em outro lugar que essas coisas vão se exprimir e tentar se aliviar, lá onde o narcisismo se tornou imperativo: o grande mercado das subjetividades. Dissolver a frustração no espelho e na imagem de si, dissolvê-la graças à satisfação narcísica – eis a grande promessa de redenção do momento. Porque, na outra extremidade desse mundo da imagem, complicando mais ainda nossa questão, está a obrigação conjunta de todos serem *visíveis*: não somente o dever legal de desvelar o rosto ou retirar o capuz ou capacete, e de passar sob as câmeras escondidas de todos os espaços públicos, mas, sobretudo, a conformação

17. Norbert Elias. *La Civilisation des mœurs*, op. cit., pp. 443-444.

ao imperativo neoliberal da concorrência e da conquista, o dever de fazer tudo para "ser alguém" e de fazê-lo saber, a exigência de se exibir, de se mostrar, de existir nas telas mais e melhor que os outros. A nova tirania da visibilidade vem ao mesmo tempo de uma ordem socioeconômica, que conduz seus súditos ou sujeitos à rivalidade e ao esgotamento individual, e de um tecnonarcisismo inédito, desconhecido até então, o das redes sociais e da Web 3.0.

A clivagem instaurada pela modernidade entre o que deve ser exposto e o que deve ser escondido, ainda inspirada pelos princípios da discrição, da civilidade e da vida íntima (ou pela "privatização de todas as funções corporais", nos termos de Elias), dessa vez não resistiu: mudamos de mundo. Fotos de férias no Facebook, refeições solitárias em *live* no Instagram, vida ordinária posta em cena no YouTube, atributos físicos exibidos nos sites de encontros, conversa fiada com estranhos no chatroulette.com, *curriculum vitae* em vídeo para aumentar as chances, atualizações de páginas pessoais com posts amorosos ou cômicos, dos quais se espera o maior número de curtidas. Essas práticas, uma vez banalizadas, excitam cada vez mais o amor-próprio e a autossuficiência, mas, ao mesmo tempo, e mais frequentemente, o rancor e a autodepreciação, porque, nesse concurso permanente, há muito mais perdedores do que estrelas das redes. Elas levam à plenitude o que Freud chamou de "necessidade pulsional de se valorizar" (*Geltungstrieb*). O domínio do que é para ser exibido se estende, o do segredo se retrai, o inconfessado se perde. É necessário mostrar, de si, o que valoriza; o que desvaloriza será mostrado dos outros, cruelmente. Essa ditadura da visibilidade tem certamente por efeito a invisibilização dos perdedores ou daqueles que recusam se submeter a ela. Ser visto, desaparecer, em suma – a menos de ser visto para melhor desaparecer, como todos esses *cyber*-apresentadores de si mesmos que não têm mais tantas visitas –, é preciso ser muito aprazível de se ver. Um encadeamento que também gera seu despeito, sua desilusão e toda sua violência retornada.

E se consideramos essas questões do ponto de vista da imensa indústria do visual ou do visível, e não mais dos sujeitos diante da tela, é a uma verdadeira guerra das percepções que assistimos hoje: polícia televisiva do Ibope, cálculo do número de "visualizações" online, estratégias digitais do *pop-up* e do *spam*, promoção agressiva dos novos jogos de videogame e de novas séries. É preciso captar o olhar, vampirizar o tempo de atenção, seduzir jogadores e telespectadores, fisgar uma parte cada vez maior de consumidores para os filões do divertimento visual generalizado. O modelo da propaganda midiática elaborado há muito por Noam Chomsky não é mais suficiente na era da interatividade, dos usos segmentados. A grande batalha pela conquista de nossas retinas conta tanto com tantos novos atores e lógicas inéditas quanto com dispositivos impensáveis há alguns anos. No fim, com essa nova energética da violência, esbarramos talvez com os limites do processo de sublimação, desajustado dessa vez pela banalização da imagem e pela tirania constante do visível. A velha catarse cultural não funciona mais, ou funciona mal. E, no campo da imagem sem limite, é o retorno do recalcado e da frustração. O continente da cultura visual, agora superdimensionado, não parece mais fornecer válvulas de escape viáveis para esse "prazer da luta e da agressividade", cujas derivações e recanalizações Norbert Elias detalhou no passado.

* * *

"No fim, como um rio deságua no mar, a energia deve escapar de nós e se perder para nós", escreveu Georges Bataille.[18] Mais de um século depois, no tempo da peneira perceptiva do *smartphone*, do grande mercado da autovalorização nas redes sociais, de uma pletora sem precedente de oferta de imagens violentas, essa energia não escapa mais, ela não se perde mais: ela se crispa, se torna obstrutiva; ela rói os sujeitos de dentro e acumula, no fundo das subjetividades, frustrações e impotências. Esse é, precisamente, o terreno mais fértil para que aconteça o pior. Vimos

18. Georges Bataille. *La Part maudite*. Paris: Minuit, 1949. p. 29. [Ed. bras. *A parte maldita, precedida de "A noção de dispêndio"*. Trad. Júlio Castañon Guimarães. Belo Horizonte: Autêntica, 2013.]

que corria-se sempre o risco de, à violência sistêmica da economia e das estruturas, respondermos com uma violência niilista, sem lei, insensata – ou, então, se apresentando como as únicas alternativas quentes a essa autodestruição, com as compensações políticas e religiosas excludentes que não por acaso fazem um sucesso crescente em todos os lugares do mundo. A fim de barrar o crescimento de uma tal espiral, e de evitar que os novos fanatismos ou a violência insensata do ato gratuito se apropriem completamente desse fluxo de energia, outras derivações – sociais, coletivas, seculares – devem ser propostas: um espaço de crítica e de verdadeira sátira, mas também de lutas e de resistências ativas, que não seja exclusivo, mas inclusivo; agonístico, mas partilhado. E menos retórico que efetivo.

Em outras palavras, é urgente tomar a questão nas próprias mãos. Encontrar uma capacidade de agir juntos que, para desviar esses fluxos de energia mortífera, seja capaz de instaurar o círculo virtuoso da contestação e da insubmissão, esse que faz com que a vida se recomponha e se reaproprie de si mesma. E que, ao fazer isso, seja capaz de quebrar o círculo vicioso de subterfúgios identitários e do bode expiatório. É isso que intentam, nesse começo de século, lutas precisas e resistências difusas, novas formas de vida e ínfimas rebeliões, militantes decididos e cidadãos ordinários nos interstícios de seu cotidiano alienante. E são sempre, tanto hoje como antigamente, mais numerosos do que se pensa. Se os mecanismos implacáveis da violência e de sua circulação detalhados até agora podem inspirar o pessimismo do irreversível, não há nenhuma razão para julgar fatalmente condenada a multidão acuada sob o sistema-mundo: no mesmo universo social que passamos em revista, nas culturas variadas com as quais cruzamos, sobre as mesmas redes em que fomos investigar jogadores compulsivos e mônadas autocentradas, as resistências abundam igualmente: as insubordinações estão em suas buscas, e as lógicas da dissidência e da deserção estão tão presentes quanto as da competição e do cinismo. Alguns agem contra o estreitamento do campo da ação possível. Alguns reinventam o entusiasmo ativista contra o desencantamento social geral. E essa violência que vimos por todo lugar até aqui, tanto uns quanto outros não excluem mais, agora, a possibilidade de tê-la como recurso, de fazer dela o princípio de uma outra mobilização, de voltá-la, talvez, contra a dominação, para romper com a fatalidade. É o que resta, enfim, entrever – como se avistam pedaços de céu azul entre as nuvens sombrias que se acumulam.

Capítulo 5

Violência emancipadora?

> O povo tem sua cólera e o vulcão tem sua lava
> Que primeiro devasta e depois fertiliza.
>
> VICTOR HUGO

Em 1977, o inassimilável Jean Genet, nem ator nem mártir,[1] colocava em lados opostos, em defesa dos atos pouco defensáveis da Fração do Exército Vermelho (RAF),[2] a "brutalidade organizada" dos poderes e a "violência continuada" de Andreas Baader e seus companheiros. Retirar-se dessa maneira das conformidades da ordem em rigor leva à condenação máxima, Genet inquiria por que "o grão de trigo que germina e racha a terra gelada, o bico do pintinho que quebra a casta do ovo, a criança [que nasce]", passagens ao ser violentas entre nós, não são também levadas aos tribunais. Porque, dizia ele, "violência e vida são quase sinônimos".[3] Quarenta anos depois, abre-se novamente a questão sobre o que farão, a fim de sair da violência em sentido único, todos aqueles que não têm, ou logo não terão, nada a perder.

É a velha questão da violência emancipadora, que causa arrepios nos cidadãos de bem e excita os guerrilheiros de apartamento. Se quisermos escapar a esses dois impasses, simétricos, logo localizaremos, em meio ao disperso despertar das revoltas

1. Ver *Saint Genet, ator e mártir* (*Saint Genet, comédien et martyr*), de Jean-Paul Sartre (1952). [N. T.]

2. A Fração do Exército Vermelho (em alemão, *Rote Armee Fraktion* ou RAF, também conhecida como Grupo Baader-Meinhof), foi um grupo guerrilheiro armado de extrema esquerda, fundado em 1970 por Andreas Baader, Gudrun Ensslin, Ulrike Meinhof e Horst Mahler na Alemanha ocidental e dissolvido em 1998. [N. T.]

3. Jean Genet. Violence et brutalité. *Le Monde*, 2 set. 1977.

e movimentos sociais pelo mundo nos últimos dez anos, a nova lógica da resistência – a ocupação de lugares, a fundação de lutas, formas de vida em ruptura, sabotagens, a construção da autonomia e radicalismos ecológicos e sexuais. Tais fenômenos são ainda isolados e ultraminoritários, ainda associados a lugares específicos (como Occupy Wall Street, a Selva mexicana, a praça Tahrir, a Porta do Sol, Notre-Dame-des-Landes, os *townships* da Cidade do Cabo, os bairros de Atenas...).

Mas isso pouco tem a ver com a violência política reivindicada dos jovens radicais dos anos 1970, da qual nos separam quatro décadas de proibição legal e de desqualificação política de toda forma de ação direta. Entretanto, outro sinal dos tempos, são muitos os coletivos a refrear, se não a irrupção da guerra, a questão há muito proscrita da violência militante, que discutem bem objetivamente: a violência, quando é instrumental, tática, pode se mostrar proveitosa, e seria uma pena vetar sua utilização *a priori*. O problema, aqui, é o de que ligação estabelecer entre oposição e construção: entre a ação destituinte contra os poderes instituídos e a elaboração paciente de formas de autonomia coletiva, ou entre o desejo crescente de *tornar-se ingovernável* e o projeto social que esboçam essas resistências ativas. Mas uma coisa sabemos: na era das desfiliações e do declínio das organizações políticas tradicionais, o militantismo clássico, profissional ou de carteirinha, por mais necessário que seja, não será suficiente – pois cada modalidade da recusa tem um papel a desempenhar, das menos perceptíveis, que roem dia a dia os pilares da ordem, até as trajetórias individuais mais selvagens e indóceis.

As explosões da miséria

Em Hong Kong, em 2014, guarda-chuvas coloridos oferecem proteção contra o gás lacrimogêneo. Em Nova York e Oakland, fim de 2011, barracas abrigam os "ocupantes" de espaços públicos, e são frequentemente equipadas com uma conexão por Skype com as outras cidades ocupadas. Em San Cristóbal de Las Casas, primeiro em 1994 e depois em 2012, capuzes negros que cobrem todo o rosto servem para que os manifestantes se reconheçam e evitem ser identificados. Algumas tábuas são suficientes para que cada um improvise um pequeno palanque e, subindo nele, afirme a dignidade do ato de se insurgir. No Cairo, em janeiro de 2011, as pedras retiradas da calçada e atiradas pelos manifestantes fazem recuar o cordão policial - um clássico, mas não na capital egípcia. Desde 2009, na ZAD[4] de Notre-Dame-des-Landes, e perto dali, nas ruas de Nantes, uma chuva de parafusos freou o avanço do CRS,[5] com blocos de concreto bloqueando a passagem de seus carros e seus canhões d'água. Em Seul, 2009-2010, as gruas dos canteiros de obras se transformaram em ninhos nas alturas, nos quais os sindicalistas mais tenazes puderam se manter por várias semanas, alimentados por seus colaboradores graças ao uso noturno dos guindastes.

Em Londres e em Birmingham, agosto de 2011, carrinhos de supermercado travam o avanço das forças da ordem e das milícias de autodefesa dos comerciantes, e transportam o que conseguiram angariar nas lojas abandonadas. Em Túnis e em Áden, 2010-2011, isqueiros são suficientes para queimar bonés roubados dos militares ou cartazes do governo envergonhado, mas também a prestar homenagem a algumas imolações de protesto que foram o gatilho da insurreição. Na província de Lanaudière, no

4. Trata-se do acrônimo de *zones à défendre* ("zona a defender"). O termo se origina do desvio de outro termo, com o mesmo acrônimo, *zone d'aménagement différé* ("zona de ordenamento diferenciado"). Esse último designa uma cessão dos direitos de ocupação de um terreno público para um ente privado ou de capital misto por um período determinado, e implica projetos de construção civil, reformas, desapropriações, mudança de zoneamento, política de habitação etc. Em 2009, na cidade de Notre-Dame-des-Landes, a cerca de trinta quilômetros de Nantes, manifestantes protestaram contra a ZAD ali estabelecida (então ainda "zona de ordenamento diferenciado"), ocupando-a. Ao longo da ocupação, que intentava impedir a construção de um aeroporto, e que deveria ser defendida das forças de segurança nacional, rapidamente o acrônimo ZAD passou a designar "zona a defender". Os projetos para a construção do aeroporto foram oficialmente abandonados pelo governo francês em 2018. [N. T.]

5. Trata-se da sigla das *Compagnies républicaines de sécurité* (literalmente, "companhias republicanas de segurança" ou "companhias de segurança da república"), divisão da polícia francesa responsável pela manutenção e reestabelecimento da ordem pública. [N. T.]

Quebec, e na cidade de Suse, na Itália, em 2016-2017, são as esmerilhadeiras angulares usadas para sabotar as engrenagens dos canteiros de obra destinados a construir, respectivamente, uma linha de alta tensão e um imenso túnel para a nova linha de TGV. Em Paris, Catânia ou Barcelona, em 2016, e em diversos lugares já há muitos anos, é o martelo, para destruir os teclados dos distribuidores dos caixas eletrônicos, e pincéis, para tornar as telas inutilizáveis – e para cobrir as fachadas das avenidas de palavras e *tags* inspiradas, quer remetam ou não aos grafittis-dazibaos de maio de 1968 (a primavera francesa, dessa vez, exibia as palavras de ordem "o mundo ou nada", "a precariedade deve mudar de campo" ou, ainda, "amor, revolta e comida").

Vimos que a violência sistêmica do consumo passava por objetos desejados, fetichizados; a contraviolência das novas insurreições também faz uso de objetos, mais ordinários, que ela desvia taticamente. Mas o que será que eles são, por si sós? Sintomas esparsos de um despertar social mundial ou pobres farrapos defensivos face às armas da polícia e aos bilhões da bolsa de valores? Seu papel concreto de instrumentos de luta ou de defesa, e não apenas de reconhecimento simbólico, assinala que, para seus usuários, as palavras não são mais suficientes, e nem o velho teatro da discussão dita "democrática", com suas negociações enviesadas e suas promessas eleitorais. Agimos, agora, manual e estrategicamente, fazemos bricolagens, nos organizamos. Não esperamos mais dos poderes instituídos, nem dos debates na ágora, as melhorias prometidas há cinquenta anos e que jamais aconteceram. Nos colocamos dessa vez na ação coletiva, precisa, durável, determinada.

A violência do opressor sempre teve sobre os oprimidos um efeito aporético e imprevisível: ela pode "estrangular ou despertar", segundo o tipo de ação que lhe fará oposição, diz o jornalista Ta-Nehisi Coates sobre a violência a que resistem há quatro séculos os negros na América.[6] Para além desse único caso, a palavra "despertar" – mesmo com a adição dos qualificativos "tímido", "muito

6. Ta-Nehisi Coates. *Entre o mundo e eu*, op. cit.

insuficiente" ou "ainda minoritário" – designa de maneira muito fiel a situação social do mundo na atualidade. Na palavra *despertar*, há a ideia que um sono é encerrado, com seus sonhos e pesadelos, e que, ao nos colocarmos de pé, nos sacudimos – até que talvez dissipemos o sentimento de terror que fustigava o corpo. Que nos chacoalhamos, de alguma maneira, a fim de desfazer a crosta de angústia e de violência que suportávamos e que nos encerrava. "O capitalismo que apodrece secreta violência e medo em altas doses. É preciso que a cólera vença o medo, e que a violência resplandeça novamente à luz de um objetivo político", escreveu o filósofo e militante Daniel Bensaïd em 2009.[7] O despertar em questão tem por aposta, justamente, essa substituição: a da cólera que substitui o medo; a da ação, sob todas as suas formas – aí compreendidas, se necessário, a de uma violência pontual, defensiva, instrumental, com fins emancipadores –, que substitui a violência cega dos niilistas, a violência excludente dos novos reacionários e a violência dominante que é, em todo lugar, sempre passivamente suportada.

Porque há um despertar. A guinada neoliberal dos anos 1980 e depois a implosão do bloco soviético na virada dos anos 1990 desmobilizaram o movimento social, reprimindo-o, desencorajando--o a lutar, paralisando um pouco o espírito da resistência em todas as partes do mundo. Em meados da década de 1990, começam a surgir algumas respostas: as insurreições indígenas coletivistas na América Latina, inauguradas pelos zapatistas do Chiapas em 1994; na multidão das greves de 1995 na França; nos movimentos europeus em defesa dos desempregados, das minorias sexuais ou dos imigrantes; e, a partir das manifestações contra o encontro da OMC em Seattle, em 1999, a onda por um altermundialismo (ou outro-mundialismo) da virada de milênio. Se essa última foi cortada pela raiz pela reação securitária aos atentados do 11 de Setembro de 2001 e seu discurso chantagista do "choque de civilizações", assistimos, a partir do meio dos anos 2000, a uma série de sublevações dispersas, sem ligação umas com as outras.

7. Daniel Bensaïd. Une violence stratégiquement régulée. *Lignes*, n. 29, mai. 2009. p. 89.

A sublevação dos pacifistas euro-americanos contra a ocupação do Iraque, com as manifestações gigantescas de 2003. A das periferias francesas de novembro de 2005 que, para além das críticas que as tacharam de gratuitas ou niilistas, se pretendia uma revolta contra a humilhação cotidiana e, como tal, se inscrevia na tradição ocidental de revoltas políticas das minorias (Harlem em 1935, Chicago em meados de 1968, e, 1981, Les Minguettes, perto de Lyon, e Brighton, ao sul de Londres). Ou mesmo a da cidade mexicana de Oaxaca em 2006, que organizou por seis meses sua autonomia social em um modelo mais próximo ao da Comuna de Paris que das agitações identitárias. Desde então, há mais de dez anos, o número de revoltas e sublevações ao redor do mundo disparou, quintuplicando entre 2009 e 2013, segundo a contagem tentada pelo antropólogo Alain Bertho[8] das "iras populares" pelo planeta: por sua intensidade, essa sequência, que ainda não terminou, é aparentada, segundo ele, apesar de uma maior dispersão de causas e lugares, da "primavera dos povos", na Europa em 1848 e dos protestos mundiais no fim dos anos 1960.

De fato, desde a "comuna" de Oaxaca em 2006 até as revoltas de julho de 2017 em Hamburgo, face à reunião do G20, a última década, marcada pelo grave *crash* financeiro de 2008, assinala uma extensão mundial do movimento social, mesmo se entrecortado e não coordenado. Protestos indígenas de inspiração socialista na América do Sul. Autonomia organizada de bairros inteiros em metrópoles devastadas pela crise econômica em Atenas, Barcelona, Rouen, Detroit ou no México. Resistências de operários na Ásia, contra as realocações da população (na China) ou a precarização dos empregos (na Coreia do Sul). Multiplicação das lutas ecológicas radicais contra os grandes projetos industriais, da Dakota do Norte às ZADS francesas e, mais amplamente, aos novos coletivos rurais lançados por jovens vindos das cidades. E o "movimento dos lugares", que inflama já há alguns anos, com um sucesso sem igual, certas aglomerações europeias, dos Indig-

8. Ver: *berthoalain.com* e Alain Bertho. *Les Temps des émeutes*. Paris: Bayard, 2009.

nados madrilenhos acampados diante da Puerta del Sol (2019) aos manifestantes da *Nuit Debout* que ocuparam a Praça da República, em Paris. E sobretudo a tripla surpresa do ano de 2011 que sugere um potencial de contestação muito subestimado, e logo mostra equivocados todos os prognósticos.

Em agosto desse ano, as revoltas de Tottenham, tanto sociais quanto "raciais", agitaram a Grã-Bretanha pós-Thatcher devidamente neoliberalizada, que acreditávamos pacificada de vez. O movimento Occupy Wall Street, iniciado em setembro, que, a partir de Nova York, logo se estendeu a mais de duas mil cidades nos Estados Unidos, propagando como um rastilho de pólvora seus acampamentos selvagens e seu ativismo descosturado na América dita desmobilizada de Barack Obama. E, sobretudo, alguns meses antes, as "primaveras árabes", turbas populares encolerizadas iam às ruas contra a corrupção e a plutocracia no poder (no rastro das manifestações da Tunísia de 2010), conseguindo em poucos dias, e isso com uma contagem de mortos pequena, reverter as ditaduras "inexpugnáveis" de Ben Ali, na Tunísia; de Hosni Mubarak, no Egito; de Abdallah Saleh no Iêmen; e, mais indiretamente, de Muammar al-Gaddafi na Líbia – sob os olhos de um Ocidente estupefato, sem reação. E, é claro, diversos países envolvidos, como geralmente acontece depois de tais impulsos revolucionários, fizeram retornar em seguida o cassetete das forças de reação, seja entre militares ou islamistas, quando não afundam numa guerra civil interminável, como na Síria. Resta que, de Nova York ao Cairo, de Londres a Túnis, os possíveis se reabrem subitamente, lá onde achávamos que nada mais era possível.

Ao longo desses últimos doze anos, a violência sempre foi menos obra dos manifestantes do que das forças da ordem, tendo em vista a relação de forças e as inovações policiais (*tasers*, novas granadas, armadilhas móveis, ruas e praças interditadas). Mas, com os transbordamentos ocasionados, essa sequência histórica viu ressurgir a velha anátema contra a "selvageria" da plebe. Mais do que nunca, as "multidões destrutivas" – das quais há muito o sociólogo Gustave Le Bon denunciava a "desrazão" contagiosa e a baderna "criminosa"[9] – desencadearam contra si mesmas os discursos da elite e a opinião da maioria silenciosa. Exceto que, longe das mídias dominantes e das pesquisas oficiais, nasceu um contradiscurso. Ao clichê da explosão cega, alguns opuseram a ideia de "lutar para compreender",[10] a ideia da luta como "a única parte do mundo que você pode controlar". À certeza que a ira coletiva é estéril, outros opuseram "o dever do ódio que torna produtivas as iras que o sistema suscita em toda parte contra si mesmo".[11] À imagem da horda linchadora, outros opõem ainda a inteligência específica da revolta, feita de estratégia, de determinação ofensiva, de velocidade e de surpresa.[12] E, mais amplamente, ao racionalismo dominante, que julga incompatíveis o espontaneísmo da revolta e a organização política, ou a contraviolência e a contraproposição, os novos pensadores críticos opõem a noção de um sujeito coletivo em vias de se formar, apesar de tudo, sobre o terreno dos combates, no caos dos enfrentamentos – em Clichy-sous-Bois, em 2005; Seul, em 2009; Túnis, em 2010; Oakland, em 2011; Atenas, em 2012.

No entanto, sem ofensas aos romantismos da violência política, a insurreição por si só não é suficiente para formar esse sujeito coletivo. A violência pontual, essencialmente defensiva, dos novos movimentos sociais é apenas um aspecto de uma paleta de ações mais ampla, mas o único que interessa ao comentário oficial. Sua palavra de ordem é, hoje, a da "diversidade das práticas", de uma eficácia multiforme que desvia dos impasses da negociação e que, por sua própria pluralidade, parece a única capaz de sair da impotência da maioria oprimida. Ocupar os espaços públicos; prolongar as mobilizações; insinuar a existência de um grupo compacto escondido em uma multidão heterogênea (como os "Black

9. Gustave Le Bon. *Psychologia des foules*. Paris: PUF, 2013 [1895]. [Ed. bras. *Psicologia das multidões*. Trad. Mariana Sérvulo da Cunha. São Paulo: Martins Fontes, 2008.]

10. Ta-Nehisi Coates. *Entre o mundo e eu*, op. cit.

11. Georges Nabica. *Théorie de la violence*. Paris: Vrin, Paris, 2007. p. 252.

12. Comité d'Action Nuit A Bout (comitê anônimo). "Réflexions sur la violence", disponível em: *https://lundi.am/Reflexions-sur-la-violence*.

Blocks" dos anos 2000); nomear seus inimigos, desobedecer pontualmente a lei; discutir em conjunto as táticas e os programas; recusar a separação oficial entre os bons manifestantes e os "vândalos" malvados; entrar com ações coletivas na justiça; sabotar máquinas adversas; dominar sua comunicação; reinventar os slogans; e, cada vez mais, associar o combate em ato e a logística da sobrevivência, luta direta e forma de vida coletiva no cotidiano.

Essas iniciativas difusas, dispersas e ainda minoritárias, se inscrevem na tradição das "lutas fracas" que a história continua a recontar: as dissidências clandestinas, os pioneiros ainda isolados da revolução dos direitos (civis, sociais, culturais), mas também as grandes e pequenas guerrilhas, dos escravos ou dos despossuídos, dos retirantes ou daqueles que não se filiam a um partido ou denominação, com suas táticas de infiltração e sua paciência estratégica. Tais lutas, mais uma vez, não têm a violência nem como objetivo nem como primeira arma. Seu modo de operação e suas chances de sucesso dependem muito mais do contínuo que conseguirão estabelecer entre ações violentas e práticas não violentas, entre o coquetel Molotov e a petição, a sabotagem e a logística da vida, a ocupação ilegal e o recurso jurídico a instâncias internacionais. Um tal contínuo invalida a distinção entre violentos e não violentos, imposta pelas autoridades a fim de intimidar os hesitantes e desqualificar os mais decididos, e de naturalizar uma questão antes de tudo circunstancial: não se nasce violento ou não violento; somos não violentos hoje à noite e violentos amanhã de manhã, uma vez que seja reprimida uma passeata pacífica ou que sejam brutalmente presos manifestantes inocentes.

Mas não lutamos apenas nas ruas. Por trás das explosões da miséria há a insubmissão ordinária, das pequenas indisciplinas, artimanhas e astúcias que estão continuamente em ação. Ou seja, todas essas "artes de fazer", e podemos adicionar *de não fazer* (e não só de *dizer não*), que Michel de Certeau tentava reabilitar contra as teorias rígidas da violência de grupo e da contraviolência de massa, gerais demais para fazer justiça às lutas ínfimas de todos os dias.[13] O contínuo das resistências, sua tenacidade e suas convergências contam muito mais, aqui, que a questão da violência colocada de forma isolada. Porque, se é verdade que nenhum progresso social e nenhuma emancipação coletiva foram obtidos historicamente *sem* violência, ou seja, só pela virtude da razão e da discussão, é preciso acrescentar igualmente que essas conquistas requereram, junto a uma fase limitada de violência, muitas outras modalidades de ação: a conversão dos espíritos, a força dos números, estratégias de aliança, o peso das grandes greves, os efeitos dos boicotes eventuais e, a montante, afiando a vontade, mobilizando os corpos, essas microrresistências do cotidiano, fraudes ou represálias, sempre inventivas, alegres, teimosas.

Em uma das extremidades desse contínuo, temos a violência direta, reativa ou tática. Na outra, as inúmeras modalidades de um *viver-contra* difuso, intermitente, muitas vezes ínfimo, que tem apenas os limites da coragem e da imaginação. Para se dar conta disso, basta cruzar, na padaria da esquina, com trabalhadores diversos – dos trabalhadores da construção civil aos de escritório, tomando umas depois do expediente. Nesse momento, o que fazem é se aliviar, em belas palavras ou explosões contagiosas de risos, da autoridade arbitrária e do trabalho imbecilizante, seja para zombar, se afastar ou esquecer. Basta ver essa liberdade escrachada, que não é a mesma liberdade liberal do livre mercado. Sua potência coletiva em ato é bem mais convincente que as ladainhas do "viver juntos". É aí que nos encontramos, por alguns minutos, nos interstícios vitais da violência sistêmica. Na manifestação mais pacífica, mas em nenhuma hipótese menos ofensiva, de uma contraviolência em ato.

Cinquenta anos de proibição

Numa entrevista de 1986, pouco depois da explosão da central nuclear de Chernobyl, Günther Anders, de oitenta anos, filósofo

13. Michel de Certeau. *A invenção do cotidiano, v. 1: Artes de fazer*. Trad. Ephraim Ferreira Alves. Petrópolis: Vozes, 2014.

e militante antinuclear, se declarava preocupado desde sempre com a "destruição da humanidade" e a nova "obsolescência do homem". Com uma urgência renovada pelo contexto, ele estimava que o coletivo humano estava "ameaçado de morte" pelo desatino técnico-industrial, e, portanto, em posição de agir em "legítima defesa". Nesse contexto, a não violência reivindicada pelos ativistas ambientais lhe parecia como uma "renúncia à ação", ou "uma outra palavra para dizer complacência". Ele convocava, por outro lado à "passagem ao ato". E não via outra solução significativa além da violência direta, incluídos aí o assassinato de industriais ou dos policiais encarregados a defender essa "terceira revolução industrial" atômica – "eu nunca vou perdoá-los por me terem feito quebrar o tabu do assassinato",[14] desabafou. Incompreensíveis na atmosfera "pacificada" do fim da Guerra Fria, os propósitos do velho homem iniciaram uma polêmica na Alemanha, onde os cidadãos de bem o acusaram de incitação à violência. Ressaltaram seu hábito de ser provocativo; disseram que estava cansado, amargurado, decadente. Ele não estava nada disso. Violência salutar contra ameaça de morte: aquele senhor, pelo contrário, estava bem lúcido. Cada época, é claro, tem seu limiar de aceitação de uma tal contraviolência: mas esse limiar nunca esteve tão baixo quanto no curso dos últimos quarenta anos.

De fato, na França de hoje, é mais fácil imaginar o general de Gaulle sendo convocado a depor do que Georges Sorel ou Frantz Fanon sendo deixados em liberdade, se ainda estivessem entre nós. As palavras do primeiro sobre a "era dos mártires" que viria e a "força necessária da violência proletária" contra a "ferocidade burguesa" e as ideias do segundo sobre a "paciência do facão" e a violência "regeneradora" que "desintoxica o colonizado" lhes valeriam, sem dúvida nenhuma, uma detenção por apologia ao terrorismo – da mesma forma que, nos últimos anos, Julian Coupat ou Jean-Marc Rouillan foram presos unicamente por suas ideias.

14. Günther Anders. *La Violence: oui ou non. Une discussion nécessaire*. Trad. fr. Christophe David. Paris: Fario, 2014.

Enquanto que, ao contrário, no caldeirão dos anos 1970, esses termos passavam desapercebidos ou eram percebidos como prudentes eufemismos: vivia-se a avalanche retórica do pós-1968, efetivamente, no elogio político da violência proletária e as virtudes dialéticas da "parteira da História", como Marx chamava a violência. Hoje prevalece, por outro lado, a proibição moral e legal de incitá-la, ou mesmo de constatar por escrito a necessidade de seu uso político por parte dos oprimidos. Nos mandatos de Georges Pompidou e até de Giscard d'Estaing, o termo "violência emancipatória" frisava o pleonasmo para todos os esquerdistas de óculos; a expressão se tornou um perigoso oxímoro para a maior parte de seus pares hoje, e uma batata quente entre os jovens militantes. O que mudou em quarenta anos?

Claro, na ebulição política de 1968, a luta armada e os sequestros táticos eram tentativas muito mais retóricas e dogmáticas que efetivas. Com poucas exceções célebres: os assassinados políticos na Itália pelas Brigadas Vermelhas, na Alemanha pela Facção Exército Vermelho (RAF), na França, pouco depois, pelo grupo Ação Direta – ou ainda a "propaganda pelo fato" do coletivo clandestino Weather Underground Organization (WUO), nos Estados Unidos, e o breve sequestro de Robert Nogrette, executivo da Renault, pelos maoístas da esquerda proletária da École Normale. É preciso dizer que esses militantes inflamados, alguns mais ativos que loquazes, podiam pagar com sua própria vida por suas ações conduzidas em nome da causa operária, como Pierre Overney, morto em fevereiro de 1972 diante da fábrica da Renault de Billancourt.

Mas o que unia então os faladores das assembleias nebulosas, esses soldados da luta direta e os libertários mais hedonistas que os acompanhavam sempre foi a intensidade política das experiências do corpo. A prova sensível de uma revolução em curso. Sua parte de ilusão delirante, e por vezes de terrorismo intelectual, não a impedia de ser efetivamente experimentada, de uma vez por todas. Acreditava-se nisso. Era um nó inextrincável, nas próprias subjetividades, de violência política assumida, mesmo que às vezes romantizada, de vida em ruptura e, frequentemente, desejo sexual liberado. É o que conta Mathieu Riboulet, à maneira de uma elegia romana, na narrativa de seus engajamentos adolescentes em plena década de 1970, que misturaram sua descoberta do desejo pelo corpo masculino e sua vontade partilhada de vingar todos os camaradas "abatidos como cães" pelas polícias do mundo: "É preciso confiar ao corpo a força de nossos desejos e nossas vontades, delegar-lhe a tarefa de nos transformar em armas", escreveu ele. E ainda mais: "Nós tomamos a violência em nossas próprias mãos, disputamos seu monopólio pelo Estado", e evoca, como uma catarse política do corpo, esse "alívio do peso que pende sobre nossos ombros no instante em que, trêmulos, mas rigorosos e afinados, equilibramos sobre os muros, suando de medo, os primeiros projéteis de nossa nova vida".[15]

A violência militante ativa era então um fenômeno mundial, frequentemente justificada pela crueldade de seus inimigos políticos, quer fossem as forças da ordem ou as facções de extrema direita – FBI ou supremacistas brancos nos Estados Unidos, partidos e grupos paramilitares financiados pelo poder na América Latina, nacionalistas e sindicatos do crime japoneses contra os grupos de esquerda (como o Nihon Sekigun, a versão japonesa da "Facção exército vermelho"). Ou então, na França, contra as numerosas células de extrema esquerda, logo proibidas ou autodissolvidas, os grandes braços fascistas do GUD e da OAS,[16] mas também a polícia do ministro do Interior, Raymond Marcellin, partidário de um brutal retorno à ordem depois da "balbúrdia"[17]

15. Mathieu Riboulet. *Entre les deux il n'y a rien*. Lagrasse: Verdier, 2015. pp. 63 e 83-89.

16. Trata-se, respectivamente, dos grupos Groupe Union Defense (GUD) e Organisation armée secrète (OAS). O primeiro foi uma organização estudantil de ultra-direita, fundada em 1968 na Faculdade de Direito de Paris sob o nome Groupe Union Droit e dissolvido apenas em 2017, quando se fundiu ao grupo abertamente neofascista Bastion Social. Por sua vez, segundo informação mais recente, o Bastion Social foi dissolvido por um conselho de ministros da França em 2019. A OAS foi uma organização paramilitar criada no início dos anos 1960 para congregar aqueles que se opunham à independência das colônias, especialmente a Argélia, tendo ataques terroristas como principal meio de ação. O lema da OAS, que encerrou suas atividades em 1965, era "A OAS ataca quando quiser, onde quiser". Até 2018, houve dois pequenos grupos de extrema direita, um composto por nove pessoas e outro por somente uma, que se autoproclamaram "herdeiros da OAS". [N. T.]

17. No original, *chienlit*, um termo utilizado pelo general Charles de Gaulle em um pro-

de 1968. São guerras de trincheira que dificilmente podem ser imaginadas hoje. As querelas de intelectuais dos anos 1950-1970 em torno da violência política "necessária" são igualmente impensáveis hoje, como a defesa de Sartre do terrorismo no terceiro mundo, ou o apoio de Merleau-Ponty aos expurgos políticos no bloco soviético, ao qual Albert Camus respondeu denunciando a avalanche de brutalidade e a "casuística do sangue" tão caras aos escritores engajados. Ou então o elogio de Fanon à resistência armada contra a ocupação colonial, em que via uma força vital e a reconstrução de uma comunidade, ao mesmo tempo em que Hannah Arendt respondia, lhe culpando pela "embriaguez" e a "escalada" dessa espiral da violência e da contraviolência, que ela observava criticamente, no mesmo momento, nas facções mais radicais do movimento negro estadunidense pelos direitos civis – Black Panthers e Nation of Islam. São debates, nomes e siglas que nos parecem antediluvianos. Desse mundo passado, desse momento político incandescente e de dogmatismo inocente, indissociáveis, dos quais parece às vezes não sobrar mais do que alguns clichês amarelados, nos separam quarenta anos de contrarrevoluções. E quarenta anos de uma proibição sistemática da violência política, estrategicamente desqualificada, moralmente fustigada e, é claro, policialmente reprimida.

A partir do crepúsculo dos anos 1970 e do retorno dos cassetetes dos anos 1980, toda forma de revolta política, todo enfrentamento que não fosse unicamente verbal, cultural, midiático e irônico, mas direto e ativo, se viu *proibido*: no sentido da sanção penal e moral, mas também como uma fixidez dos corpos, no sentido de trancados, petrificados. A recusa em ato, a contestação direta e a violência que protesta passaram a ser tão estarrecedo-

nunciamento sobre as manifestações de 1968, *La réforme oui, la chie-en-lit non*, algo como "reforma sim, bundalelê não". Em sua origem mais antiga, era um termo escatológico remontando a Rabelais no século XVI, e designava uma espécie de festa popular em que as regras sociais eram como que temporariamente suspensas por um dia e podiam ser quebradas sem consequências (*chie en lit* – "caga na cama"). O termo era considerado fora de uso até ser ressuscitado por de Gaulle no referido pronunciamento e voltar com toda força ao léxico político francês. [N. T.]

res que, dali em diante, se viram autocensurados por antecipação, na maior parte das vezes. À repressão brutal dos esquerdismos e mesmo dos progressismos da fase precedente – seus grupos foram declarados ilegais; seus militantes, atirados à prisão; sua lógica, conspurcada nos jornais –, se junta um autodesarmamento unilateral de todas as forças de emancipação. Em todo lugar, entregamos nossas armas, renegamos a violência, exorcizamo-la em público como um simples erro de juventude e, jogando o bebê fora junto com a água do banho, desaconselhamos os mais jovens a tomarem o mesmo caminho – quer tenhamos evoluído para a respeitabilidade eleitoral, a depressão insidiosa ou tenhamos nos unido aos inimigos do passado, como alguns, "do coletivo Mao ao Rotary".[18] É um caminho que não leva a lugar nenhum, repete a nova *doxa*, é destinado ao fracasso ou a favorecer, em resposta, o endurecimento da Reação. Há muito bem, no coração dessa geração dos anos 1960-1970, tanto renegações quanto narcisismo coletivo, um processo profundo de "luto da violência política",[19] com tudo o que, como em Freud, isso pressupõe: esquecimento, melancolia, abjuração, o próprio retorno contra o objeto do luto. Fim: não entraremos mais nessa.

A violência, como horizonte tático, mas também como dado constitutivo da questão social, abandonou, assim, as esquerdas, no Ocidente e além. E, para todos aqueles que tentaram se utilizar dela novamente, ela fugiu para o outro lado da batalha – o que não era difícil. Purgamos moralmente as tentações cheias de culpa dos anos 1960 graças à doutrina "antitotalitária", mais presente em conferências de dissidentes soviéticos do que em pressões efetivas sobre Moscou ou contra os comunismos (reais ou virtuais), que contra as ditaduras africanas ou sul-americanas. Organizamos, em livros *best-sellers* ou programas de auditório de sucesso, verdadeiras sessões de descarrego ideológico para

18. Guy Hocquenghem. *Lettre ouverte à ceux qui sont passés du col Mao au Rotary*. Paris: Albin Michel, 1986.

19. Isabelle Sommier. *La Violence politique et son deuil: L'après-68 en France et en Italie*. Rennes: PUR, 1998.

arrancar do corpo e de sua juventude errante o perigoso demônio vermelho que os possuía. Reorientamos nossa fúria, sempre muito retórica, contra a panóplia do comum e do coletivo, que a história havia condenado, e dessa vez a serviço de tudo o que antes vituperávamos: o individualismo liberador, a criatividade do empreendedor, o desmantelamento do Estado social, a cultura patrimonial ou mesmo os escudos de mísseis americanos que protegiam a Europa de ameaças vindas do leste.[20]

Revisamos a história a fim de eliminar-lhe a violência ou de provar, com a ideia de violência irredutível, que a ordem em vigor era boa. Na França, reescrevemos a história da Terceira República, desaparecendo com os cadáveres da Comuna de Paris e do império colonial, dupla origem renegada. Depois a Revolução, cujo bicentenário transmitido mundialmente foi a oportunidade de fechar oficialmente a longa sequência histórica de lutas populares e conquistas sociais que ela abriu – estava terminado, agora de uma vez por todas, porque o terror de 1793 foi apresentado em todo lugar como a única verdade da revolução, destinada a se acabar no sangue e em guerras intestinas. Dessa maneira, as décadas que se sucederam à efervescência do momento de 1968 são aquelas não só de uma excomunhão de toda violência, mas de sua renegação, de sua dissimulação e de uma nova hipocrisia. Eufemismos inéditos apareceram, e pouco a pouco pacificaram a língua corrente. Falamos de "parceiros sociais", "ataques cirúrgicos", ou de uma necessária "ingerência humanitária", em vez e em lugar de guerra e luta de classes. Esta última, aliás, foi declarada obsoleta, inválida, e substituída por uma rivalidade alegre e criativa de todos os "socioestilos" e dos sujeitos econômicos, livres e racionais.

Nos próprios discursos, nas novas injunções e nos passatempos desmultiplicados, os antagonismos reais foram por toda parte falseados e as lutas, negadas. A violência, quando ocorre, é vista mais frequentemente como não tendo causa nem fundamento. O

20. O livro *La Force du vertige* (Paris: Grasset, 1983), de André Glucksmann, outrora maoísta, pode também ser lido como uma declaração de amor ao arsenal militar dos Estados Unidos.

conflito, qualquer que seja, é visto agora como uma contingência, um acaso infeliz. E não mais como a hostilidade crônica e a relação de forças estrutural que a geração precedente enxergava. Violência e conflito não advêm mais da história, da lógica social, de uma longa dialética - mas unicamente, doravante, da fatalidade, da "natureza humana" felizmente domesticada e, quando explodem, de uma lamentável exceção. A violência, em suma, abandonou a história, a sociedade, a política. Ela abandonou, antes, seus discursos e narrativas oficiais, seu vocabulário conceitual, para melhor trabalhar a partir do interior do corpo social sem que ninguém a repreendesse. Uma tal evolução é o que explica a reação das mídias quando uma manifestação passa dos limites: "a violência é a solução?", lê-se nas colunas de jornal. Com esse tipo de pergunta, manchetes e editoriais submetem seus leitores sobretudo à pedagogia da manutenção da ordem vigente.

Mas já que o fôlego de subversão dessas três décadas de pós-guerra - as décadas da descolonização e do Estado-provedor, da emancipação dos modos e da contestação social - se encontra proibido em sua expressão política, foi se alojar em outro lugar. Fora do campo político, onde nenhum cassetete vai dominá-lo. Ao longo das últimas décadas, conhecemos, um pouco em todos os lugares do mundo, prolongamentos contraculturais mais ou menos confidenciais, mais ou menos apropriados - longe, de qualquer maneira, das mídias dominantes e da cultura legítima, ou do espírito colegial do Canal+ e da MTV. Uma lógica do enclave derrogatório, ou da "zona de autonomia temporária",[21] colocou a insubmissão política sob a proteção da cultura independente e abriu, assim, o caminho para as contraculturas digitais e os novos espaços de autonomia nos anos mais recentes.

Se, no fim do século XX, a explosão da paisagem televisiva e da imprensa em papel seguiu no sentido do novo conformismo, enclaves de insubmissão também resplandeceram aí por alguns

21. Hakim Bey. TAZ:. *Zona autônoma temporária*. Trad. Alexandre Barbosa de Souza. São Paulo: Veneta, 2018.

anos como diamantes negros: fanzines fora do circuito comercial editorial, rádios livres para os detentos e os espíritos fortes, emissões de TV descontroladas ou jornais insolentes, como o *Actuel* ou o *L'Autre Journal*, na França. Se o cinema e as séries capitalizaram a nova violência, estetizada, naturalizada, exagerada até se tornar banal, alguns diretores elaboraram, ao mesmo tempo, uma obra que interrogava precisamente esse exagero, seu fantasma e seu papel de preservar a ordem do mundo: Takeshi Kitano, John Carpenter, Quentin Tarantino, Michael Haneke, Stanley Kubrick, Larry Clard ou ainda David Cronenberg. E, se as décadas de 1980 e 1990 foram palco de uma música festiva, padronizada, açucarada e devidamente comercial (é a era dos *Billboard Charts*, das paradas de sucesso, das classificações das músicas mais tocadas, dos filmes mais assistidos...), que contribuiu para educar as mentes e os corpos, ao mesmo tempo três potentes ondas subterrâneas também passaram por ali, preservando toda a potência de insurreição da música: o punk transgressor e desesperado da virada dos anos 1980, o hard rock dissidente e refratário dos pioneiros do gênero e o rap politizado na virada dos anos 1990 – e isso dos dois lados do Atlântico. E poderia se dizer o mesmo, dado seus usos subversivos e sua política implícita, da primeira onda da música eletrônica dos anos 1990 ou do movimento inicial da *free party*.

Essas correntes permitiram que a indocilidade persistisse nas sombras, longe dos radares, fora do alcance da máquina tecnomidiática dominante. Elas estenderam em sons e imagens, em gestos e palavras, o domínio do político agora oficialmente sob controle. Uma tal reconversão cultural, ou contracultural, de resistências e indisciplinas, distinta de sua apropriação comercial, delimitava também um precioso território no qual foi possível fertilizar as indignações e cultivar a plena liberdade de pensar. E preparar diretamente, à sua própria maneira, as novas lógicas da revolta política e da ação contestadora que estão em curso hoje. Assim, dançar, se manifestar, se organizar, fazer sabotagem, fazer jardinagem, fazer filmes, fazer transmissões e usar seu próprio corpo como barreira contra a polícia são práticas convergentes da emancipação.

As novas lógicas da contraviolência

5 de junho de 2009, às margens do rio Marañón, perto de Bagua, região da Amazônia peruana. Os indígenas Awajun Wampis, recusando que suas terras milenares sejam cedidas a corporações extrativistas, enfrentam as forças especiais da polícia nacional, cujas barragens bloqueiam o acesso a suas aldeias – o corpo a corpo é extremamente acirrado, até que os homens de uniforme camuflado abram fogo. Trinta e quatro mortos, entre eles vinte e dois policiais, e quase duzentos feridos. A reação das elites de Lima, que imputam o banho de sangue à selvageria indígena, justifica uma repressão feroz. Mas o militar da reserva que será alçado à presidência dois anos depois, Ollanta Humala, esfriará o processo de cessão de terras e do subsolo. Por trás das aparências de conflito sem solução (terras indígenas e hegemonia norte-americana sobre os recursos naturais), esse drama apresenta os ingredientes das novas lutas. E sobretudo o desprezo e o jogo duplo dos liberais notáveis: o presidente anterior, Alan García, eleito especialmente graças a seu elogio da independência econômica e suas promessas de não ceder as riquezas do país, logo elabora um discurso de "desenvolvimento", que exigiria quebrar as tradições e favorecer a qualquer custo os investimentos estrangeiros. Para designar os indígenas, ele se utiliza, no jornal *El Comercio*, da metáfora do "cachorro do jardineiro, que não come e não deixa ninguém comer". Depois, prepara uma reforma anticonstitucional de direitos de propriedade, alinhada com as cláusulas de um novo acordo de livre-comércio com os Estados Unidos. Do outro lado, graças a um dos seus, o recém-formado em direito Alberto Pizango, os indígenas de Bagua se manifestam e mobilizam a opinião pública, obrigando García a rever seu curso. Mas, uma vez que a lei foi suspensa, as máquinas voltam às margens do Marañón, para dali extrair seus recursos.

De um lado, então, temos uma impostura democrática que busca justificar o sacrifício necessário de uma tribo indígena no altar do crescimento, e que também procura fazer com que se esqueça a origem da hierarquia social ora em vigor.[22] De outro, uma resistência tenaz que emprega, ao longo das etapas desse conflito, toda uma gama de táticas: uso de recursos jurídicos e iniciação dos indígenas nos argumentos legais; a manutenção, ao longo de todo o movimento, de uma discussão coletiva aberta; a oposição de todo um modo de vida à ideologia que sustenta o argumento do "desenvolvimento"; se comunicar em escala nacional e sensibilizar a opinião pública; sabotar as máquinas e constituir barreiras com os próprios corpos; e, finalmente, quando os primeiros tiros são disparados pelos policiais, reagir com violência frente à ameaça de morte. Dirigido pela cineasta germano-peruana Heidi Brandenburg, o documentário *Cuando dos mundos se colisionam*[23] (*Quando dois mundos colidem*, 2016) narra o drama de Bagua e frustra os planos da avalanche da violência mostrando o que nenhuma mídia tradicional soube mostrar: por trás da ferocidade do confronto, nuances de expressões no rosto fatigado de Pizango, em que se misturam a decisão, a responsabilidade sufocante, a humildade e a placidez; e por trás dos gritos de vingança das elites peruanas, as palavras estarrecedoras do pai de um policial morto com particular brutalidade: palavras medidas, sábias, desoladas, que reconhecem a espiral do que há de pior e o que nela pode ser evitado. Para além do drama de Bagua, o que congrega as lutas atuais é, como aqui também, a articulação precisa de quatro componentes: a ancoragem territorial, a estratégia do bloqueio, a comunicação em torno da forma de vida e, se necessário, a defesa diretamente ativa.

A ancoragem territorial é de suma importância, abarcando em si os outros três componentes. Os especialistas em ordenamento do território notam, desde o começo do século, "um arrastamento progressivo do conflito do campo do social para o campo

22. Destaca-se de forma notável, no Peru, o inimaginável suplício infligido em 1781 ao líder indígena Tupac Amaru, "pai de todos os pobres e de todos os miseráveis e desvalidos", que ousou emancipar os escravos (Eduardo Galeano. *As veias abertas da América Latina*, op. cit.).
23. Ver por exemplo sua recepção no *El País*: "Dos mundos chocan en DocumentaMadrid", 1 mai. 2016.

do territorial".[24] De fato, é isso o que congrega as sublevações de bairros difíceis ou de guetos comunitários (de Seine-Saint--Denis em 2006 a Ferguson, no Missouri, em 2014), a elaboração de uma autonomia efetiva sobre as ruínas do Estado social nos recônditos de certas grandes cidades e, das ZAD aos indígenas, as lutas acirradas em regiões rurais afastadas – lutas das populações locais ou de moradores de cidades que vão lá se exilar para se opor a um projeto industrial. A grande diferença em relação aos combates sociais dos anos 1960-1970, pouco vinculados a um território, se situa aqui. Antes de imputar suas escolhas de vida e sua determinação ofensiva a uma armadura ideológica preestabelecida, ao imperativo de desafiar o Estado ou o Capital, ou ao ódio devidamente romantizado ao "inimigo", devemos imputá-las a um território concreto – aquele onde se vive, ao que se adere plenamente, até mesmo ao ponto de sua defesa incondicional. Mas essa lógica da ancoragem é mais social do que natural, mais construída que essencializada. Os autônomos de um certo bairro foram lá se instalar porque ali havia um terreno baldio ou um prédio abandonado para recebê-los. "Zadistas" e dissidentes neorrurais não vêm sempre desses locais; muitas vezes são pessoas que ingressaram em um combate, descobriram um lugar, estabeleceram com esse lugar uma ligação a princípio contingente, estreitada pouco a pouco graças às relações estabelecidas com os campesinos dali ou a topografia e história locais. E as lutas indígenas, contra a expropriação das terras, à maneira dos zapatistas mexicanos ou dos indígenas peruanos, não têm por princípio nenhuma essência etnocentrada, nenhuma lógica tribal. Mas sempre essa da socialização dos recursos, da gestão comunal das terras e de vários séculos de resistência anticolonial.

O segundo componente segue logicamente do primeiro. Mais do que ir *em primeiro lugar* ao terreno do adversário, como as lutas armadas de quarenta anos atrás, trata-se de defender um território, um grupo, uma forma de vida coletiva e, portanto, blo-

24. Philippe Subra. *Géopolitique de l'aménagement du territoire*. Paris: Armand Colin, 2007.

quear os assédios e ataques de que seriam objeto. Naomi Klein forjou o termo de "blockadia" para designar esse combate por inércia, nos confins da ecologia radical e da recusa de ceder à chantagem neoliberal da "adaptação" e da "reforma" necessárias.[25] Uma tal lógica está em funcionamento tanto no boicote quanto na greve ou na sabotagem, tanto na esquiva quanto na recusa frontal, até os limites da deserção do terreno socioeconomicamente obrigatório: os estudos que devem render frutos, o mercado de trabalho, a vida urbana normatizada. A maior parte das opções táticas têm hoje em comum uma passividade estratégica, uma contraviolência por inação ou insistência, que fazem a luta passar da forma positiva do golpe pontual para a forma negativa da inércia. Há cinquenta anos, a ladainha do mercado denuncia essa passividade, utilizando-se das figuras arquetípicas do arcaísmo indolente ou do animal obtuso, como um burro de carga para caracterizá-la. Ora, nós nos fazemos como um calmo bloco de inércia, não somos nem ultrapassados nem anêmicos.

Na era da obrigação ubiquamente alardeada de consumir, de experimentar tudo, de se valorizar e de se realizar, atitudes como a indolência, a lentidão, a apatia ou a simples reticência se provam, uma vez amplamente partilhadas, mais eficazes que a crítica ou a ação direta para incomodar as forças dominantes. Não é por acaso que um dos manuais da nova geração seja o romance *Bartleby*, de Herman Melville (1853), a história de um escrivão que se passa estranhamente face às ordens de seu patrão, e logo às injunções de todos os outros, respondendo simplesmente: "Eu preferiria não fazer" (*I would prefer not to*). Uma tal inércia, insistente, pouco falante, teimosa, porta também uma contraviolência passiva, uma resposta lógica, termo a termo, à violência sistêmica do novo dever-ser.

Um elemento-chave dessa tática geral da "blockadia" é, hoje, a sabotagem. Não é de surpreender que ela retorne agora ao centro das lutas – duzentos anos depois dos ludistas, trabalhadores in-

25. Naomi Klein. *Tudo pode mudar: capitalismo vs. clima*. Trad. Ana Cristina Pais. Lisboa: Presença Editorial, 2016.

gleses que quebravam as máquinas de tecelagem nas fábricas; ou quarenta anos depois que as gangues pioneiras anti-informática, que quebravam os primeiros computadores. Inutilizar caixas eletrônicos ou máquinas de construção civil, como fazem certos militantes. Desconfigurar a distância programas de computador ou a circulação online de informação, como fazem alguns hackers (para os quais se forjou o termo guarda-chuva de "hacktivismo"). Obter dados sensíveis ou arquivos secretos, como fizeram os cybermilitantes do WikiLeaks ou o ex-funcionário da CIA Edward Snowden. Desaparafusar uma ferrovia que leva a uma instalação nuclear, ceifar ilegalmente um campo de cereais transgênicos. Ou mesmo queimar um carro ou um ponto de ônibus, por sua função ao serviço do sistema socioeconômico – são muitas as sabotagens militantes que visam impedir, bloquear, entravar. Na época em que um atentado à propriedade pode ser punido tão severamente quanto a agressão às pessoas, é certamente de uma *violência* tática que se trata aqui, ao menos em relação às punições incorridas.

Há ainda, no seio das resistências contemporâneas, e aparentemente além, o recurso pontual à violência, a ideia e a prática de *formas de vida* em ruptura. A expressão, recorrente em certos pensadores críticos modernos (Nietzsche, Schopenhauer, Deleuze ou, mais recentemente, Giorgio Agamben), vem da distinção feita entre os dois sentidos da palavra vida para a língua e a filosofia gregas: de um lado, *zoé*, para a "vida nua", sobrevivência animal ou vida mínima do escravo e, de outro, *bios*, para a vida à qual o sujeito vivente dá uma forma singular. Não somente uma forma parcial, um estilo de vida, mas uma distinção formal, uma forma integral, às vezes coerente e, para atingi-lo, inseparável entre os novos *refuzniks* de outros componentes em questão – ancoragem, resistência, combate ativo. É precisamente o caso dos jovens que desertam as cidades e o mercado de trabalho para bricolarem para si mesmos uma existência conforme à sua visão de conjunto, ecológica, econômica, sexual, estética. É o caso dos militantes do cotidiano, para quem cada escolha, cada gesto público, se pretende uma crítica em ato das normas em vigor. E os indígenas que entram em luta não somente para defender suas terras, mas suas tradições, sua cosmologia, seus modos de existência.

A vida que se escolhe e a luta em que se toma parte entram incessantemente em ressonância, quer se trate de hortas comunitárias ou da divisão paritária das tarefas domésticas, de evitar o uso dos telefones celulares – mas também de despertares e de exprimir em textos e imagens sua visão alternativa. Aqui, uma herança essencial, tanto tática quanto existencial, é a das associações de socorro mútuo aos portadores do vírus HIV criadas na virada dos anos 1990. Mesmo se a morte, que rondava nessa época os acometidos pela AIDS, e as ameaças menos diretas, que sublevam os movimentos sociais, permanecem certamente incomparáveis, trata-se, no cotidiano das lutas, de se reapropriar de um tempo devastado, de mudar a plumagem da vida sob a forma de uma vida escolhida, política em cada instante – quando jogamos sangue falso nos muros de um laboratório farmacêutico, quando nos deitamos às centenas no asfalto (*die-in*), quando editamos panfletos para informar os doentes isolados, quando formamos os novos esgotamentos, quando choramos e enterramos juntos os nossos.

Resta enfim, dessa vez diretamente, a violência deliberada do contra-ataque ou da defesa ativa. Sua ligação indissociável com os outros componentes da luta a distingue também das violências políticas, reais ou fantasmáticas, da extrema esquerda dos anos 1960-1970 e da violência radicalizada, quer a julguemos religiosa ou política, do terrorismo contemporâneo. Ela é uma opção, um momento tático, um meio de fazer saber, muitas vezes um reflexo de sobrevivência face à abordagem do inimigo. Por agora, ela tem raramente outras armas, na escala das novas lutas sociais mundiais, a não ser os projéteis improvisados, o incêndio de veículos ou de mobiliário urbano, a barra de ferro e o coquetel Molotov. O que diferencia a violência pontual dos movimentos atuais das lutas sociais do século XX é, portanto, menos o próprio arsenal, irrisório e que permanece quase o mesmo, do que o despertar, por sua vez, de um discurso não habitual, de uma lucidez estratégica e uma lógica que não víamos há muitas décadas. É o que resume "Uma barragem contra o pacifismo", saboroso texto de um jovem militante da ZAD de Sivens – que se instalou em Tarn, na vizinhança de Toulouse, em 2014 – contra o projeto controverso de uma barragem sobre um rio local (um jovem militante, Rémi Fraisse, perdeu a vida ali, no decorrer de um confronto com a polícia). No registro da fábula didática e com um título que brinca com Marguerite Duras,[26] Aurélian Berlan coloca em cena um jovem militante e uma velha fada – fantasma bem alerta de uma mulher que se refugiou na floresta de Sivens em 1940 –, que vem explicar ao jovem pacifista de nossos dias até que ponto violência e não violência não têm nenhuma razão de serem opostas uma à outra, mas são de fato complementares, no seio da ação, na distribuição do trabalho de contestação. A palavra violência, diz o jovem, é uma armadilha, porque "fascina e aterroriza", autoriza o poder a "colocar todas as ilegalidades no mesmo saco".[27] Quando ao próprio nome do projeto incriminado, barragem ou retenção de água, e do fanzine militante em que esse texto é publicado, *Sans retenue* ("Sem retenção"), ele permite ao autor sugerir aí todos os movimentos energéticos, salutares, de um tal contínuo da ação: o fim da retenção. Ou, de forma ainda mais simples, como diz um outro ativista já citado, "A questão não é de ser ou não violento, a questão é ser ofensivo ou inofensivo".[28]

Ancoragem territorial, luta geral que parte de uma causa pontual, táticas de bloqueio, práticas ofensivas e elaboração coletiva de formas de vida se desdobram, assim, todas juntas, em uma experiência de *autonomia* – e isso dito em um sentido muito mais concreto do que o que essa palavra, tão desgastada, possa ter tido no passado. Um tal repertório, ampliado com ações, é o que distingue nitidamente esse despertar social mundial, ainda minoritário, de seus equivalentes de meio século atrás. E também,

26. Ver *Barragem contra o Pacífico* (*Um barrage contre le Pacifique*), de Marguerite Duras (1950). [N. T.]

27. Aurélien Berlan. *Un barrage contre le pacifisme*. Disponível em: *https://bit.ly/3QO2j79*.

28. "Réflexions sur la violence", anônimo, op. cit., loc. cit.

mais recentemente, é o que o distingue da onda altermundialista da virada de milênio, com seu slogan "um outro mundo é possível": algo que remete ainda ao amanhã, ou aos limbos do sonho, a mudança desejada – na tradição cristã de uma vida melhor *no além*. O outro mundo, dessa vez, é aqui e agora: na lama dos coletivos rurais, na bricolagem das resistências urbanas, no cotidiano das longas lutas, na alegria dos bares autogeridos. Nada garante, é claro, que um tal despertar atingirá tão cedo uma massa crítica, como dizem os físicos nucleares para designar a quantidade de matéria físsil necessária para iniciar uma reação em cadeia. Nada garante que, na falta de circunstâncias favoráveis ou de coordenação entre movimentos dispersos, tudo isso não desemboque na vitória da alternativa inversa, essa cujos miasmas pútridos da xenofobia e das crispações reacionárias sentimos bafejar em nossas nucas. Mas os sinais existem, indubitavelmente, de um contínuo inédito entre ação ofensiva e modos de vida em ruptura – duas formas de recusa tão frequentemente cindidas cinquenta anos atrás, quando uns escolheram a retórica da luta armada e outros, os psicotrópicos; quando uns escolheram um marxismo dogmático e outros, a vida de hippie em paisagens idílicas isoladas.

Entre esses sinais, um espaço emblemático é o das novas lutas das minorias sexuais que, saindo do lugar meio clandestino da mulher ou dos guetos homossexuais, tomam hoje a iniciativa do combate direto. Agressivo e ofensivo. Na periferia de Washington, a algumas centenas de metros da Casa Branca, mas já completamente fora da zona da lei, uma gangue de um novo tipo surgiu há cerca de dez anos: "Check It" congrega algumas centenas de residentes LGBT não brancos que praticam esportes de combate, marchas ofensivas e roubos de carros (para financiar sua luta), a fim de retirar da espiral da vergonha e da homofobia os gays, as lésbicas e as pessoas transgênero das comunidades negra e latina.[29] Autodefesa coletiva em ato. Oposição em forma de dança,

29. Um documentário com o mesmo nome da gangue foi feito nos Estados Unidos, e o site *The Advocate* publicou um artigo sobre ele. Disponível em: *https://bit.ly/3psOxuU*.

música e práticas ilegais segundo as normas do *American way of life*. Energia contagiosa de uma diferença que, dessa vez, subjaz a uma ofensiva dos corpos e um orgulho plenamente afirmado, muito mais incandescente do que uma parada do Orgulho Gay. Iniciativas semelhantes surgiram, como a Mary Nardini Gang de Milwaukee (Wisconsin), que se apresenta como um grupo *criminal queer*. Na mesma ordem de ideias, um manifesto clandestino publicado online em 2008 sob o título "Para a insurreição mais *queer* do mundo"[30] conclama a opor a "potência da obscenidade" à "violência da normalidade", e a costurar todas as ligações entre luta social, étnica e sexual.

Outro sinal dos tempos, entre as ativistas feministas radicais hoje, algumas fazem uso, como no coletivo feminista armado Rote Zora (1974-1995), das artes marciais e da autodefesa (bastante) ativa. Não só para se proteger, mas, dessa vez, para instaurar uma forma de vida, propagar a ofensiva, se opor diretamente aos inúmeros inimigos da condição feminina e da preferência homossexual. São muitas as formas de renovar ativamente as tradições das "lutas das Amazonas", a autodefesa das escravas negras ou do jiu-jítsu que adotaram outrora as sufragistas inglesas – tradições pouco conhecidas, mas cruciais, às quais a filósofa Elsa Dorlin consagrou um livro de grande importância, mostrando como "fazer a própria justiça" pode, para as minorias que a justiça dominante não defende, desembocar em uma "política da cólera" e de uma verdadeira capacidade de ação coletiva.[31] No limite, sem ter passado por estandes de tiro nem por cursos de krav magá, as lobistas indianas que ensinam às mulheres todas as técnicas para escapar de um estupro, ou mesmo as mães das favelas do Rio que criam grupos de WhatsApp para defender seus filhos contra as gangues e a polícia corrupta, se inscrevem todas nessa longa linhagem – que não por acaso redescobrimos hoje.

30. Disponível em: *https://archive.org/details/TowardTheQueerestInsurrection*.
31. Elsa Dorlin. *Se défendre: Une philosophie de la violence*. Paris: La Découverte, 2017.

Um erro de juventude?

No momento do choque, alguns se enfiam na multidão, lenço no nariz, celular em punho, e conseguem filmar alguns segundos, um minuto no máximo. Enfiam seus telefones entre capacetes, cassetetes ou os dorsos sobre os quais estes se precipitam, entre as massas paramentadas dos policiais e as formas ágeis, vestidas de negro, que tentam escapar de seus golpes. Outros esperam pacientemente nos focos de incêndio, onde em alguns instantes as chamas vão engolfar um veículo, lambendo perigosamente as fachadas da rua. Outros ainda participam, de lanternas acesas, das incursões noturnas que terminam com a chegada dos esquadrões da ordem, tendo pouco tempo para depredar um carro de luxo ou uma vitrine de banco, de escrever com pincel umas frases cheias de sentimento. Eles podem ser parte da ofensiva ou, simplesmente, sob os capuzes, cineastas amadores atraídos ali pelo gosto do perigo e o desafio de registrar um vídeo em imersão, com a câmera apertada contra o corpo. Quaisquer que sejam as razões de estarem aí, todos se apressam para montar cuidadosamente as imagens tomadas, de afinar as transições e as continuidades, às vezes de adicionar uma música de fundo, seja um rap belicoso ou um recital de piano melancólico. Logo postados no YouTube ou nas redes com maior visibilidade, esses vídeos contam em pouco tempo dezenas de milhares de visualizações, dentro e fora dos meios de nicho, até o ponto em que viralizam.

É a moda do *riot porn*. Esse "pornô de revolta" designa, sob um epíteto irônico, tanto a excitação do empurra-empurra quanto a que sentimos ao vivê-la nas telas, a crueza das colisões físicas, o caos dos gestos e das fugas. A expressão associa a insuficiência dessa expressão já desgastada, declinada hoje do *food porn* ao *garden porn*, e o reconhecimento, mais implícito, do desejo inerente a esses momentos de enfrentamento. Algumas agências independentes, como a Taranis News, fazem desse tipo de vídeo sua especialidade, mas a maior parte deles é filmada pelos próprios ativistas, ou por aqueles que simplesmente gostam dessas movimentações. Ao descobrir esse curioso fenômeno, comentadores e jornalistas despejam seus juízos assertivos, que vão desde o voyeurismo patológico e a exploração niilista até a atração irresistível exercida pela imagem violenta.

Eles veem menos a cumplicidade entre aqueles que assistem a esses vídeos, estreitada cada vez mais. E não veem, além disso, a mistura de humor de duplo sentido e de orgulho coletivo que subjaz a essas proezas. Filmá-las é uma forma de colocá-las a distância, de substituir o espírito sério do militante por um viés estético ou esportivo que desloca o funcionamento da revolta, mas sem jamais desacreditá-la ou anular sua carga política. Em raros casos, esses vídeos servem como prova judicial se, por exemplo, um jovem brutalmente espancado termina no banco dos réus, acusado de "violência contra os agentes policiais". O *riot porn* é uma forma inédita de autogestão da violência da revolta. Da mesma maneira, os primeiros *slams* de gueto (competições improvisadas de oratória) eram uma forma de amenizar as rivalidades entre gangues ou comunidades, e o *clash* (duelo de réplicas zombeteiras em rápida sucessão, até que alguém "ganhe"), agora em voga nas escolas, recanaliza verbalmente as querelas adolescentes e renova o pequeno teatro da recreação. "Somos nós que gerimos", diriam eles, em um sentido mais energético do que contábil.

A mesma mistura de fantasia contagiosa e ofensiva codificada se vê na prática do *tag* e sua esquiva urbana, cujos praticantes escalam muros proibidos a fim de cobri-los de signos crípticos e de se reapropriarem da cidade que lhes foi confiscada. E tanto na dimensão festiva reivindicada pelos movimentos sociais mais espontâneos quanto, inversamente, na parte infrapolítica, já evocada, das festas de grandes dimensões auto-organizadas. *Riot porn*, *slam*, *clash*, *tag*, escalada urbana ou política festiva: invenções dos jovens, quiçá dos muito jovens. Que lembram que, em matéria de coragem ao combate e gestão coletiva da violência pulsional, estão sempre à frente dos mais velhos.

E, se eles sabem melhor do que estes últimos ironizar ou estetizar a contraviolência, são também eles que a praticam mais de bom grado. A oposição frontal aos poderes sempre foi feita por eles. Haja vista os jovens rostos em passeatas, os corpos magricelas nos motins, os vanguardistas quase impúberes de todas as insurreições ou os jovenzinhos intrépidos que sempre se encontram no proscênio das grandes reviravoltas, seja em julho de 1789 como em fevereiro ou outubro de 1917 – dizemos que a revolução sempre foi um assunto dos jovens. São também eles que se queixam hoje, e com razão, que, nesse domínio, sempre separamos a cabeça dos membros e que as grandes rebeliões sempre tiveram que ser realizadas pelos mais jovens, mas foram sempre orquestradas, a maior ou menor distância, por velhos barbudos – e doutamente instruídas por eles. Enquanto isso, por outro lado, do humor inspirado pelo menor dos medos à inteligência tática de quem não tem nada a perder, os mais jovens sempre se mostraram tão capazes de organizar quanto de lutar, tão capazes de pensar o conflito quanto de investir nele sua energia física.

Não é de espantar, portanto, que se deva justamente aos secundaristas, no entreturnos das eleições presidenciais de 2017 na França, a única fórmula que desmontava alegremente a chantagem do momento, a escolha obrigatória entre o mal maior e o mal menor: "Nem Marina nem Macron! Nem pátria nem patrão!" (*Ni Marine ni Macron! Ni patrie ni patron!*), gritavam eles, às centenas, os únicos que ainda ocupavam as ruas plácidas daquelas semanas. E isso se vê igualmente através da longa história, seja a dos mundos antigos, das sociedades de honra medievais, da civilidade e dos novos conformismos da modernidade – a juventude sempre foi o elemento social menos assimilado, o mais insubmisso, o mais difícil de domar – seja com palavras contemporizadoras ou promessas tranquilizadoras. "Tudo, e tudo agora!" não é só um grafitti de Maio de 1968, mas a tradução de uma impaciência, de uma exigência sem limites, com sua vigilância indelével – três coisas que os jovens sempre tiveram.

Exceto que, com tais truísmos, que são também verdades históricas, nos arriscamos a reduzir a contestação a uma questão hormonal e o velho problema da mudança social radical a uma questão de estado civil. Nos arriscamos a fazer do protesto unicamente o eterno retorno da juventude indomada, que esperamos que se acalme e ingresse na vida adulta para enterrar essa bobagem de mudar o mundo até a próxima geração. Porque se a oposição mais decidida é um dado demográfico, ela terá, então, por limite mais implacável, o tempo que passa e a idade que vem, e de saída não tem nenhuma chance de sucesso. Da mesma forma, uma boa parte das questões tratadas neste livro concerne à juventude e, mais especificamente, sobretudo à juventude masculina: não só essas represálias ativas à violência sistêmica, mas, antes delas, as guerras, as migrações, a delinquência, as novas imagens violentas, a satisfação instantânea online do desejo do objeto e todas as pulsões hostis que o "processo de civilização" de Norbert Elias deveria desviar ou reprimir. A violência, assim como a revolução, é monopólio da juventude? E não se encontram ambas fadadas, desde então, ao fracasso, graças ao adulto que se torna sábio? E, aproveitando para falar como um *velho babaca*, não são simples erros da juventude?

É preciso, para desmontar essa lógica, e para entender o que dá à juventude indócil seu estatuto de sujeito coletivo, repolitizar a biologia. É preciso cruzar os hormônios e as circunstâncias, a idade e a história – ou o desejo e a vontade, contra o clichê paternalista que pretende que os jovens só tenham aquele, e que esta seja o privilégio dos mais maduros. De saída, e é sempre bom lembrar, a juventude enquanto disposição geral é irredutível à idade das artérias: alguns nascem velhos, ou então se arrastam com eles, seja por ambição ou covardia, espíritos adultos desde sempre; enquanto outros levam a insubordinação a tiracolo, burilada pelo tempo, e exibem uma juventude inegável tanto nas manifestações agitadas quanto nos estratagemas do cotidiano, mesmo quando o corpo está fatigado. Não é uma questão de inferir consequências políticas da idade biológica, de se dizer revoltado por uns anos porque a juventude precisa ser vivida, ou, como frequentemente acontece, de se dizer velho demais como forma de esquivar-se das coisas, sob o pretexto de uma saúde cada vez mais frágil, de muitas responsabilidades ou do financiamento que precisa ser quitado. Trata-se aqui, como disse Mathieu Riboulet em seu mergulho nos frenéticos anos 1970, da "juventude do mundo à qual viemos nos juntar" – em que "juventude" aparece não mais como um segmento demográfico objetivo, mas como experiência subjetiva que arma o corpo e embebe o espírito de um mundo ainda novo, em que nada está pronto e tudo precisa ser feito e onde, para começar, muita coisa precisa ser mudada. "Juntar-se à juventude" é, aqui, o contrário de imitá-la. E a "juventude do mundo" é o exato contrário do *jovenismo*:[32] de um lado, a fantasia de um desejo coletivo; de outro, o fantasma onipresente e solitário de uma eternidade cosmética. Se, por um lado, a juventude não se mede pela idade das células, por outro, essa juventude que se mede em anos está devidamente tutelada. Porque a modernidade, nesse sentido, soube colocar a juventude em rédeas curtas, seja para desativar as tentações rebeldes ou para satisfazer suas supostas necessidades. E soube, sobretudo, separá-la das outras fases da vida, uma vez que sua associação política sempre foi uma das únicas chaves capaz de desencadear a ordem do mundo.

Que a juventude seja a idade dos idealismos – talvez necessários, mas que devem ser rapidamente ultrapassados – e a idade adulta, a do "realismo" de nenhuma forma são dados biológicos, mas, pelo contrário, uma lenta construção histórica. Os clichês da criança de espírito quimérico, com a cabeça no mundo da lua, e do adulto com os pés no chão são produtos da cultura moderna, impostos contra a realidade inversa que dominou o período pré-moderno: crianças destinadas aos rigores do concreto e tendo que se agarrar às oportunidades de sobrevivência e adultos que não ligam mais para nada, não são mais constrangidos por nada. É ao progresso da civilidade e da autorrepressão que devemos o que Elias chamava de

32. Esse neologismo (de *jeunisme*), ainda pouco frequente em português, designa a visão de mundo em que a juventude aparece como imperativo estético e ético: "uma ideologia da juventude que repudia qualquer suspeita de ultrapassagem de uma praia da vida eternamente jovem, que comanda que devamos entrar na onda da última moda". Cf. Sébastien Joachim, "A invenção da infância nas narrativas autobiográficas de Lya Luft", p. 2. Disponível em: *https://bit.ly/3QRbBzf*. [N. T.]

"século da criança", o século XIX, que, antes da juventude, inventa a infância como uma idade separada: "A convicção de que o crescimento da distância entre adultos e crianças engendra, para esses últimos, um comportamento diferente, penetra agora, com uma avalanche de conselhos e preceitos pedagógicos, na intimidade da família".[33] À promiscuidade entre as fases da vida, própria dos tempos antigos, ou mesmo à confusão de suas características, sucede a invenção de uma série de normas separadas, destinadas a designar a infância e depois a juventude a papéis precisos, e a domesticá-las.

As gerações se veem divididas no seio da família nuclear, estreitada sobre si mesma a fim de melhor enquadrar a infância e depois a juventude e de prepará-las para as normas da idade adulta. Com o aumento da expectativa de vida e o novo fôlego do romantismo, a literatura inventou a idade intermediária da adolescência: esse momento de transição, de abertura máxima dos possíveis e de mal-estar existencial que consagram a poesia de Goethe e Rilke, o gênero alemão do *Bildungsroman* (romance de formação) ou os personagens de amantes estupefatos de Flaubert e Stendhal, jovens sonhadores consumidos de dentro para fora pelo fogo invivível dos possíveis. Nasce o adolescente torturado. E, com o triunfo mais recente da sociedade do consumo, o jovenismo obrigatório se encontra alardeado em todo lugar. O jovenismo é veiculado pela publicidade, pelo espírito lúdico, pelo espetáculo esportivo e, mais recentemente, pela comunicação política. Em outras palavras, a imagem da juventude e a patética sarabanda para seduzi-la, festejá-la e imitá-la se tornaram onipresentes. *Parecer jovem*: é ao que se sentem obrigados os espíritos ambiciosos e os corpos inquietos, e é também reforçar a separação da juventude em relação à vida, designando-a às preocupações inofensivas, e bastante surradas, da aparência, do frescor e do divertimento sem consequências.

Assim, a infância se tornou terna e normatizada; a adolescência, objeto de mal-estar, mas passageira; e a juventude, desejada,

33. Norbert Elias. *La Civilisation des mœurs*, op. cit., p. 360.

mas sempre sacrificável, reduzida à idade das "escolhas" e da inversão no "real"; e a existência adulta se tornou interminável, acumulando o peso dos deveres e das desilusões, chamadas de "realismo" para não deixar os bons espíritos desesperados. Cada uma em seu lugar. Progressivamente imposto, esse fracionamento das idades da vida cumpre um papel decisivo na pacificação dos modos. Um papel e um limite são atribuídos a cada idade, e não se deve sair deles. Uma tal compartimentalização explica, hoje, juntamente com circunstâncias históricas mais precisas, a famosa crise da transmissão e possivelmente sua interrupção. Essa transmissão – cujo rompimento é lamentado em coro pelos pais, que não são mais escutados, e pelos jovens, expropriados desde sua entrada na vida – teve suas magras economias dilapidadas pelas duas gerações precedentes, que guardaram para si todos os bons lugares. A transmissão interrompida é também um fato de época, entre revolução digital e crise previdenciária. De qualquer maneira, é um argumento capital do historiador Robert Muchembled para explicar isso que vê como uma explosão atual da "agressividade juvenil", cujos "procedimentos de contenção se fragilizam": ele imputa a "frustração" da juventude e as "inquietantes fraturas" da sociedade contemporânea à "ineficácia crescente dos procedimentos de transmissão da chama social aos mais jovens por parte dos mais velhos, [...] que são às vezes tentados a conservar interminavelmente o poder".[34] Esse diagnóstico não é falso, e é apoiado pelos fenômenos da desclassificação das classes médias e a delimitação de lugares (de trabalho, de conforto, de sucesso), até o ponto de estrangulamento. Mas ele coloca o impasse, justamente, sobre a parte indomada da juventude, sua potência de invenção de um mundo, irredutível à obrigação que pudesse sentir de retomar a chama.

Porque nada nos diz que a juventude queira prolongar ou reforçar esse mundo de guerras herdadas, de brutalidade sistêmica, de

34. Robert Muchembled. *Une histoire de la violence: De la fin du Moyen Âge à nos jours.* Paris: Seuil, 2008. p. 14. [Ed. bras. *Uma história da violência: Do fim da Idade Média aos nossos dias.* Trad. Abner Chiquieri. Rio de Janeiro: Forense Universitária, 2012.]

economismo contábil e de desejo forcluído. Nem mesmo torná-lo mais viável. Basta ver a diversidade inédita dos modos de contestação da juventude e o humor com que ela combina suas lógicas de sobrevivência, tecendo suas solidariedades geracionais, desde a procura de um emprego até as barricadas – seríamos tentados a pensar o contrário: que o mundo que lhes foi deixado não é desejável o suficiente para que a juventude pudesse lamentar essa interrupção na transmissão da chama. Que partilhar de forma mais igualitária esse poder, que se vê cada dia mais impotente, não é necessariamente seu objetivo de vida. E que esse mundo, já velho, da precariedade e do mal necessário, da concorrência e da destruição do vivo, não é, para a juventude de hoje, mais defensável do que era, para a juventude do Maio de 1968, o "velho mundo" empoeirado do papai, aquele que se apressavam a enxotar. É uma questão, mais uma vez, de *desejo*, em duplo sentido, indissociável, do orgânico e do político, da libido e da aspiração coletiva. Era a grande esperança de Pier Paolo Pasolini, que queria acreditar, tanto em seus escritos quanto nas imagens de seus filmes, que a juventude de seu tempo seria capaz de conter a violência de seu desejo frente ao novo "fascismo" do consumo.[35]

Memórias das lutas e ilusões da não violência

Os anjos não são desse mundo. Quando se trata de sua própria vida, ou da vida de um povo – e, mais ainda, quando se trata de toda a espécie humana –, doçura e mansidão diante de uma ameaça mortal podem ser uma opção, às vezes uma tática agregadora ou, mais frequentemente, uma atitude geral que exprime toda uma visão do mundo; mas em nenhum caso trata-se de uma obrigação. Como bem sabem – e sentiram na própria carne – aqueles que foram transformados, sem o saber, por várias décadas de pacificação, em ícones da não violência no senso comum.

35. Pier Paolo Pasolini. *Écrits corsaires*. Trad. fr. P. Guilhon. Paris: Flammarion, 1976. [Ed. port. Francisco Roda (org.). *Escritos corsários, Cartas luteranas: Uma antologia*. Trad. José Colaço Barreiros. Lisboa: Assírio & Alvim, 2006.]

Ao representá-los na hagiografia dos sábios, corre-se o risco de criar um impasse em relação a seus momentos de ira. Mahatma Gandhi, que lutou cinquenta anos contra o invasor britânico, nem sempre alardeou a *ahim sā*, doutrina espiritual que conclama a "não ser nocivo a nenhuma vida", mas almejava frequentemente outros modos de confrontação: "[Eu preferiria] que a Índia defendesse sua honra pela força das armas do que vê-la assistir a própria derrota covardemente e sem se defender",[36] dizia ele regularmente. Henry David Thoreau, cuja teoria da desobediência civil, frequentemente citada por Gandhi, foi gravada em pedra como símbolo da resistência pacífica, sentia uma tal repulsa pela tradição escravagista de seu país que não vislumbrava nenhuma possibilidade de sair dela sem recorrer à violência. Ele chegava até a reverenciar seu contemporâneo sanguinário, o ex-escravo John Brown, abolicionista fervoroso que abateu centenas de latifundiários e proprietários de terra: "Nunca um homem na América combateu com canta persistência, tanta eficácia pela dignidade da natureza humana",[37] sumarizou em 1859, às vésperas da Guerra da Secessão, antes de escrever seu elogio fúnebre.

Nelson Mandela, celebrado como o melífluo avô de todos os não violentos, soube eliminar de seu partido, a ANC, a ala comunista pacifista, e repetiu até o fim do regime do apartheid que "a violência e a não violência não são nunca mutuamente exclusivas" – seus vinte e sete anos de encarceramento o convenceram de que os mansos, esses que apanham nos guetos, ou os que oferecem a outra face, nunca conseguiriam nada. O próprio reverendo Martin Luther King, que a historiografia oficial confronta termo a termo com Malcom x, visto como o "racista negro", teve suas fases de dúvidas em relação às virtudes, práticas e políticas da oposição não violenta. Meses antes de ser assassinado, quando o *Civil Rights Act* finalmente entrou em vigor, ele recolocava em questão sua própria posição integracionista

36. Gandhi. *Tous les hommes sont frères*. Paris: Gallimard, 1990. pp. 182-183.

37. Henry David Thoreau. *Plaidoyer pour John Brown*. Trad. fr. Thierry Gillyboeuf. Paris: Pauvert, 1997.

– especialmente em um diálogo com o ator Harry Belafonte no palco do *Merv Griffin Show*, em 1967. A releitura enviesada desses quatro percursos míticos, hoje quase deificados, e dos escritos que pontuam suas trajetórias, permite há quarenta anos desqualificar qualquer forma de defesa ativa. E permite também opor violência e não violência como dois absolutos, duas essências incompatíveis que dividiriam o mundo. Como o maniqueísmo moral dos maus filmes hollywoodianos, essa polarização tem por efeito, e por objetivo, a impotência do espectador.

O filósofo Emmanuel Levinas se viu também convocado a depor, à revelia, para condenar para todo sempre a violência em si, inclusive aquela que emancipa. Justo ele, cuja ética exigente se fundamenta na experiência primeira do rosto do outro, esse "intotalizável". Essa experiência, segundo o filósofo, é a de uma "diferença moral absoluta" cujo "tremor" em nós, diante desse rosto que é "desnudamento e miséria", nos impõe a "responsabilidade-pelo-outro" que "anula toda violência".[38] Num artigo escrito em 1963, Jacques Derrida, mais novo que Levinas, se pergunta se a violência que a ética de Levinas faz "sair" da metafísica não seria intrinsecamente parte dela, bem como se o projeto de ultrapassar absolutamente essa violência para fundar a não violência no absoluto não correria o risco de terminar dissimulando a violência e, então, repetindo-a incessantemente. Derrida, então ainda um desconhecido, conclui que o pensamento e a ética dependem de uma "tensão fecunda entre violência e não violência", cuja "diferença irredutível" obriga a se explicarem uma à outra incessantemente. É essa tensão – moral, mas também energética – que aqueles e aquelas que lutam pela emancipação experimentam hoje no dia a dia, e é ela que precisam sempre incorporar ao longo de seus engajamentos.

A tensão, aqui, implica em circulação. Vimos, em suas reviravoltas, a complexa lógica circulatória da nova violência sistêmica. A correlação entre a violência e as guerras, e a violência da falta

38. Emmanuel Levinas. *Ética e infinito*. Trad. João Gama. Lisboa: Edições 70, 2007.

de hospitalidade no exílio traumático dos refugiados. Vimos a articulação entre a violência radical dos terroristas e a estupefação que se experimenta diante de suas imagens. A difusão, que atinge nossas atmosferas vitais, da violência invisível feita ao ambiente ou a todos aqueles que não conseguimos mais ver. O desdobramento da violência contábil na violência psíquica e simbólica aos trabalhadores que não conseguem mais acompanhá-la. A contaminação, por essa mesma violência contábil, das estruturas de assistência ou educacionais, que deveriam nos proteger dela. A transformação da concorrência do mercado, que supostamente amansaria os modos, em rivalidade mortal. A violência que retorna como autorrepressão civilizada das pulsões. O esgotamento do desejo e dos recursos naturais, nos quais desemboca a promessa da abundância infinita e a violência interior desse desejo enganado porque absolutizado. A falência das derivações esportivas ou culturas que, fisgando o olhar, o absorvem na imagem, afastando os corpos, sem deixar evacuar esse resto de violência que a catarse sempre teve por objetivo expurgar. Ou então, ainda mais concretamente, a propagação da violência-mundo por mil vetores mais ou menos tangíveis, da internet à ambiência, dos fluxos comerciais e migratórios às ínfimas vicissitudes do cotidiano – uma propagação que nenhuma fronteira retém. Ela permeia a vida de nossos bairros chiques da violência dos escravos asiáticos ou das extorsões latino-americanas; impregna o cotidiano de nossos conjuntos habitacionais da violência que arde na África ou no Oriente Próximo; e embebe essas paragens longínquas da violência imposta pela lógica neoliberal ubiquamente dominante, inventada por nós – imposta como um mal menor, já que não haveria qualquer alternativa.

Em suma, a violência emancipadora, que poderíamos chamar de resistência *ativa* para usar uma palavra menos suspeita, também tem suas leis de circulação, seus contágios e suas idas e vindas, sua tensão e suas oscilações. De fato, contribuem para difundi-la não só a crescente brutalidade das forças da ordem e a intransigência inédita da doutrina socioeconômica dominante, mas também a permanência das lutas no tempo, a conexão entre formas de vida e táticas de combate, a vontade que se aguça no contato uns com os outros, a comunicação contínua nas redes que populariza os projetos e põe à prova sua firmeza – e sempre também a ameaça, maior do que nunca, dos inimigos políticos que promovem, do outro lado, a alternativa da preferência étnica ou religiosa e da grande retomada patriótica.

A circulação dessa contraviolência pode então ser dialética, quando eletriza o contato direto dos adversários; material, quando toca a economia e a logística; obviamente psíquica; e, de forma ainda mais sutil, atmosférica, no sentido estritamente ecológico: ali onde um combate pontual fez seus participantes saírem da impotência coletiva, a atmosfera, já dissemos, é capaz de senti-lo. Ela protege, portanto, em vez de pesar; ela promove uma aproximação, em vez de uma dissolução. Uma tal circulação, paralela à da violência-mundo, imbricada com ela, passa também pelos fantasmas, pela permanência espectral das memórias e das histórias da luta milenar pela emancipação. Suas derrotas, seus mártires, seus indigentes e suas poucas vitórias ainda assombram seus herdeiros. Mesmo quando essa memória coletiva é passada silenciosamente, ou não é mais transmitida pelos mais velhos, mesmo quando os jovens contestadores reclamam um direito de inventário sobre a herança que pesa sobre os combates de hoje, algo de essencial circula dos insubmissos de outrora para os de hoje: uma lição a aprender, um espírito a captar, uma faísca para acender novamente o fogo de todos os justos combates fracassados.

No começo de 1940, exilado havia sete anos na França, Walter Benjamin assiste impotentemente à vitória total das mesmas forças que seu trabalho de vinte anos sobre a "tradição dos oprimidos" tinha por objetivo combater. Nesse estado de urgência, ele escreve dezoito breves teses, elípticas e portando uma estranha imagética, "sobre o conceito de história", que leva consigo em folhas avulsas durante sua travessia da fronteira espanhola a partir de Nabyuls. Depois de vinte e quatro horas de caminhada, na chegada a Portbou, a recusa da polícia espanhola em lhe conceder um salvo-conduto o convence a dar fim à própria vida, no pequeno hotel em frente à delegacia. Em seu quarto de hotel estavam, dentro de sua bolsa, as folhas mencionadas.

Trata-se, diz ele, de "escovar a História a contrapelo"[39] (tese VII), a fim de buscar esse "encontro secreto, marcado entre as gerações precedentes e a nossa" que despertará, talvez, a esperança, a "frágil força messiânica para a qual o passado dirige um apelo" (tese II). À medida que se apaga a memória das lutas, é a energia presente de seus sucessores que enfraquece, e que não será suficiente para ressuscitar a promessa improvável de um amanhã melhor: "a classe [oprimida] desaprendeu nessa escola tanto o ódio como o espírito de sacrifício", comenta Benjamin, "porque um e outro se alimentam da imagem dos antepassados escravizados, e não dos descendentes liberados" (tese XII). O que é necessário, nesse acesso aos fantasmas, nessa memória sem arquivos sempre por reestabelecer, é "fixar uma imagem do passado, como ela se apresenta, no momento do perigo, ao sujeito histórico, sem que ele tenha consciência disso" (tese VI). Porque a derrota de ontem, que efetivamente ocorreu, não é mais derrota no momento de engajar suas forças no combate presente, que reabre os possíveis: "Assim como as flores dirigem sua corola para o sol, o passado, graças a um misterioso heliotropismo, tenta dirigir-se para o sol que se levanta no céu da história" (tese IV).

Se a questão é – como acrescenta Benjamin – de "despertar no passado as centelhas da esperança", é porque "na luta de classes essas coisas espirituais não podem ser representadas como despojos atribuídos ao vencedor. Elas se manifestam nessa luta sob a forma da confiança, da coragem, do humor, da astúcia, da firmeza, e agem de longe, do fundo dos tempos". Essas qualidades, que vimos retornar entre os combates de hoje, não são atributos psíquicos, nem simples comportamentos, mas a parte "espiritual" da

39. Walter Benjamin. *Obras escolhidas. Vol. 1. Magia e técnica, arte e política. Ensaios sobre literatura e história da cultura.* Trad. Sérgio Paulo Rouanet. Prefácio de Jeanne Marie Gagnebin. São Paulo: Brasiliense, 1987. pp. 222-232 (referente a todas as citações de Benjamin neste trecho).

luta, segundo o vocabulário de Benjamin, e de sua circulação energética. Do último Benjamin a seu contemporâneo Ernst Bloch, cujo *Princípio esperança* faz com que a utopia dependa "do enriquecimento ou do empobrecimento da esperança",[40] essa é a tradição perdida, aniquilada pelas tragédias da primeira metade do século XX, de um comunismo não somente social, mas, mais essencialmente, espiritual, místico, até mesmo sobrenatural. Um comunismo feiticeiro, para o qual os existentes e os esquecidos, os presentes e os mortos, resistem, todos juntos. Uma solidariedade no tempo, pelos afetos e os fantasmas, que a visão estritamente mecanicista do comunismo "científico" substituiu pelos piores descaminhos. É a tradição de uma *esperança ativa*, em suma, em virtude da qual só o embasamento espiritual da ação emancipadora garantirá as chances de êxito, de esconjurar a violência sistêmica por um recurso à violência que seja apenas instrumental, pontual, estratégico. "Espiritual", aqui, é dito no sentido das mentes, e, portanto, do ar ambiente e de seus humores, e também de uma exigência ética e de uma potência inexaurível da esperança – o que não tem nada a ver nem com a procrastinação do futuro prometido, nem com a escatologia das grandes religiões.

Se tanto a esperança quanto a energia ativa da emancipação também circulam, nesse ponto seria errado as cristalizarmos ao redor de um acontecimento, reduzi-las à imagem da faca nos dentes ou da iminência da Grande Noite. Por sinal, a desativação do mito revolucionário da Grande Noite é uma ótima notícia. Ao menos permite, enfim, a reciclagem das energias em questão no tempo mais ordinário das lutas, das microrresistências cotidianas e mesmo das longas fases de adormecimento social. Nem Grande Noite, portanto, nem "doutrina certa", ortodoxia, dogmatismo. Para sair da escolha impossível entre a verticalidade da tomada do poder, que os ativistas de hoje não têm mais em mente, e a horizontalidade dos coletivos em secessão, que desertam o combate por

40. Ernst Bloch. *O princípio Esperança*. Trad. Nélio Schneider e Werner Fucks. Rio de Janeiro: Contraponto, 2005.

falta de perspectivas, há a diagonalidade da ação coletiva, que revive hoje várias lutas dispersas. Esse tempo ordinário, sem o mito da revolução, e essa diagonal em ato, sem filiação nem doutrina, se mostram mais em contato do que todos os dogmatismos de tirar os oprimidos da impotência coletiva. E isso graças ao pragmatismo que autorizam e que caracteriza o terreno das resistências contemporâneas: tateamos, tentamos, nos esquivamos, experimentamos, tomamos esta ou aquela guinada tática em favor de uma circunstância inesperada, medimos sobretudo o valor das recusas por sua eficácia real para obstaculizar a máquina socioeconômica.

Pragmático e espiritual, portanto, não são incompatíveis, muito pelo contrário. É o que nos lembra o subcomandante Marcos, que vê aí dois aportes complementares para a luta social da forma de vida indígena, que ele mesmo adotou há mais de trinta anos, saindo da Universidade do México, onde repetia a ladainha do guevarismo: "Quando chegamos, éramos quadrados, como os profissionais da política, e as comunidades indígenas, que são redondas, limaram nossas arestas".[41] De fato, o processo de autogoverno integral no qual essas comunidades se engajaram não tem nada que se assemelhe a um programa; esse autogoverno vem, sobretudo, com seus êxitos e seus fracassos, da experimentação, do aprendizado, da discussão permanente. Pragmatismo, também, nesse mesmo sentido, daqueles e daquelas que abraçaram a ecologia radical, dos enclaves "zadistas" ou da militância ordinária: eles o fazem menos pela ficção de um Sujeito ou de um Inimigo históricos, proletariado ou burguesia, do que, mais concretamente, por causa da destruição do vivo e também de sua própria destruição. "Não defendemos a natureza", dizem aos jornalistas, "nós somos a natureza que se defende."

Essa dupla face pragmática e espiritual das lutas de emancipação é sua melhor arma contra a violência-mundo. É essa dupla face que dá às referidas lutas um acesso ao arquipélago esmigalhado dos saberes e das culturas, que elas percorram antes pela

41. François Cusset. Au Chiapas, la révolution s'obstine. *Le Monde diplomatique*, jun. 2017.

vertigem que estes ocasionam – e pela curiosidade atenta e pelos desvios que eles suscitam – do que pelas consolações simbólicas da "diversidade". E, além, é essa dupla face que se desdobra em toda uma política e uma poética da *relação*, com o cuidado de incluir os mais isolados, de dar lugar ao frágil, de ouvir os silêncios e os rugidos telúricos da história. Pragmática e espiritual, essa política da relação também o é por suas dinâmicas laterais, seu chamado, mesmo quando retórico, a cruzar as causas e os combates, a favorecer a conectividade energética – esse horizonte de uma convergência tática perene entre as lutas sociais, étnicas, sexuais, culturais e territoriais, e que foi chamado pelos raros universitários e acadêmicos nele interessados pelo bárbaro nome de "interseccionalidade". O nome é bárbaro, mas a questão é fundamental.

Uma tal associação de lutas passadas, presentes e futuras, não convida à recondução nem à inversão da violência dominante, mas à constituição de um sujeito coletivo em ato, metaestável e composto, modesto e extensível. É um tal sujeito – não lhe aplicaremos o qualificativo de *universal*, de tanto que seus usos históricos o desqualificaram – que trabalha para constituir todas essas e esses que afrontam a violência sistêmica em nome de outras causas além do exclusivismo identitário ou a retomada nacional. Para dizer de outra forma, não são poucos a participar: os militantes comunitários das *inner cities* norte-americanas, os autônomos das grandes cidades da Europa, os coletivos neorrurais em todos os cantos do globo, as bases sindicais ativas, as ONGs engajadas na ajuda aos migrantes, as redes clandestinas dos operários chineses ou dos ativistas sociais no mundo árabe, os artistas em luta e também os indígenas da América Latina, os ativistas das *townships* sul-africanas ou as comunidades curdas na efervescência do Oriente Médio. E mais tantos e tantos outros, em todos os lugares do mundo, que nenhuma busca securitária de Estado nem nenhum panorama mais benevolente serão jamais capazes de numerar ou mesmo estimar.

Esse sujeito, que autoriza a falar *no singular* de uma tal multidão de causas e de campos de batalha, não é um conceito filosófico preestabelecido, nem uma figura política mítica. Ele é mais próximo do sujeito gramatical como *agente* da ação, e do conceito de *agência*, que vem para dizer precisamente essa capacidade autônoma de agir: de um indivíduo, um grupo ou de uma entidade mais abstrata, desde que tenha um efeito no mundo. E esse sujeito não tem por limite efetivo outra coisa senão a espécie humana e, para além dela, todas as formas do vivo. O vivo que anda, que luta, que se defende. Só esse sujeito em ato da contraviolência nos autoriza ainda a dizer "nós", nesse lugar onde o sistema socioeconômico dominante ou mesmo o pio projeto de outrora de uma "civilização" não estão mais habilitados a dizê-lo. Esse "nós" planetário é constituído precisamente pelos fluxos e pelas circulações de uma mesma violência nos quatro cantos do mundo, e da escala social, de Aleppo ao centro comercial de Londres, do leste do Congo às calçadas de Los Angeles, dos territórios palestinos às favelas do Brasil e, em reação a essa circulação, da instauração de resistências internas, de combates ínfimos, de guerras mais abertas, de lutas duráveis.

***

Finalmente compreendemos: a palavra "violência" era uma armadilha feita de conotações e pressuposições morais e mórbidas. E, sobretudo, construída quando se colocam em lados opostos o justo e o injusto, o acidental e o estrutural, o ódio racista e o movimento emancipador. Podemos, enfim, nos desfazer dessa palavra para dissipar os mal-entendidos. Podemos nos desfazer, de qualquer forma, do substantivo, que substitui o movimento pela entidade, a circulação pela essência, além do fato de que ele fala a língua dos poderes e a língua intimidante das origens. E dar preferência a um uso pontual do adjetivo, que ampliaremos, do lado dos sujeitos viventes, no sentido de um circuito de energia. Este pode ser o mortal ou o vital, o nocivo ou o mais fecundo, em função de numerosos fatores que esperamos ter esclarecido aqui – alguns mais previsíveis e outros mais aleatórios, aí compreendida a parte ativa da esperança que eles injetam.

O que se opõe à brutalidade do sistema-mundo por aqueles que a ele resistem ativamente não é *a violência*, mas uma capacidade múltipla de agir que nada impedirá de crescer. Ela compreenderá também, se necessário – ou antes, porque será necessário –, atos e gestos *violentos*. Porque o desencadeamento, no sentido de cadeias que se destrancam, passa por momentos de desencadeamento, no sentido mais comum do caos, do furor e de seus excessos. Haverá, portanto, violência – mas o principal não se passa aí. Nessa longa viagem, perseguimos uma única palavra para terminarmos, aqui, por abandoná-la de uma vez por todas. Para, enfim, dissiparmos as nuvens que ela acumulou em seu rastro e reencontrarmos, intacta, a linha do horizonte.

Agradecimentos

Pelos conselhos, pelas sugestões decisivas, pelas fontes às quais me orientaram e pelas discussões teóricas ou mais práticas que tivemos ao longo de meses, meus mais calorosos agradecimentos a:

Guillaume Andret, Jérôme Baschet, Joseph Beauregard, Hourya Bentouhami, Aurélien Berlan, Alain Bertho, Jade Bourdages, Emmanuel Burdeau, Olivier Cadiot, Cécile Caillet, Fulvia Carnevale, Marc Chemali, Olivier Combault, Mikaël Correia, Cornelius Crowley, Félice Cusset, Leyla Dakhli, Olivier Doubre, Carine Fouteau, Tristan Garcia, Frédéric Gros, Claude Halmos, Claire Jenkins, Sylvie Laurent, Jade Lindgaard, Frédéric Lordon, Sylvère Lotringer, Stephan Martinez, Myriam Marzouki, Laurent Mauriac, Dennis McEnnerney, Régis Meyran, Pascalle Monnier, Angelo Montoni, Serge Quadruppani, Zahia Rahmani, Jean-Pierre Rehm, Matthieu Renault, Alejandra Riera, Mathieu Rigouste, Philippe Roux, Marie-Caroline Saglio-Yatzimirsky, Pierre Sauvêtre, Kostis Sotiriou, Camille de Toledo, André Tosel, Emmanuèle Touati, Serge Tziboulsky, Gaëlle Vicherd et Sophie Wahnich.

Diversas hipóteses e contra-hipóteses propostas neste livro foram primeiramente elaboradas e incessantemente discutidas na atmosfera de cumplicidade do grupo de pesquisa *Culture, cultures* (CREA 370), do Departamento de Inglês da Universidade de Nanterre, graças aos co-organizadores Thierry Labica e Véronique Rauline e a seus participantes mais assíduos, Luca Marsi, Flore Coulouma, Simon Tabet e Claude Dorey. Meus agradecimentos também se dirigem à biblioteca do Taslu, em Notre-Dame-des-Landes, e à Radio Debout, estação efêmera do movimento da primavera de 2016, pelos debates que me levaram até lá e que tanto me esclareceram.

Por sua hospitalidade em momentos-chave, agradeço igualmente a Simone Baurens, em Valcebollère, e Ben Faraday, em Perche.

Por fim, este livro não teria sido possível sem a sagacidade do editor Rémy Toulouse, do primeiro ao último minuto, nem sem a ajuda de Karine Viguier, desde as diligências preciosas para certos capítulos até o seu trabalho na capa do original francês, sem esquecer sua paciência, sua exigência e a clarividência de seu julgamento.

Dados Internacionais de Catalogação na Publicação (CIP)
(Câmara Brasileira do Livro: SP, Brasil)

C986d Cusset, François

O desencadeamento do mundo: a nova lógica da violência / François Cusset ; traduzido por Pedro Taam. São Paulo, SP: n-1 edições, 2025. 254 pp.; 14 cm x 21 cm.

Tradução de: *Le Déchaînement du monde: Logique nouvelle de la violence*
ISBN: 978-65-6119-047-3

1. História. I. Taam, Pedro. II. Título.

CDD: 900
2025-1762 CDU: 94

Elaborado por Odilio Hilario Moreira Junior (CRB-8/ 9949)

Índices para catálogo sistemático:

1. História 900
2. História 94

n-1

O livro como imagem do mundo é de toda maneira uma ideia insípida. Na verdade não basta dizer Viva o múltiplo, grito de resto difícil de emitir. Nenhuma habilidade tipográfica, lexical ou mesmo sintática será suficiente para fazê-lo ouvir. É preciso fazer o múltiplo, não acrescentando sempre uma dimensão superior, mas, ao contrário, da maneira mais simples, com força de sobriedade, no nível das dimensões de que se dispõe, sempre n-1 (é somente assim que o uno faz parte do múltiplo, estando sempre subtraído dele). Subtrair o único da multiplicidade a ser constituída; escrever a n-1.

Gilles Deleuze e Félix Guattari

n-1edicoes.org

v. f8ada59